V&R

Andreas Mertin/Karin Wendt

Mit zeitgenössischer Kunst unterrichten

Religion – Ethik – Philosophie

Mit 67 Abbildungen

Vandenhoeck & Ruprecht

Bibliografische Information der Deutschen Bibliothek

Die Deutsche Bibliothek verzeichnet diese Publikation in der
Deutschen Nationalbibliografie; detaillierte bibliografische Daten sind
im Internet über <http://dnb.ddb.de> abrufbar.

ISBN 3-525-61402-0

Umschlagabbildung: Anzeige der Ruhrgas AG, Essen (Ausschnitt)

Satz: Weckner Fotosatz GmbH | media+print, Göttingen
Druck und Bindung: Hubert & Co., Göttingen

Gedruckt auf alterungsbeständigem Papier.

Inhalt

Zeitgenössische Kunst im Unterricht?

Im *Spiegel* fand sich vor einigen Jahren eine Anzeige der Firma Ruhrgas, die den Titel trug: *Kunst kommt von kennen*.[1] Zu sehen waren zwei Kinder vor einer zunächst archaisch anmutenden Statue neben einer Zeichnung des Kopfs von Vincent van Gogh (vgl. Umschlagabbildung). Der Text zur Anzeige lautete:

Nur was wir kennen, können wir verstehen. Und nur, was wir verstehen, können wir wertschätzen. An anderen Menschen, an anderen Kulturen und an anderen Ländern. Fremdes nahe zu bringen war und ist das Ziel der von Ruhrgas geförderten Ausstellungen ... Auf dem Wege der Kultur wollen wir helfen, Grenzen zu überwinden und (neue) Verbindungen zu schaffen.

Mit dieser Anzeige ist ein populäres, aber auch unter Fachwissenschaftlern verbreitetes Verständnis der Kunstannäherung und Kunstvermittlung beschrieben.[2] Prinzipiell ist Kunst demnach verstehbar und das Verständnis des Werks ist das Ziel der Kunstbegegnung. Scheiternde Annäherungen an Kunst und Kultur werden auf mangelndes Verstehen zurückgeführt. Deshalb komme es darauf an, den Menschen den Verstehensakt moderner wie klassischer Kunst durch Hilfestellungen zu erleichtern.

Diese Auffassung ist in doppelter Hinsicht richtig und falsch zugleich. Kunst kommt insofern von kennen, als wir uns in der Welt auskennen müssen, bevor wir abweichende Erfahrungen machen können. Mit der Kunst machen wir nämlich eine Erfahrung, die vom gewohnten Weltverstehen abweicht.[3]

Und Kunst kommt insofern von kennen, weil wir wissen müssen, dass hier ein Objekt, ein Material mit dem Anspruch, Kunst zu sein, auftritt. Ohne dieses Wissen bleibt ein *Objet trouvé* Abfall und liegt »in seiner Blöße und Fehlbarkeit zu Tage«, es ist wirklich nur noch »Idiotie«, wie Theodor W. Adorno in den *Minima Moralia* schreibt.

Der von den Ästhetikern verbreitete Glaube, das Kunstwerk wäre, als Gegenstand unmittelbarer Anschauung, rein aus sich heraus zu verstehen, ist nicht stichhaltig. Er hat seine Grenze keineswegs bloß an den kulturellen Voraussetzungen eines Gebildes, seiner »Sprache«, der nur der Eingeweihte folgen kann. Sondern selbst wo keine

---

1 Vgl. Spiegel 32/94, S. 52f.
2 Oskar Bätschmann verweist als Beispiel auf den Hamburger Streit um das Verständnis von Franz Marcs *Der Mandrill*. Vgl. O. Bätschmann, Einführung in die kunstgeschichtliche Hermeneutik. Die Auslegung von Bildern. Darmstadt 1984, S. 13ff.
3 Vgl. Rüdiger Bubner, Ästhetische Erfahrung. Frankfurt/M. 1989.

Schwierigkeiten solcher Art im Wege sind, verlangt das Kunstwerk mehr, als dass man ihm sich überlässt. Wer die Fledermaus schön finden will, der muss wissen, dass es die Fledermaus ist: ihm muss die Mutter erklärt haben, dass es nicht um das geflügelte Tier, sondern um ein Maskenkostüm sich handelt, er muss sich daran erinnern, dass ihm gesagt ward: Morgen darfst du in die Fledermaus. In der Tradition stehen hieß: das Kunstwerk als ein bestätigtes, geltendes erfahren, in ihm teilhaben an den Reaktionen all derer, die es zuvor sahen. Fällt das einmal fort, so liegt das Werk in seiner Blöße und Fehlbarkeit zu Tage. Die Handlung wird aus einem Ritual zur Idiotie, die Musik aus einem Kanon sinnvoller Wendungen schal und abgestanden. Es ist wirklich nicht mehr so schön.[4]

Daher ist Wissen und Reflexion zur Kunstwahrnehmung unentbehrlich und insofern kommt Kunst tatsächlich von kennen. Aber, darauf verweisen sowohl die Ästhetik wie auch die Kunst seit dem Anfang des 20. Jahrhunderts, Kunst kann man dennoch nicht verstehen, zumindest nicht im Sinne eines vollständigen Erfassens, das uns zu der Erkenntnis gelangen ließe, wie das vor uns erscheinende Objekt verstanden werden *muss*.[5] Nicht nur die zeitgenössischen Werke sind »offene Kunstwerke«,[6] das heißt von einer grundsätzlich offenen Rezeptionsbeziehung getragen. Das macht die Schwierigkeit und den Reiz aller Begegnungen mit bildender Kunst aus.

Wozu Kunst im Religions- oder Ethikunterricht?

Noch einmal verschärft stellt sich die Frage nach dem Wozu des Einsatzes »zeitgenössischer Kunst« im Blick auf jene Unterrichtsfächer, die mit der bildenden Kunst nur am Rande zu tun haben. Gehört es zu ihren Aufgaben, sich mit bildender Kunst, und hier vor allem: mit zeitgenössischer Kunst, auseinander zu setzen? Ist das nicht Aufgabe des Faches Kunst? Und wenn schon bildende Kunst, müsste man dann nicht vor allem jene Kunstwerke aufgreifen, die sich mit den expliziten Themen der Fächer Religion, Ethik oder Philosophie beschäftigen? Genau das aber, Kunst nur dann aufzugreifen, wenn sie religiöse oder philosophische Themen bearbeitet, stößt angesichts der zeitgenössischen Kunst auf Probleme. Das kann man am Beispiel der religiösen Themen gut zeigen. Allgemein verbreitet ist die Ansicht, dass Kunst und Religion seit frühesten Zeiten eng miteinander verbunden waren und sich ihre Wege erst spät in der Geschichte der Menschheit getrennt hätten. Tatsächlich haben Soziologen anhand von Sammlungsverzeichnissen und Museumsbeständen einmal untersucht, wie groß der Anteil von Bildern bzw. Kunstwerken mit religiösen Themen in der Vergangenheit gewesen ist.

4 Theodor W. Adorno, Minima Moralia. Frankfurt/M. 1981, Aphorismus 143.
5 Christoph Menke, Die Souveränität der Kunst. Frankfurt/M. 1991.
6 Umberto Eco, Das offene Kunstwerk. Frankfurt/.M. 1977.

Sie haben dabei festgestellt, dass die Zeit mit dem höchsten Anteil religiöser Themen in der Kunst im 13. Jahrhundert liegt – also noch vor der Renaissance und der Reformation. Danach geht der Anteil zunächst schleichend, dann immer dramatischer zurück. Seit etwa 300 Jahren sind religiöse Themen nicht mehr der Regelfall im Themenspektrum der jeweils zeitgenössischen Malerei.

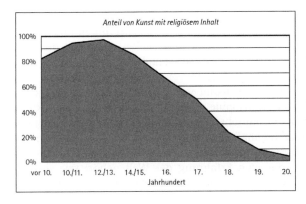

Im 20. Jahrhundert reduzierten sich die explizit religiösen Themen sogar auf ein Minimum von gerade einmal vier Prozent.[7] Und auch diese dienten nicht mehr der religiösen Verkündigung, sondern die freien Künstler nahmen überlieferte religiöse Sujets als Anlass, um völlig autonom mit Farben und Formen künstlerisch zu arbeiten. Die Herausforderung, vor der man also beim Einsatz von Kunstwerken im Unterricht steht, lautet, diesem historischen Prozess gerecht zu werden. Man kann nicht einfach so tun, als habe es diese »Wachablösung des Sakralen durch das Profane« in der Kunst nicht gegeben.

Dennoch herrschen in Schulbüchern und Unterrichtsentwürfen Kunstwerke mit religiösen Themen vor. Das ist so lange auch in Ordnung und lässt sich rechtfertigen, wie man sich nicht vorgaukelt, man arbeite mit zeitgenössischer bildender Kunst, sondern sich eingesteht, dass man Kunstwerke zu bloßen Bildern macht, sie auf ihre Bildfunktion beschränkt.[8] Der Regelfall des Einsatzes von zeitgenössischer bildender Kunst im Religionsunterricht ist daher – aus der Perspektive zeitgenössischer Kunst gesehen – ihr »Miss-

---

7 Die Zahlenangaben basieren auf einer Untersuchung von Pitrim A. Sorokin mit 100.000 Werken der westlichen Malerei und Skulptur. Zur Deutung vgl. Julius Morel, Säkularisierung und die Zukunft der Religionen, Funkkolleg Sozialer Wandel, Frankfurt/M. 1975, Band 1, S. 237ff. Julius Morel nennt die Abnahme religiöser Themen in der Kunst im Lauf der Jahrhunderte eines »der packendsten Beispiele für die Wachablösung des Sakralen durch das Profane«. Er weist aber auch darauf hin, dass dieser Prozess wenig mit Entkirchlichung, Glaubensverlust oder auch Atheismus zu tun haben muss. Was sich verändert hat und was mit der abgebildeten Statistik gezeigt werden kann, ist u.a. eine veränderte Einstellung dazu, wie und wo Religiosität im expressiv-illustrativen Sinne ausgedrückt werden soll und welche Aufgaben die Kunst sich selbst zuweist.
8 In diesem Sinne plädiert etwa der Theologe Jérôme Cottin für einen konsequenten Gebrauch der Bilder in der religiösen Verkündigung. Vgl. J. Cottin, Das Wort Gottes im Bild. Eine Herausforderung für die protestantische Theologie. Göttingen 2002.

brauch« im Sinne der Illustration religiösen Gedankenguts.[9] Missbrauch ist das, insofern sich zum einen – wie bereits erwähnt – nur wenige zeitgenössische Kunstwerke noch mit religiösen Inhalten im engeren Sinn beschäftigen und zum anderen die Kunst sich schon lange vom Modell der Repräsentation verabschiedet hat.[10]

Wenn das aber so ist, warum sollte man Kunst im Religionsunterricht oder im Ethikunterricht einsetzen? Sollte man es dann nicht besser bei der überlieferten Arbeitsteilung, die sich im schulischen Fächerkanon ausdrückt, belassen? Und gilt das nicht verstärkt deshalb, weil Lehrerinnen und Lehrer der Fächer Religion, Ethik oder Philosophie im Regelfall gar nicht die notwendigen Kenntnisse mitbringen, die für eine sachadäquate Auseinandersetzung mit Gegenwartskunst notwendig sind?

Dieser Auffassung steht zunächst und vor allem entgegen, dass Unterricht in Religion, Ethik oder Philosophie nicht nur kognitiv geschehen kann bzw. sich aufs kognitiv zu Vermittelnde reduzieren darf, sondern in einem elementaren Sinne auch »sinnenhaft« geschehen muss, denn nur so kann der Unterricht auch auf die Lebenswelt bezogen werden. Und zur sinnenhaften und zugleich reflexiv bearbeiteten Erfahrung der Welt gehört seit einigen Jahrhunderten die darauf spezialisierte bildende Kunst (wie auch die Literatur und die Musik).

Es geht also in dem, was wir im Folgenden vorstellen und vorschlagen, um die religiöse, ethische und auch philosophische Begegnung mit ästhetischer Erfahrung. Für die Notwendigkeit einer derartigen Begegnung gibt es ausreichend Argumente. Für die Theorie so unterschiedlicher Theologen und Philosophen der letzten Jahrhunderte wie Søren Kierkegaard, Paul Tillich, Theodor W. Adorno, Emmanuel Levinas oder Hans-Georg Gadamer bis hin zur ästhetischen Kehre in den 80er und 90er Jahren des 20. Jahrhunderts (Wolfgang Welsch, Jean François Lyotard) war die Auseinandersetzung mit dem Ästhetischen eine zentrale Erfahrung. Und so gilt nicht nur für die philosophische Tradition seit der Romantik, dass die Auseinandersetzung mit der Kunst – auch und gerade mit der zeitgenössischen Kunst – ein wichtiger Bestandteil menschlicher Erfahrung ist. So gilt, was der Theologe Karl Barth sagt: »Das wäre eine schlottrige Auffassung, nach der die Kunst ein Fakultativum für solche wäre, denen es zufällig Spaß macht.«[11]

Im Folgenden geht es um die sinnlich-reflexive Erfahrung von Kunst, aber natürlich auch um das, was sich in ihr darstellt. Wo bildende Kunst ihre abbildende Funktion zum Thema macht, werden wir es aufgreifen. Im Zen-

---

9 Exemplarisch ist etwa der Einsatz von Salvador Dalís Pfingstbild, das man den Schülerinnen und Schülern zeigt und wartet, bis der/die Erste »Pfingsten« ruft, um dann mit der thematischen Bearbeitung des biblischen Themas zu beginnen. Mit der Wahrnehmung von Kunst hat das wenig zu tun.

10 Vgl. dazu Erich Franz (Hg.), Das offene Bild. Aspekte der Moderne in Europa nach 1945. Stuttgart 1992.

11 K. Barth, Ethik II, hg. von D. Braun. Gesamtausgabe, II. Akademische Werke 1928/29. Zürich 1978, S.437-444.

trum des Interesses steht aber die Befähigung der Schülerinnen und Schüler wie auch der Lehrerinnen und Lehrer »sehen zu lernen«, sich sinnenhaft auf die zeitgenössische Kunst einzulassen.

Sehen lernen

Das aber ist gar nicht so einfach. Nicht nur Pädagogen stehen aus verschiedenen Gründen in der Gefahr, dass sie die konstitutiven Umbrüche in der Kunst der Moderne nicht wahrnehmen, dass sie z.B. Kunstwerke, deren implizite Intention die Zerstörung des Tafelbildes ist, dennoch wie Tafelbilder behandeln. Durch die klassische Kunstgeschichte sind wir vor allem an Tafelbilder gewöhnt, es fällt uns schwer, uns vom Gedanken der (Re-)Präsentation (und hier nicht nur der Heilsgeschichte) zu verabschieden. Auch im Bereich des Politischen und Ethischen werden Kunstwerke wie etwa Picassos berühmtes Gemälde *Guernica* vor allem als Darstellung des Politischen und/oder Ethischen begriffen, das heißt als ins Bild umgesetzte Sprache, die nun wieder durch Bildbefragung und -beschreibung in Sprache zurückübersetzt werden muss.

Diese Annäherungsform stellt allerdings nur eine ins Extrem gesteigerte Variante der Alltagswahrnehmung von Kunst dar, die ebenfalls, wie der französische Schriftsteller Paul Valéry einmal schrieb, nicht mit den Augen, sondern mit dem Wörterbuch geschieht:

Die meisten Leute nehmen die Welt viel häufiger mit dem Verstand als mit den Augen wahr. An Stelle farbiger Räume nehmen sie Begriffe in sich auf. Eine kubische weißliche Form, die hochsteht und mit Reflexen von Glasscheiben durchschossen ist, nennen sie mir nichts dir nichts ein Haus, was für sie soviel heißt wie: Das Haus![12]

Stattdessen gilt es sich daran zu erinnern, »dass ein Gemälde – bevor es ein Schlachtross, eine nackte Frau oder irgendeine Anekdote ist – wesentlich eine ebene Oberfläche ist, bedeckt mit Farben in einer bestimmten Anordnung.«[13] Es gehört zum problematischen Erbe der abendländischen Kultur, dass wir uns den Worten so ausliefern, dass wir selbst die Welt begrifflich umstellen und sinnliche Apperzeption, ein Verstehen mit den Augen, nicht mehr zulassen. Aufzugreifen wäre der Vorschlag des Kunsthistorikers Max Imdahl, zwischen einem wiedererkennenden Sehen, das die Malerei auf außerbildlich bekannte Daten bezieht, und einem sehenden Sehen, das sich auf das einlässt, was die Malerei durch sich selbst an Sinnesdaten hervorbringt, zu unterscheiden.[14] In den Blick käme so stärker das Kunsthafte der Kunst.

---

12 Paul Valéry, zit. nach O. Bätschmann, a.a.O., S. 23.
13 Maurice Denis, zit. nach O. Bätschmann, a.a.O., S. 24.
14 Max Imdahl, Cézanne – Braque – Picasso. Zum Verhältnis zwischen Bildautonomie und Gegenstandssehen in: Bildautonomie und Wirklichkeit. Zur theoretischen Begründung moderner Malerei. Mittenwald 1981, S. 9-50.

Bei der Betrachtung zweier Bilder lässt sich bisher geschilderte Problem noch einmal verdeutlichen; eines stammt vom Beginn des 17. Jahrhunderts, das andere aus dem 20. Jahrhundert.

Theodor Galle, Der kreuztragende Christus als Modell der Maler,
Kupferstich, 1603, Hamburger Kunsthalle

Auf diesem Kupferstich des Künstlers Theodor Galle aus dem Jahr 1603 ist im Zentrum ein kreuztragender Christus zu sehen. Um ihn herum stehen im Halbkreis zehn Maler mit ihren Staffeleien. Jeder dieser Maler hat Christus unmittelbar vor Augen und dennoch zeigen die Werke der Künstler völlig verschiedene Inhalte. Nur ein einziger Maler im Vordergrund des Bildes hält sich an das Motiv der Kreuztragung, alle anderen Künstler weichen mehr oder weniger davon ab. Nicht nur Christus, sondern auch ein Teufel mit Hörnern, ein Geizhals mit einem Geldbeutel und eine höchst weltliche Luxuria erscheinen auf den Leinwänden. Einige der Bilder werden auch mit Allegorien der Laster gefüllt. An diesem Kupferstich können verschiedene Probleme aufgezeigt werden, die die Idee einer illustrativen Funktion von Kunst immer schon hatte.

Zwar kann man Künstler beauftragen, christliche Geschichte(n) zu malen, und dabei hoffen, dass sie den christlichen Glauben möglichst präzise ins Bild setzen. Aber Künstler haben eine eigene Vorstellung davon, wie ein Bild auszusehen hat, sie schmücken Szenen aus, wandeln sie ab, heben dies oder jenes in den Vordergrund, schmuggeln Ereignisse auf das Bild, die dort nicht hinzugehören scheinen, drücken das Thema versteckt im Rahmen einer Allegorie aus oder lehnen gar eine Illustrierung ganz ab und wenden sich anderen, weltlichen Themen zu. Erkennbar wird, dass das Verhältnis von Kunst und Religion, das doch, wenn wir in die Vergangenheit blicken, so fruchtbar scheint, auch früher schon nicht ohne Spannungen war. Seit der Entstehung des Kupferstichs von Theodor Galle sind fast 400 Jahre vergangen, aber das Problem ist nicht nur geblieben, sondern hat sich seit der Moderne sogar verschärft.

Pablo Picasso, Illustration zu Honoré Balzacs
Das unbekannte Meisterwerk, Radierung, 1932

Pablo Picassos Illustration zu Honoré Balzacs *Das unbekannte Meisterwerk* aus dem Jahr 1932 zeigt wiederum ein ähnliches Phänomen. Was ist das, was der Maler in seinem Bild einfängt, und in welchem Verhältnis steht es zu seinem »Modell«? Picasso hat in einem Interview gesagt, »in meinem Falle ist das Bild eine Summe von Zerstörungen«. Das entspricht der literarischen Vorlage. Im Roman von Balzac »warten die Freunde des Malers darauf, eine Frau im Bild zu finden, und bekommen stattdessen nur ›konfus angehäufte Farben‹ zu sehen, die ›zusammengehalten durch eine Menge bizarrer Linien, eine Wand von Malerei bilden‹«[15].

Während traditionell also ein Meisterwerk die perfekte naturalistische Wiedergabe einschloss, haben sich moderne Kunst-Werke von dieser Erwar-

15 Hans Belting, Das unsichtbare Meisterwerk. Die modernen Mythen der Kunst. München 1998, S. 302.

13

tung gelöst. Was Kunst zur Kunst macht, ist nicht mehr die *Imitatio*, nicht mehr die Nachahmung, sondern ein eigenständiger ästhetischer Prozess.

Dieser Vorgang der Kunst-Werdung hat elementare Folgen auch für unsere Wahrnehmung der Welt, er verändert unseren Blick auf sie. Es lässt sich an den berühmten Ready-mades von Marcel Duchamp zeigen, wie durch Auswahl und De-Kontextualisierung ein ganz normales Objekt zu einem ästhetischen Kunst-Objekt wird. Duchamp hatte alltägliche Gegenstände wie ein Urinoir, ein Fahrrad-Rad und einen Flaschentrockner ohne Eingriff in ihre Erscheinungsform zu Kunstwerken erklärt.

Ist das kulturell einmal anerkannt – und das kann man in jedem Museum für moderne Kunst überprüfen –, kann jedes Objekt (ein Kreuz, ein PKW), jede Handlung (das Abendmahl, Pfeiferauchen, Fernsehen), jeder Diskurs (theologische Sätze, die Mannschaftsaufstellung des 1. FC Nürnberg) einer derartigen De-Kontextualisierung unterzogen werden. Zu nennen wären an dieser Stelle exemplarisch für das christliche Kreuz die Übermalungen von Arnulf Rainer, für den PKW die Ausstellung eines Mercedes 300 CE von Ange Leccia auf der documenta 8, für das Abendmahl der Film *Viridiana* von Luis Buñuel, für das Pfeiferauchen entsprechende Überlegungen von Vilém Flusser,[16] für das Fernsehen die verschiedenen Installationen von Nam June Paik, für theologische Sätze die Veronika-Tücher von Dorothee von Windheim mit Äußerungen Martin Luthers zum Papsttum, für die Mannschaftsaufstellung die entsprechende Inszenierung von Peter Handke.

Wenn wir die ästhetische Erfahrung gegenüber einem Objekt geltend machen, verselbständigen wir es gegenüber der Funktion, die es im nicht-ästhetischen Kontext hatte. Haben wir das einmal realisiert, sind wir im Alltag vor ästhetischen Erfahrungen nicht mehr »geschützt«. Ist die Ansammlung von Absperrgittern ein vorbereitender Akt der örtlichen Polizeibehörde im Blick auf die nächste Demonstration oder ist sie ein Kunstwerk von Olaf Metzel, das auf sich selbst verweist? Nichts ist mehr sicher, die ästhetische Irritation lauert überall.

Für den religiösen Diskurs bedeutet das zum Beispiel, dass dort, wo die autonom gewordene Kunst sich religiöse Motive aneignet, sie diese in ästhetische Objekte verwandelt, sie aus ihrem Kontext löst und in ihrer Selbstbezüglichkeit darstellt. Deshalb unterscheidet sich das berühmte Urinoir von Marcel Duchamp in ästhetischer Perspektive nicht von einem Farbkissen von Gotthard Graubner, einer Installation von Josef Beuys oder einem Christusbild von Georges Rouault. Wer vor einem Christusbild oder einer Abendmahlsdarstellung eine andere Haltung einnimmt als vor dem Urinoir, dem Farbkissen oder einer Installation, verhält sich nicht ästhetisch, er nimmt das Christusbild nicht als Kunstwerk wahr. Selbstverständlich kann man ein Bild unter religiösen Aspekten betrachten – dann vernachlässigt man seinen spezifisch künstlerischen Charakter und degradiert es zum bloßen Bild – oder

---

16 Vilém Flusser, Die Geste des Pfeifenrauchens, in: ders., Gesten. Versuch einer Phänomenologie. Düsseldorf/Bensheim 1991, S. 205–232.

man kann es ästhetisch erfahren – dann interessiert seine religiöse (Be-)
Deutung allenfalls nachträglich, also außerästhetisch. Ästhetische Erfahrung
und religiöse Betrachtung bzw. Deutung schließen sich *zunächst* einmal aus.

Es wäre verfehlt, vom Ende religiöser Intentionen einzelner Künstler und
ihrer Kunstwerke zu sprechen. Aber die religiöse Funktion kommt ihnen
nicht objektiv zu (sie hat mit dem Kunst-Charakter nichts zu tun), sondern
wird in der Rezeption an sie herangetragen. Ähnliches gilt für die Symboli-
sierungsleistungen, die Kunstwerken zugeschrieben werden. Auch sie werden von außen bzw. nachträglich an die Kunst herangetragen. Kunstwerke
kommen nur dort zu ihrem Recht und entfalten nur da ihre Produktivität,
wo sie in ihrem Kunst-Charakter wahrgenommen werden und ihre Autonomie geachtet und gewahrt bleibt.

Das Gleiche gilt für die Wahrnehmung von Kunstwerken in ethischer oder
politischer Perspektive. Picassos *Guernica* ist nicht ästhetisch wertvoller als
andere Kunstwerke, nur weil es gegen den Anschlag auf die spanische Stadt
protestiert, der Kunstgehalt macht sich an künstlerischen Qualitäten fest.

Unseres Erachtens ist das jedem nahezu intuitiv einsichtig, wie sehr er es
auch zunächst abstreiten mag. Wenn die Qualität eines Kunstwerks überprüft werden soll, dann fragt man eben nicht einen Pfarrer, einen Gläubigen,
einen Ethiker oder Philosophen, sondern jemanden, der sich mit Kunst aus-
kennt. Denn auch das Kriterium von Kunst, die anhand religiöser oder ethischer Themen ihre Formen bildet, bleibt die Kunst selbst. Wer also im Unterricht nicht nur einfach »Bilder« einsetzen will – wobei sich auch bei diesen
die Frage der Qualität stellt –, der muss sich in einer von Bildern überflute-
ten Zeit gemeinsam mit den Schülerinnen und Schülern auf die Suche nach
künstlerischem Ausdruck in der Gegenwart machen, auf die Suche nach der
Zeitgenossenschaft der Kunst.

Was dieses Buch leistet

Was wir im Folgenden leisten wollen, ist keine Einführung in die zeitgenössische Kunst oder die bildende Kunst an sich, auch wenn das Buch strecken-
weise so gelesen werden kann. Vielmehr wollen wir jenen, die in ihrem
Unterricht den Schülerinnen und Schülern zu einem offenen Umgang mit
der Kultur der Gegenwart (und dazu gehört auch deren Genese) verhelfen
wollen, ihrerseits einige Hilfestellungen geben und Grundlagenwissen für
die produktive Weiterarbeit zur Verfügung stellen.

Die bildende Kunst, das ist unsere feste Überzeugung, ist trotz aller kritischen Einsprüche, die es sicher auch zu machen gilt, ein wesentlicher und
weiterhin unverzichtbarer Ort menschlicher Freiheit.[17] Die Arbeit mit zeitgenössischen Kunstwerken ermöglicht eine theoretisch verantwortete und

---

17 Vgl. Brigitte Scheer, Einführung in die philosophische Ästhetik. Darmstadt 1997, sowie den
Abschnitt *Kunst und Freiheit* in diesem Buch.

gleichwohl freie Form des Denkens und Fragens. Die Fähigkeit, sich selbst zu orientieren, ist für unsere Gegenwart zunehmend gekoppelt an die Kompetenz, Bilder wahrzunehmen, sie zu lesen und zu deuten.

Die Begegnung mit der bildenden Kunst fordert die Schülerinnen und Schüler auf, die eigenen Bilder mit den Bildern der Gegenwart in Beziehung zu setzen. In der Auseinandersetzung mit bildender Kunst lernen sie nicht nur, Bildtraditionen zu erkennen und synchron oder diachron zu rekonstruieren, sondern sie erfahren etwas von ihrer eigenen Fähigkeit, Bilder zu entwerfen, Spuren zu legen und Welten zu konstruieren.

Der gelernte Umgang mit bildender Kunst – Gegenstand jeder ästhetischen Erziehung – ist eine kulturelle Praxis, die zu einem selbstverantwortlichen Leben nicht allein nur befähigt, sondern zudem auch ermutigt. Das ästhetische Urteilsvermögen basiert im Wesentlichen auf Selbstkompetenz, erst von daher lässt sich verstehen, warum Immanuel Kant in seinen nachgelassenen Reflexionen meinte, dass die Kunst uns zeigt, dass wir in die Welt passen.[18]

> Die schönen Dinge zeigen an, dass der Mensch in die Welt passe.
>
> Immanuel Kant, Reflexionen 1820a

Mit dieser Perspektivierung und gleichzeitigen Herleitung zeitgenössischer Kunst aus ihrer Geschichte möchten wir Sie

- ermutigen, Kunst nicht nur unter funktionalen Gesichtspunkten wahrzunehmen;
- anregen, das für den Religions-, Ethik- oder Philosophie-Unterricht unkonventionelle Experiment mit autonomer Kunst auszuprobieren;
- herausfordern, mit der zeitgenössischen Kunst sich auf Lernprozesse einzulassen, die nicht immer plan- und steuerbar sind.

In diesem Sinne führen wir Sie in die Geschichte der Bilder und ihrer Bedeutung für die Bildung (I) und in das Betriebssystem Kunst (II) ein, versuchen, Ihnen einige Hilfestellungen für die Erschließung von Kunstwerken zu geben (III) und möchten Sie mit einigen Impulsen, thematischen Pfaden und Unterrichtvorschlägen anregen, künftig verstärkt mit zeitgenössischer bildender Kunst im Unterricht zu arbeiten (IV und V).

Alle in diesem Buch vorgestellten Internetadressen und weiterführende Hinweise und Materialien finden Sie auch im elektronischen Anhang unter der Adresse

http://www.v-r.de/mertin/kunst.html

---

18 Vgl. Rüdiger Bubner, Ästhetische Erfahrung. Frankfurt/M. 1989, S. 129; Frauke A. Kurbacher, Urteil, ästhetisches; in: Historisches Wörterbuch der Philosophie. Basel 2001.

I

Das Bild im Kontext

Überlegungen zur Macht der Bilder

Unabhängig davon, ob wir uns als Unterrichtende wie als Zeitgenossen für bildende Kunst interessieren oder nicht, sind wir immer schon in Bildwelten verstrickt, unsere Weltwahrnehmung setzt sich heute aus einer unüberschaubaren Zahl von Bildern zusammen, denen wir nicht entkommen, die wir uns und den Schülerinnen und Schülern aber bewusst machen sollten, damit wir ihnen nicht ausgeliefert sind.[1]

Welche Bedeutung Bildern in der Selbstvergewisserung der Menschen zukommen kann, lässt ein Blick auf das erkennen, was wir Geschichte nennen. Der Historiker Leopold von Ranke lässt die Geschichte der Menschheit dort beginnen, »wo die Monumente verständlich werden und glaubwürdige, schriftliche Aufzeichnungen vorliegen.«[2] Geschichte und Vorgeschichte der Menschheit scheiden sich demnach mit der Schrift. Dagegen ist für den Philosophen Wilhelm Weischedel das Entwerfen von Bildern ein Grundgeschehen im Dasein des Menschen und ohne Bilder gibt es für ihn keine Welt. Geschichte setzt nach Weischedel wesentlich früher ein, und zwar mit den frühesten menschlichen Bildern, etwa den Felsmalereien in Altamira. Dem Primat der schriftlichen Überlieferung wird hier der Primat des Bildes entgegengesetzt.

In der Gegenwart ist dieser Jahrhunderte während Streit zwischen der Schrift und dem Bild längst entschieden. Von den einfachen Holzschnitten aus der Zeit der Reformation über die Fotografie im letzten Jahrhundert bis zur Werbung,[3] den Zeitschriften und den audiovisuellen Medien[4] stürzt eine Fülle von Bildern auf uns ein. Parallel zur Verbreitung der Bilder nimmt auch die Geschwindigkeit ihrer Präsentation zu.

Ist der Weg des Bildes zu seinen Rezipienten in der Reformationszeit noch sehr weit und an vermittelnde Worte gebunden, so sind Bilder heute überall präsent, ohne dass sie der Worte bedürften. Zugleich merken wir, dass die gezeigten Bilder nicht dem entsprechen, was sie abzubilden vorgeben. Die Hoffnung, dass das Bild Ereignisse objektiver überliefere als das geschriebene Wort, ist längst zu Nichts zerronnen. Bilder führen einen Bil-

---

1 Dazu immer noch äußerst lesenswert das Buch des Kunsthistorikers und Schriftstellers John Berger, Sehen. Das Bild der Welt in der Bilderwelt. Reinbek 1974.
2 Vorrede zur Weltgeschichte I, München 5/1992, S. 4, zit. nach Karl Christ, Geschichte und Existenz, Freibeuter 48, Berlin 1991, S. 5.
3 Vgl. Andreas Mertin und Hartmut Futterlieb, Werbung als Thema des Religionsunterrichts. Göttingen 2001.
4 Vgl. Andreas Mertin, Videoclips im Religionsunterricht. Göttingen 1999.

derstreit gegeneinander und um uns, der durchaus dem vergleichbar ist, was wir als Theologen aus der Kirchengeschichte als byzantinischen Bilderstreit oder als Bilderstreit der Reformation kennen.[5]

Was Bilder wirklich zu leisten vermögen, dürfte spätestens durch den Golf-Krieg deutlich geworden sein.[6] Es war ein Krieg der Bilder im mehrfachen Sinn, ein Krieg, der mit Bildern begann, durch Bilder dokumentiert und auch mit Bildern geführt wurde. Es war ein gut dokumentierter, gut gedrehter, gut inszenierter, scheinbar klinisch reiner Krieg: ein gelungenes Video. Was die Bilder der Vernichtung in sich tragenden Bomber nicht zu bewirken vermochten, erreichte ein Bild: die Abbildung eines im Ölschlamm sich wälzenden und an ihm zu Grunde gehenden Kormorans. Nun erst war Saddam Hussein in der Köpfen als der Verbrecher präsent, der er vorher doch auch schon war. Das Bild vom Leiden dieses Tieres brachte die Gefühle der Zuschauer auf den Begriff. Das Überraschende dabei ist, dass es sich bei vielen Kriegsbildern nur um Simulationen und keinesfalls um die Wiedergabe von Realitäten handelte, der Krieg in Echtzeit fand – jedenfalls auf dem Bildschirm – kaum statt. Weder stammten die Bilder der »präzisen chirurgischen Operation« aus dem Golfkrieg, sie waren oftmals Werbefilmen der Waffenindustrie entnommen, noch starb der Kormoran vor den Küsten Kuwaits, er war vielmehr ein Archiv-Fundstück der Nachrichtenredakteure aus dem Krieg zwischen dem Irak und dem Iran.

Die Dramaturgie der Bilder im Golfkrieg macht uns einsichtig, dass Erfahrung sich heute zunehmend auf die Wahrnehmung von Bildern reduziert, aber auch, dass wir im Zeitalter der informellen Verbilderung und der unbegrenzten Manipulation von Bildern immer stärker den Bildproduzenten ausgeliefert sind.[7]

Noch dramatischer wurde die Situation im Rahmen der militärischen Auseinandersetzungen im Afghanistan-Krieg. Der Künstler Alfredo Jaar hat auf der Documenta 11 diesen Prozess der kollektiven Erblindung der Menschheit zu einem Teil seines Kunstwerks gemacht. Wer im Kasseler Fridericianum den Raum mit seiner Installation *Lament of the Images* betrat, stieß auf drei Texte, die sich jeweils mit dem Entzug von Bildern beschäftigten. Einer davon lautete:

5 Vgl. Bazon Brock, Zur Geschichte des Bilderkriegs um das Realismusproblem, in: ders., Ästhetik als Vermittlung. Köln 1977, S. 317ff.; Jerôme Cottin, Das Wort Gottes im Bild. Eine Herausforderung für die protestantische Theologie. Göttingen 2002, insbes. S. 29–85 [Das Bild als Objekt im kulturellen und gesellschaftlichen Leben].

6 Während der Vietnam-Krieg mit Bildern noch beendet wurde, wurden die folgenden Kriege zunehmend mit Bildern geführt.

7 »Man ließ uns den Krieg unmittelbar miterleben (erste Perversion, die der Wirklichkeit); zu sehen waren nur tautologische Zeichen, die sich in ihrer Bedeutungslosigkeit immer wieder verdoppelten (zweite Perversion, die der sinnenhaften Bedeutung).« (J. Cottin, Das Wort Gottes im Bild, a.a.O., S. 64) Konsequenterweise hat der Philosoph Jean Baudrillard deshalb davon gesprochen, dass der Golfkrieg real gar nicht stattgefunden habe. Realität bzw. Wirklichkeit und ihre mediale Überlagerung lassen sich nicht mehr voneinander trennen. Was ist aber dann noch real?

Als es Nacht wird über Kabul, starten die USA die ersten Luftschläge gegen Afghanistan, unter anderem mit Bombenteppichen von B-52-Maschinen aus 12.000 m Höhe und mehr als 50 Cruise Missiles. Präsident Bush bezeichnet die Angriffe als »sorgfältig gezielt«, um Verluste in der Zivilbevölkerung zu vermeiden.

Kurz vor dem Beginn der Luftangriffe kaufte das US-Verteidigungsministerium die Exklusivrechte an allen verfügbaren Satellitenbildern von Afghanistan und den benachbarten Ländern. Die National Imagery and Mapping Agency, eine geheime Aufklärungseinheit des Verteidigungsministeriums, schloss einen Exklusivvertrag mit der privaten Firma Space Imaging Inc. über den Kauf der Bilder ihres Ikonos-Satelliten ab.

Obwohl es über eigene Aufklärungssatelliten verfügt, die zehnmal so leistungsfähig sind wie die kommerziellen, verteidigte das Pentagon den Kauf der Ikonos-Bilder als Geschäftsentscheidung, die »uns überschüssige Kapazitäten bietet«.

Der Vertrag führte auch zu einem effektiven »White-out« der Operation, weil er die Beobachtung der Wirkung der Bombardierung durch die westlichen Medien verhinderte und die Möglichkeit einer unabhängigen Verifizierung oder Widerlegung der Behauptungen der Regierung ausschloss. Amerikanische und europäische Nachrichtenagenturen waren demzufolge darauf beschränkt, ihre Berichte nur mit Archivbildern illustrieren.

Der Geschäftsführer von Space Imaging Inc. sagte: »Sie kaufen alle verfügbaren Bilder auf.« Es gibt nichts mehr zu sehen.

Konsequenterweise endet die Kunstinstallation von Alfredo Jaar daher in einem zweiten Raum, der von einem so gleißend weißen Licht überstrahlt war, dass eine Wahrnehmung unmöglich wurde. Was wir noch zu sehen bekommen, ist weißes Rauschen.

Ästhetisierung

Das Gegenstück zur Inflation der Bilder in der Öffentlichkeit ist die Ästhetisierung der privaten Lebenswelt: Während uns die Bilder multimedial überfluten, richten wir unseren Alltag zunehmend ästhetisch ein. Bilder bestimmen das Design unseres Lebens, die Gegenstände, mit denen wir uns umgeben, sind Etiketten zur privaten wie öffentlichen Darstellung. Was uns dieses Design nahe bringt, ist nicht Innovation, es sind Simulationen, Reproduktionen von Klischees, eine künstliche Ästhetisierung der Alltagswelt. Die Zeit zwischen Innovation und Reproduktion wird immer kürzer. Inflation der Bilder und Ästhetisierung der Lebenswelt sind die beiden komplementären Seiten in der Veränderung unserer Weltwahrnehmung und -darstellung. Wer heute kein gutes Bild abgibt, optisch nicht präsent ist, hat verloren, jedenfalls im Erscheinungsbild der Öffentlichkeit. Man kann darüber spekulieren, woher das kommt. Vielleicht macht die fortschreitende Spezialisierung der Lebenswelten dem Einzelnen die Übersicht schwer und erzwingt deshalb Schritte zur Vereinfachung. Hier scheinen sich insbesondere Klischees, Bilder und Reproduktionen öffentlich anerkannter kultureller Werte anzubieten.

Bilderstreit

Was den Wirklichkeits- und Geltungsanspruch betrifft, so gibt es eine direkte Verbindung von den Bildern der frühen Christenheit mit jenen Bilderwelten, die uns heutzutage umgeben. Das hat der Kunstwissenschaftler Bazon Brock 1972 in einem Text zur Besucherschulung der documenta 5 sehr eindrücklich vor Augen geführt. Er bezog sich dabei auf die Zwecke, die mit den jeweiligen Bildpräsentationen verknüpft wurden und werden.

Dazu vergleicht er die »Theologie der Ikone« mit der »Theologie der Waschmittel«. Brock verweist zunächst auf den Bilderstreit des 8. Jahrhunderts in Byzanz. Damals versuchten die Verteidiger der Bilder, die so genannten Ikonodulen, mithilfe von Ikonen Theologie und Glauben sinnlich erfahrbar zu machen. Sie beriefen sich auf eine Theorie, die Bild und Abbild substanziell unterschied und dennoch in einem größeren Ganzen miteinander verbunden sah. In einer absteigenden Verbindung waren alle Dinge miteinander verknüpft. Wenn man also ein Bild von Jesus oder von einem Heiligen zeigen konnte, dann musste dieses in irgendeiner qualitativen und eben nicht zufälligen Beziehung zu seinem Urbild stehen.

Hans Memling, Hl. Veronika, Öl auf Holz, 1483, National Gallery of Art, Washington

Wenn man die eigenständige Wirklichkeitsebene der Abbildung gegenüber der Wirklichkeitsebene des Abgebildeten annehmen kann, dann kann man damit eine nicht sichtbare oder unerkannte andere Existenz eines Abgebildeten beweisen; ja man kann sogar Gott beweisen.[8]

---

8 Bazon Brock, Ein neuer Bilderkrieg – Wirklichkeitsanspruch in Bildwelten heute, in: ders., Ästhetik als Vermittlung. Köln 1977, S. 265f.

Diese Art der Beweisführung, so Brock, hat sich heute von der Religion auf das Fernsehen und die Werbung verlagert:

Im heutigen Bilderstreit geht es nicht mehr um den Gottesbeweis, sondern um den Weltbeweis, den Dato- und Omobeweis ... anstatt um Wirklichkeit von Gott und Heiligen als Abgebildeten und Ikone als Abbildung wird um die Wirklichkeit von Frischwärts und Neuweiß gekämpft.[9]

Brocks überzeugendes Argument:

Die Werbung für ein Waschmittel benutzt Bilder als Beweisstücke für die reale Existenz und Wirkungsweise eines abgebildeten Waschmittels. Die Werbefotografie will in diesem Fall den Wirklichkeitsbeweis durch zwei nebeneinander gestellte Bilder antreten. Das Bild suggeriert, dass es ein weiß waschendes Waschmittel geben muss, wenn man beim Vergleich zweier Bilder feststellt, dass das Weiß auf dem einen heller ist als auf dem anderen.[10]

Die Bildstrategien der vormodernen Kunst und der allgegenwärtigen Bilder der Gegenwart weisen somit Verwandtschaften auf.

Es gibt also keinen Grund, die Differenz zwischen der kunstgeschichtlichen Vergangenheit und der Gegenwart der Bilder zu groß zu machen. Bilder im beschriebenen Sinne wollen jeweils etwas erreichen, den Betrachter verändern, ihm etwas demonstrativ vor Augen führen. Beiden Bildformen ist Instrumentalität, ein komplexes Nutzungsverhältnis tief eingeschrieben, und beiden kommt Autonomie im modernen Sinne nicht zu.[11] Diesem Aspekt der Ähnlichkeit der vormodernen mit den modernen Bildern kann gerade auch im Unterricht einmal nachgegangen werden.

Aber man sollte die Differenzen auch nicht nivellieren, als gäbe es keine wahrnehmbaren Unterschiede zwischen den Bildern der allgegenwärtigen Multimediawelt und den religiösen Ikonen der Vergangenheit. Letztere wollten intensiv als einzelne Bilder wahrgenommen und vor allem religiös meditiert werden, während heutige Werbebilder weniger der Meditation als vielmehr der Kommunikation oder der Manipulation dienen.[12] Religiöse Qualitäten haben heutige Werbung und ihre Bilder nur in einem ziemlich oberflächlichen, trivialisierten Sinne.

In die Entwicklung eines zunehmend durch Bilder bestimmten Lebens ordnet sich auch der Umgang mit zeitgenössischer bildender Kunst ein. Die bildende Kunst setzt sich von der Inflationierung der Bilder in der Postmo-

---

9 Ebenda, S. 266.
10 Bazon Brock, Zur Geschichte des Bilderkrieges um das Realismus-Problem, in: ders., Ästhetik als Vermittlung, a.a.O., S. 317.
11 Insofern haben jene Autoren Recht, die Werbung und ihre Bildformen in der Gegenwart mit religiösen Begriffen beschreiben: Vgl. Horx/Wippermann (Hg.), Markenkult. Wie Waren zu Ikonen werden. München 1998. Bolz/Bosshart, Kult-Marketing. Die neuen Götter des Marktes. Düsseldorf 1995.
12 Vgl. Mertin/Futterlieb, Werbung als Thema des Religionsunterrichts. Göttingen 2001.

derne ebenso ab wie sie sie – etwa in der Videokunst oder in der Pop-Art –
kritisch seziert. Kunstwerke reagieren die gesamte Geschichte hindurch auf
gesellschaftliche Rahmenbedingungen.

Kunst im Kontext

Das *Funkkolleg Kunst* hat sich Mitte der Achtzigerjahre des 20. Jahrhunderts
der Kunst und ihrer Geschichte über ihre Funktionen bzw. Funktionalisierungen angenähert. Gefragt wurde dabei:

> In welchen Zusammenhängen kam die Kunst in ihrer Geschichte zur Wirkung, in
> welcher Weise prägten diese Zusammenhänge ihr Aussehen und wie veränderte nun
> umgekehrt die Kunst selbst ihre Erscheinungssphäre und ihre Erscheinungsformen.
> Gefragt wird ... nach primären Funktionen von Kunst, nach der religiösen, der ästhe-
> tischen, der politischen und der abbildenden Funktion. Dabei kann es nicht darum
> gehen, die Kunst in ihrer Funktionsbestimmung aufgehen zu lassen, sondern viel-
> mehr darum, beim Leser ein Verständnis dafür zu wecken, dass die Kunst im Laufe
> der Geschichte auf Grund der unterschiedlichsten Rahmenbedingungen ihr Wesen
> und ihre Individualität verändert hat, ja, dass ihre Eigenart nur erkannt werden kann,
> wenn zugleich deutlich wird, was ihr abgefordert wurde und wie sie darauf reagiert
> hat.[13]

Deutlich wurde daran nicht zuletzt, dass die umstandslose Rede von »der«
Kunst, die wir ja auch gegenüber den Bildern der Steinzeit oder der Antike
anwenden, ziemlich irreführend ist. Wer mit dem Blick von heute auf die
Bilder der Vergangenheit schaut, nimmt sie in der Regel unter Gesichtspunkten wahr, die sich erst sehr viel später in der Neuzeit und dann im Zuge der
Aufklärung und der Moderne herausgebildet haben, vor allem also unter
ästhetischen Gesichtspunkten. Dem liegt ein Kunstbegriff zugrunde, der erst
seit höchstens 200 Jahren existiert, aber er ist so in das kulturelle Bewusstsein gedrungen, dass er als selbstverständliche Wahrnehmungsbrille auch
für historische Phänomene benutzt wird.

Auf der anderen Seite sagt die notwendige und unabänderliche Kontex-
tualität der Kunst bis in die Gegenwart hinein noch nichts über ihre Autonomie aus. Der einfache Verweis auf die Kontextabhängigkeit der Kunst wider-
legt noch nicht den Gedanken, dass in der Moderne die Kunst sich ihre
Gesetze selbst gibt und sich von den Gesetzgebern der Vergangenheit – Religion und Politik – weitgehend frei gemacht hat.

Im Folgenden sollen einige Aspekte der historischen wie aktuellen Kon-
textualisierungen von Kunst angesprochen werden, die die Diskussion bis in
die Gegenwart bestimmen.

---

13 Werner Busch (Hg.), Funkkolleg Kunst. Eine Geschichte der Kunst im Wandel ihrer Funktionen. 2 Bände. München 1987.

Wenige kulturgeschichtliche Entwicklungen unterliegen so sehr der Spekulation und vorurteilsbefangenen Schlussfolgerungen wie das Verhältnis von Kunst und Religion. Die Erzählung von der gemeinsamen Urgeschichte von Kunst und Religion gehört ebenso dazu wie das Argument, Bilder seien die Bibel der Analphabeten oder etwa die Legende von der gestörten Beziehung von Kunst und Protestantismus. Vieles davon ist einfach Ideologie, auf bloßen Verdacht ins Blaue hinein geäußert, und weniges hält einer genaueren Untersuchung stand. Offensichtlich bietet gerade das Begegnungsfeld von Kunst und Religion eine ideale Projektionsfläche für Vor-Urteile. Wie sich das Verhältnis von Kunst und Religion bzw. von Bild und Judentum/Christentum historisch entwickelt hat, ist Gegenstand intensiver Debatten und keinesfalls abschließend geklärt.

Im Jahr 1907 eröffnet der Philosoph und Soziologe Georg Simmel einen Essay zum Thema *Christentum und Kunst* mit den Worten:

> Die geschichtlichen Fäden, die sich zwischen Religion und Kunst spinnen, sind unzählige Male verfolgt worden: wie die Kultzwecke das Götterbild entstehen ließen, wie sich aus der religiösen Feier und der Anrufung der Götter die poetischen Formen entwickelten, wie die Erhebungen und wie der Verfall der Religion die Kunst oft in gleichem, oft in völlig entgegengesetztem Sinn beeinflussten – alles dies ist zu begriffenen Tatsachen der Kulturgeschichte geworden. Allein die Motive, mit denen aus dem Wesen der Sache heraus das eine das andere anzieht oder abstößt, durch die alle jene historischen Verknüpftheiten nur als die mehr oder weniger vollkommenen Verwirklichungen tieferer und prinzipieller Zusammenhänge erscheinen – diese Motive harren noch ihrer Klärung.[14]

Daran hat sich bis heute wenig geändert. Georg Simmel selbst war von der konstitutiven Differenz von Kunst und Religion überzeugt:

> An und für sich haben Religion und Kunst nichts miteinander zu tun, ja sie können sich in ihrer Vollendung sozusagen nicht berühren, nicht ineinander übergreifen, weil eine jede schon für sich, in ihrer besonderen Sprache, das ganze Sein ausdrückt. Man kann die Welt religiös oder wissenschaftlich auffassen: es sind die gleichen Inhalte, die jedes Mal unter einer anderen Kategorie einen Kosmos von einheitlich unvergleichbarem Charakter formen.[15]

Aber es gibt auch andere Stimmen. So meint der Pädagoge und Religionsphilosoph Georg Picht:

> Die Stellung, die wir zur Kunst einnehmen, ist mit der Stellung des Menschen zu Gott, seiner Stellung zur Wahrheit und seiner Stellung in Natur und Gesellschaft unauflösbar verkoppelt, denn Kunst entsteht am Schnittpunkt dieser Dimensionen

---

14 Georg Simmel, Das Christentum und die Kunst, in: Das Individuum und die Freiheit. Essais. Berlin 1984, S. 120–129, hier S. 120.
15 Ebenda, S. 129.

unseres Daseins. Und Picht hebt hervor: Für Kant, für Schelling wie für Hegel gilt in je verschiedener Weise der Satz: Wer Kunst nicht versteht, kann nicht denkend begreifen, was der Name »Gott« bedeutet.[16]

Deutlich wird daran, dass das Verhältnis von Kunst und Religion bzw. Kunst und Christentum bis heute kontrovers diskutiert wird und jede Beschäftigung mit zeitgenössischer Kunst dieses Verhältnis mit bedenken muss. Als hilfreich im Blick auf das Verständnis der Geschichte von Kunst und Religion hat sich dabei die von Hans Belting eingeführte Differenzierung von Kunst und Kultbild erwiesen, wonach wir von Kunst im emphatischen und reflektierten Sinne erst nach der Renaissance sprechen sollten.[17] Davor waren Bilder vor allem Kultbilder und noch nicht Kunst im heutigen Sinne. Dennoch lässt es sich aus rein pragmatischen Gründen nicht immer vermeiden, auch für Bilder vor dem 15. Jahrhundert das Wort »Kunst« zu verwenden.

Die Geschichte der komplexen Beziehung des Christentums mit den Bildern beginnt, anders als man vielleicht denken mag, nicht erst in den ersten Jahrhunderten nach Christus, sondern sie wird in einem wesentlichen Maße bestimmt von dem, was der Ägyptologe Jan Assmann die »mosaische Unterscheidung« genannt hat. In Abgrenzung zur ägyptischen Kultur und später zur kanaanäischen Umwelt wird Bildkult zur Sünde schlechthin. Wie immer man auch die Historizität des Mose einschätzt, die im historischen Gedächtnis auf ihn zurückgeführte Unterscheidung »wird im Raum der Bilder getroffen, und der Kampf der Gegenreligion wird gegen die Bilder geführt«. Der Raum, der durch diese Unterscheidung geschaffen wird, so schreibt Assmann, »ist der Raum des jüdisch-christlich-islamischen Monotheismus. Es handelt sich um einen geistigen oder kulturellen Raum, der durch diese Unterscheidung konstruiert und von Europäern nunmehr seit fast zwei Jahrtausenden bewohnt wird«.[18]

Allerdings muss man sich von der Vorstellung verabschieden, dass die kritische Betrachtung der Bilder, wie sie das Bilderverbot der hebräischen Bibel zum Ausdruck zu bringen scheint, ältesten Datums ist. Silvia Schroer hat in ihrem Buch *In Israel gab es Bilder. Nachrichten von darstellender Kunst im AT* darauf verwiesen, dass es in den frühen Zeiten Israels eine Fülle von Bildern und Statuen gab und nichts darauf hindeutet, dass vor dem Exil das Bilderverbot Gültigkeit besessen habe. Dieses sei vielmehr erst mit und nach dem Exil durchgesetzt worden.[19] Dennoch bleibt es unbestritten, dass das Bilderverbot in der Geschichte des Judentums wie des Christentums eine bedeutsame Rolle gespielt hat, dass es also eine Gedächtnisspur hinterlassen hat, die bis in die Gegenwart wirkt.

16 Georg Picht, Kunst und Mythos. Stuttgart 1987, S. 7 und 15.
17 Hans Belting, Bild und Kult. Eine Geschichte des Bildes vor dem Zeitalter der Kunst. München 1990.
18 Jan Assmann, Moses der Ägypter. Entzifferung einer Gedächtnisspur. München/Wien 1998.
19 Silvia Schroer, In Israel gab es Bilder. Nachrichten von darstellender Kunst im AT. Göttingen 1987.

Auch im Blick auf die Geschichte des Christentums mit der Kunst gibt es eine Reihe populärer Vorurteile. So war es entgegen verbreiteter Darstellungen nicht das Volk, das die Bilder in das Christentum eingeführt hat (das *biblia-pauperum-* oder *littera-laicorum-*Argument). Die ersten Beispiele der Bildkunst im Christentum sind vielmehr Trinkbecher und Siegelringe und damit Accessoires gehobener Schichten. Auch die Katakombenkunst ist nicht Volkskunst, sondern wird durch Begüterte in Auftrag gegeben. Die Kunst sickert von oben ins Christentum. Fast für die gesamte Geschichte des Christentums gilt, dass die im religiösen Kontext entstandenen Bilder nur mit einer soliden Schriftkenntnis zu lesen und damit zu verstehen waren.

Darstellungen Christi finden wir erstmals in der Bildwelt der Katakomben und zwar zunächst vor allem in der Übernahme bereits vorhandener nicht christlicher Motive (Hirte, Christus-Orpheus, Sol invictus, Herakles etc.). Mit der staatlichen Anerkennung des Christentums ändert sich auch die Kunst. Das Christusbild steigt aus den Katakomben auf in die Höhe der neu erbauten Kirchen. Kurz nach 400 tauchen dann die ersten Kreuzigungsdarstellungen auf. Ikonenmalerei ist seit dem 4. Jahrhundert bezeugt und seit dem 6. Jahrhundert belegt. Die früheste uns bekannte Christusikone stammt aus dem Katharinenkloster und dem 6. Jahrhundert. Ikonen standen vermutlich anfangs unter hohem Legitimationsdruck, verstießen sie doch offensichtlich gegen das Bilderverbot. Deshalb sollten schon früh Legenden wie die von den »nicht von Händen gemachten Bildern« (*acheiropoieta*) die göttliche Legitimität der Bilder bezeugen.

Im 8. Jahrhundert entsteht dann im Oströmischen Reich ein Streit um die Bilder, der fast 120 Jahre dauert und mit dem Sieg der Bilderfreunde endet. 726 lässt der Soldatenkaiser Leon III. die Christusikone über dem Chalketor in Konstantinopel entfernen, sein Sohn Konstantin V. lässt 754 auf der Synode von Hiereia alle religiösen Bilder verurteilen. Im Rahmen des byzantinischen Bilderstreits entwickelt sich die Terminologie, die Bilderstreit als »Ikonoklasmus«, Bilderfeinde als »Ikonoklasten« und Bilderfreunde als »Ikonodule« bezeichnet. Diese Terminologie ist insofern irreführend, als die byzantinischen Ikonoklasten keine Bilderfeinde, sondern nur Kultbildfeinde waren. Unter der Kaiserin Irene widerruft das Konzil von Nicäa 787 die kultbildfeindlichen Beschlüsse und bestätigt die heiligen Bilder. In der Folge gibt es einen Wechsel von Kultbildbefürwortern und -gegnern, bis 843 die Bilderverehrung in der Ostkirche festgeschrieben wird. Die Bedeutung des byzantinischen Bilderstreits für die Diskussion um das Bild kann kaum überschätzt werden. Bis heute sind die Argumente im Für und Wider im Wesentlichen gleich geblieben. Die zentralen Argumente auf beiden Seiten:

■ Religiöse Bilder sind durch das biblischen Bilderverbot grundsätzlich verboten, Gott ist nicht darstellbar, die einzige Vergegenwärtigung Christi geschieht im Sakrament des Abendmahls.

■ Wenn Christus wahrhaft Mensch geworden ist, dann muss er auch darstellbar sein. Wer die Darstellbarkeit Christi bestreitet, leugnet daher auch die Inkarnation, die Menschwerdung Jesu.

Unabhängig von dieser theologischen Argumentation entwickelte sich jedoch eine Bildpraxis, die stark von einem bildmagischen Verständnis geprägt war, von den Theologen aber nur selten in den Blick genommen wurde. Rom beantwortete den kultischen Gebrauch der Bilder im Osten zunächst relativierend mit dem Hinweis auf ihren didaktischen Nutzen. Damit wurde ein Argument Papst Gregors des Großen aufgenommen, der die Bilder als Bücher des Volkes bezeichnet hatte. Diese Haltung der didaktischen Ingebrauchnahme der Kunst war über Jahrhunderte in der katholischen Bildertheologie bestimmend. Anders sieht die Position des Westens aus, die Karl der Große in den Libri Carolini niederlegen ließ. Seine Hoftheologen verwarfen die Anbetung der Bilder (nicht aber religiöse Bilder als solche und auch nicht Christusbilder oder Kruzifixe) und verwiesen im Blick auf die Inkarnation auf das Abendmahl als wahres Bild Christi. Kriterien für Bilder seien dagegen ausschließlich künstlerische, nämlich das »Ingenium« des Künstlers. Damit taucht zum ersten Mal in der Geschichte des Christentums und der von ihr beeinflussten Kultur der Gedanke des autonomen Kunstwerks auf.

Um das Jahr 1000 erreicht die christliche Buchkunst ihren Höhepunkt. Wichtigste Christusdarstellung ist die Majestas Domini, die Christus mit Segensgestus oder Buch auf dem Weltenkreis sitzend vorstellt. Die Bilder etwa der Reichenauer Schule zeigen eine reduzierte Bildsprache mit reichem Goldgrund, die die göttliche Natur Christi hervorhebt. Nahezu zeitgleich (970) entstanden ist das Gerokreuz im Kölner Dom, das Jesus drastisch als Sterbenden darstellt. In den Jahrhunderten danach finden wir zahlreiche Ausgestaltungen, vom Realismus bis zur milden Verklärung. Nahezu alle »große Kunst«, die wir im kollektiven Bildgedächtnis haben, stammt aus der Zeit zwischen 1400 und 1500. Mit der Renaissance zeichnet sich auch die Entwicklung der Bilder zu einer selbstbestimmten Gattung »Kunst« ab.

Die Reformation selbst hat zwar viele Bilder, aber wenig große Kunst hervorgebracht. Dennoch hat sie viele Künstler beeinflusst, nicht zuletzt Mathis Grünewald, Tilman Riemenschneider und Lukas Cranach. Die Folgen der Reformation für den Beruf des Malers waren drastisch. Die religiöse Bildproduktion wurde im Gefolge der Reformation radikal reduziert. Indirekt wird die Reformation aber für die nun entstehende autonome Kunst wirksam, indem sie Künstler zwingt, sich eigenständige Arbeitsfelder jenseits religiöser Auftragsmalerei zu suchen.

Mit dem Barock und den Beschlüssen des Tridentinischen Konzils geht die christliche Bildgeschichte dann endgültig

Kunst und Christentum

... ist das Thema eines gut zu lesenden Einführungsbuches von Horst Schwebel. Er skizziert in einem Überblick die wichtigsten Stationen der Annäherung und der Auseinandersetzung von Kunst und christlicher Religion von den Anfängen bis zur Postmoderne.

Horst Schwebel, Die Kunst und das Christentum. Geschichte eines Konflikts. München 2002.

zu Ende.[20] Als wichtigste Künstler dieser Zeit können Peter Paul Rubens auf katholischer und Rembrandt van Rijn auf protestantischer Seite bezeichnet werden. Natürlich gibt es auch danach noch religiöse Bilder, aber sie bilden zunehmend nur noch eine binnenkirchliche Sonderkultur ohne jeglichen Bezugspunkt zur Kunstszene der jeweiligen Zeit. Wenn noch religiöse Sujets auftauchen, dann sind sie – wie jedes andere Sujet auch – nur Material der künstlerischen Bearbeitung und wollen im Blick auf die formale künstlerische Durchdringung betrachtet werden. Die Geschichte von Kunst und Religion ist damit nicht zu Ende, sie lässt aber die religiöse Ikonographie hinter sich.

Kunst und Freiheit

Es ist ein *Commonsense* der Philosophie seit über 200 Jahren, dass Kunst mehr sei als nur ein Ausstattungsstück oder ein Spiegel der Wirklichkeit.[21] Kunst, so kann zusammengefasst werden, ist der einzige Bereich, in dem wir Menschen in einem umfassenden Sinne frei sind und Freiheit erleben können. Während wir überall sonst Begrenzungen vornehmen, Dinge auf bestimmte Erkenntnisse reduzieren, ist das bei der Betrachtung des Schönen nicht so. Immanuel Kant hat das ästhetische Urteil als jenes bestimmt, bei dem unsere Erkenntniskräfte *frei* spielen können.[22]

Allein das ästhetische Urteil ist ein freies Urteil und begründet ein freies Wohlgefallen. Das moralische Urteil kennt diese Freiheit nicht ... Auch das theoretische Erkenntnisurteil ist nicht frei, sondern an die Gesetzlichkeit des Verstandes gebunden. Am wenigsten ist das pathologisch bestimmte Urteil über das Angenehme (das Sinnenurteil) frei, weil die subjektive Empfindung dort das einzige Kriterium ist. – Da der ästhetisch Betrachtende vom schönen Ding nichts begehrt, nichts erkennen, verändern oder genießen und konsumieren will, weil er – unkantisch gesprochen – dem Gegenstand seine Freiheit lässt, deshalb bleibt er selbst in seinem Urteil über es frei.[23]

Im ästhetischen Urteil geht es nicht um eine bestimmte Erkenntnis, sondern um »Erkenntnis überhaupt«, darum, »dass für den ästhetisch Urteilenden [das ästhetisch Beurteilte] das Phänomen [ist], das um seiner selbst willen geschätzt und beurteilt wird.«[24] Friedrich Schiller hat dem in seinen *Briefen zur ästhetischen Erziehung des Menschen* unter besonderer Betonung des

---

20 Wolfgang Schöne, Die Bildgeschichte der christlichen Gottesgestalten in der abendländischen Kunst, in: Das Gottesbild im Abendland, hg. von Günter Howe. Witten/Berlin 1957, S. 7–56.
21 Vgl. zum Folgenden Brigitte Scheer, Einführung in die philosophische Ästhetik. Darmstadt 1997.
22 Ebenda, S. 91.
23 Ebenda, S. 81f.
24 Ebenda, S. 89.

Spiels eine Form gegeben, in der das Ästhetische eine grundsätzliche Funktion für den Menschen bekommt: »*Der Mensch ... ist nur da ganz Mensch, wo er spielt.*«[25] So zeigt Schiller,

dass nur der spielende Mensch der ganzheitlich sich entfaltende Mensch ist, bei dem die Extreme von Verstand und Sinnlichkeit, Pflicht und Neigung, versöhnt sind ... Ein in diesem Sinne spielender Mensch erweist sich als frei, weil er es ... erreicht, im anderen bei sich selbst zu sein.[26]

Georg Wilhelm Friedrich Hegel hat in seiner Beschäftigung mit der Kunst und nicht zuletzt in der Auseinandersetzung mit dem Pietismus, die Kunst vor dem Vorwurf zu verwahren gesucht, diese sei nur ein Luxus, der das Wesentliche des Lebens nicht berühre: »Das allgemeine Bedürfnis zur Kunst also ist das vernünftige, dass der Mensch die innere und äußere Welt sich zum geistigen Bewusstsein als einen Gegenstand zu erheben hat, in welchem er sein eigenes Selbst wieder erkennt.«[27] Mit anderen Worten, »der Mensch erweist sich dadurch, Geist zu sein, dass er keine Befriedigung im bloß natürlichen Dasein seiner selbst und der Dinge findet, sondern diese in eine Beziehung zu seinem Bewusstsein bringt. Er muss sie gewissermaßen ein zweites Mal formend und denkend produzieren, um sie sich für sein Bewusstsein aneignen zu können.«[28]

Bei Arthur Schopenhauer »wird der Kunst zugestanden, dass sie in der Lage ist, die Kardinalfrage jeder Metaphysik, nämlich: was ist das Wesen des Seienden?, auf ihre Weise zu beantworten.«[29] Schopenhauer beschreibt ästhetische Kontemplation konsequent als Prozess der »Befreiung des Erkennens vom Dienste des Wollens«:

Nun aber betrachten Sie, welche Veränderung im Subjekt vorgeht, indem die ästhetische Kontemplation, welcher Art sie auch sei, eintritt ... plötzlich sind wir herausgehoben aus dem endlosen Strohm des Begehrens und Erreichens; die Erkenntniss hat sich los gemacht vom Sklavendienst des Willens, sie ist frei und für sich da ... diese Reinigung des Bewusstseins von allen Beziehungen zum Willen tritt nothwendig ein, sobald wir irgendetwas ästhetisch betrachten.[30]

Gerade in diesem Sinne wird der Kunst von Schopenhauer sogar so etwas wie eine Erlöserfunktion zugeschrieben.[31]

---

25 Fr. Schiller, Über die ästhetische Erziehung des Menschen in einer Reihe von Briefen. Mit einem Nachwort von Käte Hamburger. Stuttgart 1965. 15. Brief, S. 63.
26 Br. Scheer, Einführung in die philosophische Ästhetik. Darmstadt 1997, S. 118.
27 G. W. Fr. Hegel, Ästhetik, hg. von Friedrich Bassenge. 2 Bände. Berlin 4/1985.
28 Br. Scheer, Einführung in die philosophische Ästhetik, a.a.O., S. 123.
29 Ebenda, S. 143.
30 A. Schopenhauer, Metaphysik des Schönen, a.a.O., S. 92.
31 Ebenda, S. 96. Der Bezug auf die Erlösung findet sich auch – natürlich unter anderen Voraussetzungen – bei so unterschiedlichen Denkern des 20. Jahrhunderts wie Karl Barth (*Kunst bezieht sich als reines Spiel auf Erlösung*) und Theodor W. Adorno (*Kunst fingiert die Welt aus der Perspektive der Erlösung*).

Im 20. Jahrhundert gelingt der emphatische Bezug auf die Freiheit, nicht zuletzt auf Grund der real erfahrenen Unfreiheit, nur noch vermittelt. Dennoch kann festgestellt werden, dass auch viele Philosophen des 20. Jahrhunderts der Kunst eine ausgezeichnete Rolle zuweisen. Das gilt für Martin Heidegger[32] ebenso wie für Theodor W. Adorno[33] und Hans-Georg Gadamer.[34]

Reflexionen über Freiheit als »Methode der Kunst«[35] finden sich auch bei dem Künstler, Theologen und Philosophen Thomas Lehnerer. Im Anschluss an Kant skizziert er ästhetische Erfahrung als »Empfinden aus Freiheit« und Kunst als »Methode aus Freiheit«. Das Empfinden von Schönheit ist danach

die vielleicht ganz alltägliche, aber unbedingte Freude daran, dass etwas ohne Not und Grund – frei – sich bewegt, dass etwas lebendig ist in dieser Welt, einfach so. – Freie Lebendigkeit spüren, das ist Schönheit ... Schönheit als solche (als Empfinden aus Freiheit) beruht weder auf Natur noch auf Kultur ... Schönheit ist ein an sich selbst freier, unbedingter, dennoch aber subjektiv wahrnehmbarer Glücksfall.[36]

Kunstwerke sind daher Gegenstände, die den »Zweck« haben, dieses »Empfinden aus Freiheit« auszulösen. Kunst ist eine Produktionsform »freien Empfindens«.[37] Künstlerisches Arbeiten im so bestimmten Sinne ist grundsätzlich ein Arbeiten mit offenem Ausgang.[38]

Fasst man die Erkenntnisse der Philosophen zusammen, so wird die einzigartige Bedeutung der Kunst für die Menschen erkennbar und diese ist unabhängig vom jeweiligen Zustand der aktuellen Kunstszene. Die bildende Kunst ist ein ausgezeichneter Ort, Freiheit spielerisch erfahren zu können. Und Freiheit ist hier – ganz im Gegensatz zu vielen öffentlichen populären Vorurteilen – nicht Willkür, weil die Kunst gerade als jener Ort gekennzeichnet ist, an der der Wille aufgehoben ist und nur das als gelungen erfahrenes Zusammenspiel zählt.[39]

> **Freiheit und Kunst**
>
> ... ist ein interessantes Thema für den Philosophie- und Ethik-Unterricht. Dazu gehört sowohl die Frage nach den Grenzen der Kunst als auch die Frage danach, warum in der Geschichte der neueren Philosophie die Kunst eine so herausragende Rolle gespielt hat.
>
> Der Gegensatz von »Ethik und Ästhetik« ist vor allem in der Philosophie Søren Kierkegaards diskutiert worden. Bis in die Gegenwart taucht diese Frage in der Philosophie immer wieder auf – etwa in den Reflexionen über das »gute Leben«.

---

32 M. Heidegger, Der Ursprung des Kunstwerks. Stuttgart 1960.
33 Th. W. Adorno, Ästhetische Theorie. Frankfurt/M. 5/1981. Chr. Menke, Die Souveränität der Kunst. Ästhetische Erfahrung nach Adorno und Derrida. Frankfurt/M. 1991.
34 „Die Ästhetik ist eine ganz späte Erfindung und fällt ... etwa mit der Entlassung des eminenten Sinnes von Kunst aus dem Zusammenhang der Kunstfertigkeit zusammen und mit ihrer Freisetzung zu der fast religiösen Funktion, die Begriff und Sache der Kunst für uns haben." H.-G. Gadamer, Die Aktualität des Schönen. Kunst als Spiel Symbol und Fest. Stuttgart 1977, S. 20.
35 Th. Lehnerer, Methode der Kunst. Würzburg 1994.
36 Ebenda, S. 76.
37 Ebenda, S. 83.
48 Ebenda, S. 147.
39 Vgl. Th. Lehnerer, ebenda, S. 108.

Man kann die philosophische Erkenntnis der Leistung der Kunst nun freilich auch so akzentuieren, dass ihre Spitze gegenüber der traditionellen Theologie deutlich wird. Danach hat die Ästhetik seit ihrer Entstehung die von ihr behandelten Gegenstände als solche begriffen, die spezifisch menschlich sind und von Gott nicht relativiert werden können und auch nicht relativiert werden.[40]

> Die Geburt der Ästhetik ... symbolisiert – besser als alle anderen Veränderungen – das Vorhaben, eine Rechtfertigung aus der Perspektive des Menschen zu liefern.[41]

An dieser Stelle wird der Protest jener verständlich, die ihrem Unbehagen an einigen Tendenzen moderner Kunst durch die Berufung auf Gott Ausdruck verleihen und diese »Rückbindung« als Möglichkeit verstehen, der Kunst Grenzen zu setzen. Aber es gibt keinen zwingenden theologischen Grund, die Kultur zu begrenzen oder bestimmte Bereiche von ihr auszugrenzen.

Freilich spricht nichts dagegen, die Kultur theologisch oder religiös zu deuten, sie z.B. als von Gott geschenkten Freiraum des Menschen zu verstehen. Aber religiöse Deutungen der Kultur sagen nichts über die spezifische Qualität des Betrachteten aus, sondern sind ein Ausdruck des religiösen, d.h. eines subjektiven, wenn auch kulturell geprägten, Umgangs des Betrachtenden mit dem Phänomen. Das schließt selbstverständlich auch ein kritisches religiöses Urteil mit ein. Derartige Urteile geben Auskunft darüber, was die Urteilenden als Religion zu akzeptieren bereit sind, ob sie einen weiten oder einen engen Religionsbegriff haben, aber sie qualifizieren nicht das als ästhetisch Betrachtete.

»Der Verlust der Mitte«

... unter diesem Stichwort ist bis in die 80er Jahre des 20. Jahrhunderts der Freiheitsanspruch der Kunst und ihre Autonomie nicht nur von Theologen sondern auch von Philosophen und Kunsthistorikern immer wieder kritisch in Frage gestellt worden.

Durch die Autonomie der Kunst und ihre formale Betrachtung werde nicht nur das Christentum gestaltlos, sondern auch die Kunst belanglos und zu einem Spielball des Marktes.

Im Unterricht sollte die Frage nach dem Preis der Freiheit der Kunst mit aufgegriffen werden.

---

40 Vgl. L. Ferry, Der Mensch als Ästhet. Die Erfindung des Geschmacks im Zeitalter der Demokratie. Stuttgart 1992: „Man wird infolgedessen verstehen, inwieweit das Vorhaben, dem Studium der Sinnlichkeit eine selbständige Wissenschaft zu widmen – d.i. die Ästhetik –, einen entscheidenden Einbruch in bezug auf die klassische Sichtweise nicht nur für die Theologie, sondern für die gesamte vom Platonismus geprägte Philosophie darstellt. Man muß hier Maß anlegen: Der Gegenstand der Ästhetik, die sinnliche Welt, existiert nur für den Menschen, sie ist im strengeren Sinne das dem Menschen Eigentümliche ... die menschliche Sinnlichkeit wird [bei Baumgarten und Lambert] so vorgestellt, als habe sie eine spezifische Struktur, die aus der Sicht Gottes nicht relativiert werden könnte" (S. 26).
41 Ebenda.

Der Streit um das Verhältnis von Kunst und Leben bzw. Engagement und auf der theoretischen Ebene von Ästhetik und Ethik ist im 19. Jahrhundert ausgebrochen, er durchzieht das gesamte 20. Jahrhundert und ist sicher noch lange nicht abgeschlossen. Die Annäherung von Kunst und Leben war eines der zentralen Themen der künstlerischen Avantgarden zu Beginn des 20. Jahrhunderts, kann aber schon auf eine längere Tradition des artikulierten Unbehagens an der scheinbaren Folgenlosigkeit der Kunst zurückblicken. Als exemplarisches und herausragendes Werk engagierter Kunst und geradezu als Ikone des 20. Jahrhunderts gilt Pablo Picassos Gemälde *Guernica*, das er in Reaktion auf die Vernichtung der gleichnamigen Stadt durch die deutsche Legion Condor im Auftrag der republikanischen Regierung für den spanischen Pavillon der Weltausstellung in Paris malte.[42]

Am Ende des 20. Jahrhunderts und zu Beginn des 21. Jahrhunderts ist der Ruf nach Engagement nicht verstummt, ganz im Gegenteil. Gefragt wird nach einer neuen Verbindung von Kunst und Leben, hervorgehoben wird die Notwendigkeit, dass die Künstler Orientierungen und Antworten für das Gemeinwesen schaffen. Falls die Kunst das nicht leiste, drohe sie zu verschwinden. Dieser Einwurf ist nicht neu, er ist seit Hegels Drohung vom Ende der Kunst immer wieder aufgetreten.

Er kehrt ebenso in Hans Seldmayrs »Verlust der Mitte«[43] wieder wie in Adornos Satz, nach Auschwitz sei es unmöglich, noch eine Gedicht zu schreiben.[44] Jeweils wird ein historisches Geschehen so aufgeladen, dass das im Vergleich ästhetizistisch anmutende Moment der Kunst moralisch diskreditiert scheint. Angesichts der Parusieverzögerung der Versöhnung von Kunst und Leben, der Einlösung der Kunst als einer Form höherer Wahrheit, wird nach einer Neubestimmung von Kunst und Leben gefragt. Soweit erkennbar, geht es um die De-Zentrierung der Kunst unter Anerkenntnis ihrer faktisch eingetretenen gesellschaftlichen Vergleichgültigung. Die Kunst bildet demnach keinen Fokus mehr, durch den Probleme von Moral und Ethik gebündelt werden können, stattdessen rückt das Leben selbst bzw. die Kunst des Lebens ins Zentrum des Interesses.

Das Tagebuch des Kunstkritikers Max Faust *Dies alles gibt es also: Alltag, Kunst, Aids*[45] kann als Frage nach dem Beitrag der Künste zum Projekt *Menschwerdung* gelesen werden. Kunst, so Faust, »zeigt sich zunehmend gebunden an das ungelebte Leben. Folgenlos bleibt ihr ästhetischer Vor-Schein. Nichts da von einer gesellschaftlichen Antithesis zur Gesellschaft.«

42 Vgl. aber Max Raphael, Zwiespalt zwischen Inhalt und Form. Picasso: Guernica; in: ders., Wie will ein Kunstwerk gesehen sein?. Frankfurt/M. 1984, S. 231–302.

43 Hans Sedlmayr, Verlust der Mitte, Berlin 1959.

44 Adorno hat diesen Satz später allerdings relativiert. Vgl. Theodor W. Adorno: »Engagement«; In: ders., Noten zur Literatur. Frankfurt 1981, S. 409–430, hier S. 422f.

45 Wolfgang Max Faust, Dies gibt es also – Alltag, Kunst, Aids. Stuttgart 1993.

Die historische Investition *Kunst,* die sich die Menschheit leistet, ist zu einem Abschreibungsprojekt verkommen, sie ist nur noch Kunst und kein Leben mehr. Der Vorbehalt lautet: »Kunst wird genau durch das, was sie zur Kunst macht – das Ästhetische –, in der Gegenwart fragwürdig. Sie kann das Ästhetische kaum noch überzeugend legitimieren.« Faust sieht den Verlust des gesellschaftlichen Moments der Kunst:

Die Kunst als utopisches Moment ist immer auch Lebenshilfe. Vor dem Hintergrund des Verschwindens der Kunst besitzt dies heute Züge einer Selbsttäuschung. Je deutlicher sich die Kunst verabschiedet, desto illusionärer wird das, was man auf sie projiziert.

Man muss im Interesse des Lebens Teile des ästhetischen Denkens der Moderne revozieren: »Kunst lässt sich nur als ein kontextuelles Phänomen begreifen. Sie ist nicht das ganz andere. Jede ihrer Differenzen ist eine Maske. Wir schrecken davor zurück, die Kunst mit dem Alltag zusammenzudenken.«

Auch autonome Kunst war nie getrennt von der Wirklichkeit:

Die großen puristischen Entwürfe dieses Jahrhunderts – Kandinsky, Mondrian, Malewitsch – sind *Visionen der Reinheit.* Ihr Traum: dass sich ihr Erleben in Leben verwandelt ... Dass Mondrians Ästhetik zur Designvorlage für die L'Oreal-Haarkosmetikserie werden konnte, ist nicht nur ein gesellschaftlicher Missbrauch. Selbst radikale Reinheit lässt sich entfremden, weil sie offensichtlich auch Momente der Entfremdung enthält.

Zur Zeit sei Kunst im Verschwinden begriffen, Autonomie werde funktionalisierbar: »Alles, was gesagt werden kann, ist schon gesagt. Sämtliche Extreme sind erreicht. Varianten ersetzen die Innovation.«

Mit dem Verschwinden der Kunst werden nach Fausts Ansicht aber auch Energien frei, die produktiv genutzt werden können: Kunst der Gegenwart soll in eine neue Konzeption von Lebens-Kunst transformiert werden. Die Kunst soll nicht mehr durch ästhetische Negativität ausgezeichnet sein, nicht neben dem Leben stehen, sondern auf das Leben bezogen sein, sie soll ihre Sprengkraft im gelebten Leben erweisen. Nicht zuletzt die documenta 11 hat versucht, dieses Anliegen der Kunst wieder stark zu machen.

Demgegenüber haben die Vertreter einer eher formalen Kunstbetrachtung darauf verwiesen, dass die gesellschaftliche Wirksamkeit der Kunst nur gewährleistet werden könne, wenn sie auf jedes vordergründige Engagement verzichte. In diesem Sinne hat Karl Heinz Bohrer entschieden für die Einhaltung der Grenzen des Ästhetischen plädiert:

Die Grenzziehung ist notwendig, weil sonst die ... banalisierenden Missverständnisse des Ästhetischen als das Hedonistische oder das Humane oder das Soziale auftreten. Je reiner der ästhetische Kern erhalten ist, umso größer die Strahlkraft nach außen. Dies geschieht allerdings nicht als sozialkritische Korrektur des generellen Diskurses, sondern vielmehr als dessen Irritation ... Die Irritation des Diskurses vollzieht sich ... als Subversion der Gültigkeit seiner normativen Begriffe.[46]

46 Vgl. K. H. Bohrer, Die Grenzen des Ästhetischen, in: Die Zeit Nr. 37, 4. Sept. 1992, S. 56f.

Festzuhalten ist aus dieser zweihundertjährigen Debatte, dass es nicht besonders sinnvoll ist, einzelne Werke als »engagierte« aus der Fülle der Werke der Kunstszene bzw. des Kunstmarktes herauszugreifen. *Jedes* große Kunstwerk stellt einen Protest gegen falsche gesellschaftliche Zustände dar und zielt auf die Verwirklichung besserer gesellschaftlicher Verhältnisse. Kunstwerke dagegen, die politisches Engagement zu ihrem explizitem Thema machen, drohen ihren eigenen Intentionen zuwiderzulaufen, indem sie Kunst in »message« überführen und damit zumindest potenziell ihren künstlerischen Gehalt zerstören, indem sie das Urteil über die Werke vom Inhalt und Gehalt des Engagements abhängig machen. Darüber hinaus ist gerade durch das scheinbare Engagement der Werke ihre Funktionalisierung und Instrumentalisierung nahezu notwendig mitgegeben. Kunstwerke werden zu einem Demonstrationsobjekt bzw. Ausdrucksobjekt für politische, soziale und gesellschaftliche, mit anderen Worten: außerästhetische Ziele, das heißt, sie werden zum klassischen Fall einer Heteronomie.

Soll Kunst engagiert sein?

Diese Frage sollte im Unterricht, gleichgültig ob im Fach Ethik, Religion oder Philosophie, auf jeden Fall erörtert werden. Das ist eine weiterhin virulente Frage und wird gerade im Zeitalter der Globalisierung und der Aufhebung des engen nordatlantischen Blicks auf die Kunst zunehmend wieder erörtert werden.

Im Unterricht sollte man sich dabei freilich vor vorschnellen Urteilen hüten. Historisch stand die »engagierte« Kunst nur allzu oft auf der falschen Seite wie auch die nicht engagierte Kunst oft nur Flucht vor einem gesellschaftlich gebotenen Engagement war. Den Schülerinnen und Schülern sollte deutlich werden, dass hier eine offene Frage erörtert wird, bei der es kein »richtig« oder »falsch« gibt.

Lesenswert ist dazu immer noch Theodor W. Adornos Aufsatz *Engagement* aus dem Jahr 1962, auch wenn er sich vorrangig mit dem Gebiet der Literatur beschäftigt.

Kunst und Bildung

Der Zusammenhang von Kunst und Bildung scheint so selbstverständlich zu sein, dass er selten explizit thematisiert wird. Das liegt natürlich auch daran, dass uns Kunst allzu häufig als Bildungsgut begegnet. Aber in einem viel elementareren Sinn gibt es Verbindungen von Bildung und Bild, an die hier kurz erinnert werden soll. Das verbreitetste Schulbuch war der *Orbis sensualium pictus* von Johann Amos Comenius, das nach seinem Erscheinen 1658 nahezu 250 Jahre lang in Gebrauch war.[47] Es verband jeweils ein Bild mit erläuternden Begriffen. Zur Begründung führte Comenius aus:

Weil in diesem Alter nämlich hauptsächlich die Sinne zur Aufnahme aller auf sie wirkenden Eindrücke geübt werden müssen, der Gesichtssinn unter ihnen aber der wichtigste ist, wäre es gut, man würde ihm die Hauptgegenstände aus Naturkunde, Optik, Astronomie, Geometrie usw. in der Reihenfolge, die wir bezeichnet haben, dar-

---

47 Johann Amos Comenius, Orbis sensualium pictus. Nachdruck der Erstausgabe von 1658. Mit einem Nachwort von Heiner Höfener. Dortmund 1985.

bieten. Hier können Berg und Tal, Baum und Vogel, Fisch, Pferd, Rind, Schaf und Mensch von verschiedenem Alter und Wuchs abgebildet werden. Ebenso Licht und Dunkelheit. Der Himmel mit Sonne, Mond, Sternen und Wolken, die Grundfarben ...

Muſeum.   Das Kunſtzimmer.

Wie aktuell dieser Einsatz ist, zeigt die Debatte um die PISA-Studie, in der mit fast gleichen Worten der Einbezug der Bilder in die Bildung gefordert wurde:

Wo Bilder sind, helfen sie schneller und direkter memorieren, verlangen aber eine andere Struktur der Vor- und Aufbereitung ... Die Initiative zum Bildersehen wird natürlich geübt, von der Fokussierung der Mutter über die Drehung des Bildes zum aufrechten Gang bis zu den medialen Einflüssen, die heute selbstverständliche Bestandteile der kindlichen Umwelt sind. Dieser Aufweckung durch Bilder folgt die Bearbeitung, zunächst die Verschiebung in die Raster der verschiedenen Speicher namens Gedächtnis und dabei die Harmonisierung des Einzelnen zum Ganzen. An dieser Stelle setzt Lernen ein, strukturiert ... das Gesehene und macht aus der oder dem naiv Erfahrenden eine oder einen reflektierten Erwachsenen.[48]

---

48 Rudolf Sachsse, Macht Fernsehen blöd und der Computer schlau? Telepolis http://www.telepolis.de/deutsch/inhalt/co/11732/1.html.

II | *Kunst*

Was ist Kunst?

Kunst, so wie wir sie heute kennen und wahrnehmen, hat es nicht immer gegeben. Auch wenn wir von der steinzeitlichen Kunst etwa in Altamira oder Lascaux sprechen,[1] so machen wir das nur in einer Re-Konstruktion, indem wir Errungenschaften der menschlichen Neuzeit auf verwandte Erscheinungen der Vorgeschichte zurück projizieren.

Der Kunsthistoriker Hans Belting hat in seiner schon erwähnten Studie *Bild und Kult: Eine Geschichte des Bildes vor dem Zeitalter der Kunst*[2] plausibel gemacht, dass der Begriff vom Bild als Kunstwerk erst aufkommen konnte, als man begann, die Bedeutung des Bildes von seiner kultischen Gebrauchsfunktion zu trennen. Vor der Renaissance gab es weder einen Kunstbetrieb, noch war die Form als solche Selbstzweck.[3] Die Bilder des christlichen Abendlandes waren sämtlich Kultbilder: Wunder- und Reliquienbilder, Fest- und Altarbilder, Gedächtnis- und Stifterbilder. Bilder dienten der Verehrung Gottes, der Vergegenwärtigung seiner Heilstaten, der Unterrichtung in der Heilsgeschichte und der Erinnerung an verstorbene Personen im Rahmen einer religiösen Stiftung. Zu einer grundlegenden Krise des Kultbildes kam es in der Reformation. Das alttestamentliche Bilderverbot, so Luther, warnt nicht vor dem Bild an sich, sondern vor der Vorstellung göttlicher Bilder, Bilder, die man an Gottes Stelle setzt, um sie anzubeten. Luthers Unterscheidung signalisiert ein neues Bildverständnis, das Belting folgendermaßen beschreibt:

Der Unterschied zu dem bisherigen Bildverständnis liegt auf der Hand. Man hatte dem alten Bild eine Realität besonderer Art zugetraut und es wörtlich genommen als Erscheinung der sakralen Person in sichtbarer Gestalt. Das neue Bild wurde zum einen auf die allgemeinen Naturgesetze verpflichtet, wozu die Optik gehörte, und damit ohne Abstriche dem Bereich sinnlicher Wahrnehmung zugeordnet: Für das Bild galten keine anderen Gesetze mehr, als sie für die natürliche Wahrnehmung außerhalb des Bildes galten. Zum anderen wurde das neue Bild für den Künstler freigegeben, der es aus seiner inneren Vorstellung oder Fantasie neu erschuf. ... Zwischen den Polen der Naturnachahmung und der Imagination des Künstlers entfaltet sich das neue Bildverständnis als Kunstverständnis.[4]

---

1 Georges Bataille, Die Höhlenbilder von Lascaux oder die Geburt der Kunst. Stuttgart 1983.
2 Hans Belting, Bild und Kult. München 1990.
3 Johann Konrad Eberlein/Christine Jacobi-Mirwald, Grundlagen der mittelalterlichen Kunst. Eine Quellenkunde. Berlin 1996, S. 17.
4 Hans Belting, a.a.O., S. 524.

Luthers Kritik zielte gegen die »falsche« Macht der Bilder und macht damit aus Sicht der Neuzeit gerade auf ihre »wahre« Macht aufmerksam: In der künstlerischen Verarbeitung der Wirklichkeit drückt sich eine spezifisch menschliche Freiheit aus: die Fähigkeit zur Imagination anderer Welten, an denen sich die bestehende messen lassen muss. Die Anerkennung der künstlerischen Haltung als einer Haltung der subjektiven Freiheit löste das direkte Band zwischen dem Bild und seinem göttlichen Bezug. In dem Maße, wie das Bild die Bedeutung göttlicher Evidenz verlor, wurde die sichtbare Welt mehr und mehr zum eigentlichen Gegenstand und zum Maßstab der Darstellung. Die reformatorische Entmachtung der Bilder war so zugleich ein Kampf gegen die Deutungshoheit der religiösen Obrigkeit. Ein von Menschen gemachtes Bild konnte auch von Menschen entziffert werden. Es bezieht seine Bedeutung nicht mehr von einem vorgegebenen religiösen Sinn her, sondern entfaltet seinen Eigen-Sinn allererst im Zuge einer subjektiven Deutung.

Ein kleiner Ausflug in die Kunst- und Philosophiegeschichte

Bis heute ist die Auffassung verbreitet, dass die sichtbare Schönheit uns ein Modell für die Sinnhaftigkeit der Welt liefere. Die Vorstellung, dass wir die Wirklichkeit verstehen können, wenn wir ihre Gesetzmäßigkeit entziffern, basiert auf dem platonischen Gedanken der Ähnlichkeitsbeziehung zwischen der Welt und unserem Bild von der Welt. Wie wir im Schatten den Gegenstand seiner Gestalt nach wiedererkennen, so können wir nach Platon generell alles Wirkliche deshalb erkennen und verstehen, weil es letztlich ein Abbild seiner ursprünglichen, vollkommenen Idee formt. Diese Allianz von Wahrheit und Schönheit gewinnt nun in einem Kunstwerk gleichsam hybride Gestalt: Indem der Künstler ein Bild malt oder eine Skulptur formt, *macht* er etwas einem realen Gegenstand ähnlich. Damit ergreift er die Möglichkeit, etwas wirklich *erscheinen* zu lassen. Der platonische Gedanke der Nachahmung (*mimesis*) wurde prägend für das philosophische, theologische und kunsttheoretische Verständnis des Bildes in den nachfolgenden Jahrhunderten: Bilder waren danach insofern an der Wirklichkeit orientiert, als sie diese nachahmten. Künstlerisch war ein Bild deshalb, weil es die Wirklichkeit nur scheinbar nachahmte.

Im Übergang von der antiken Kultur zur Kultur des christlichen Abendlandes vollzog sich eine zweifache Bewegung: In Distanzierung vom Judentum rückte die Lehre vom Bilderverbot theologisch an den Rand und in einer deutenden Aneignung der antiken Traditionen wurden Bilder zunehmend zu Trägern religiöser Inhalte. Die sinnlichen Qualitäten der antiken Kunst, ihre naturalistische Körperlichkeit und ihre diesseitige Inhaltlichkeit wurden dabei aufgegeben. An ihre Stelle traten unräumliche, zeichenhaft verkürzende Darstellungsweisen. Handwerkliche Spuren wurden häufig nicht mehr kunstvoll verdeckt. Vom Standpunkt der klassischen Kunst aus kann man daher, wie Johann Konrad Eberlein schreibt, von einem Niveauverlust sprechen.[5] Aus langfristiger Sicht erscheint jedoch der Verzicht auf die naturalistische Präsenz geradezu als historische Voraussetzung für die zunehmende Bedeutung der bildnerischen »Botschaft«. Das christliche Erzählgut wurde so zum untrennbaren Bestandteil einer stetig wachsenden Machtpolitik der Bilder.

Die Kunstlehre des frühen Christentums übernahm Platons Bildtheorie, setzte an ihren Anfang jedoch Gott als den wahren Schöpfer. Gottes Bild, nach dem er den Menschen geschaffen hat, trägt der Künstler in sich und verleiht ihm in seinen Bildern wiederum sichtbare Gestalt. Um jedoch nicht nur trügerische Scheinbilder hervorzubringen, muss er sich an der Schrift, dem Medium der Offenbarung, orientieren. Die Bilderproduktion des Mittelalters diente der Wiederholung und der Vergegenwärtigung der heilsgeschichtlichen Wirklichkeit. Die Praxis des Bildermachens in mönchischen Gemeinschaften war tradiertes und zugleich tradierendes Moment der christlichen Imitatio.

Wie verhält sich aber das Bild zur Schrift? Wie ist seine Göttlichkeit zu qualifizieren, welche Art der Verehrung kommt Bildern zu? Unter Karl dem Großen kommt es zu einem theologisch und kunsthistorisch gewichtigen Streit um die theologische Bedeutung der Bilder. Die Stellungnahme des Westens gegenüber Byzanz ist uns überliefert in den so genannten *Libri Carolini* (um 790 vollendet), vermutlich niedergelegt von Karls Hoftheologen Theodulf von Orléans. Bilder sind danach als solche nicht verehrungswürdig, da erst durch den Titel eindeutig erkennbar sei, ob es sich bei der Darstellung etwa um eine Venus oder um Maria handle. In dieser Einschätzung, die die Bedeutung des Bildes im Blick auf Bilderverehrung im Osten insgesamt »herabstufte«, zeichnete sich bereits der Ausweg der Kunst in die Freiheit ab.[6]

Während die mittelalterliche Ästhetik die künstlerische Bedeutung des Bildes der religiösen Lehre unterordnete, begann in der Renaissance die Geschichte der freien Kunst, die Geschichte ihrer Werke und ihrer Schöpfer.[7] Mit wachsendem individuellen Selbstbewusstsein perspektivierte man das platonische Modell anders: Man sah nun den Künstler als »zweiten Schöpfer«, als »Alter Deus«, der in seinen Bildern die Welt erst »erfindet«, und rückte die bildende Kunst damit erstmals in den Rang einer Wissenschaft. So lässt sich heute bei Leonardo da Vincis anatomischen Zeichnungen kaum noch sagen, wo die wissenschaftliche Beobachtung aufhört und wo der künstlerische Blick anfängt – oder umgekehrt. Die Aufwertung der Vorstellungskraft im Neoplatonismus lässt sich gut nachvollziehen am Ausbau der Lehre vom Primat der Zeichnung, dem Disegno. Man unterschied nicht mehr

---

5 J.K. Eberlein, a.a.O., S. 56.
6 Horst Bredekamp, Kunst als Medium sozialer Konflikte. Frankfurt/M. 1975.
7 Für die Zeit der Gotik kann man in gewisser Weise bereits vorab von einer »Renaissance des 12. Jahrhunderts« (C.H. Haskin) sprechen. Das Bild beginnt zum Werk eines »Meisters« zu werden, und mit Blick auf die vorangegangenen Jahrhunderte lässt sich ein zunehmend naturalistischer Stil verzeichnen.

nur zwischen der Zeichnung und dem Kolorit, sondern nun auch zwischen der Idee des Künstlers als einer Art »innerer Zeichnung« und ihrer Umsetzung auf dem Papier, der »äußeren Zeichnung«.[8]

Das Analogiedenken zwischen Kunst und Wissenschaft, zwischen Wahrnehmen und Erkennen, begründete im 18. Jahrhundert schließlich die philosophische Disziplin der Ästhetik als »Wissenschaft der sinnlichen Erkenntnis«. Wie weit trägt jedoch der Analogiegedanke? In der Begegnung mit Kunstwerken erkennen wir doch offenbar anderes und auch *anders* als in wissenschaftlichen Zusammenhängen? Gerade das dekonstruktive Potenzial von Kunstwerken zieht uns in ihren Bann: die Verselbstständigung von Formen, sichtbare Paradoxien, manieristische Verfremdungen, ironische Brechungen oder Übertreibungen. Kunstwerke wirken gewissermaßen indirekt aufklärerisch, indem sie das Unmögliche möglich erscheinen lassen. Diese »anarchische« Wirkung des schönen Scheins haben kirchliche und weltliche Obrigkeit zu allen Zeiten gefürchtet und fürchten sie bisweilen heute noch.

Mit dem ästhetischen Urteil »Das ist schön!« bringen wir, wie der Philosoph Kant in seiner dritten Kritik, der Kritik der Urteilskraft, ausführte,[9] zwar ein Erkennen zur Geltung, aber ein Erkennen, das an einer bestimmten Erkenntnis gerade vorbeigeht. Etwas ästhetisch, d.i. als schön zu erfahren, heißt demnach offenbar nicht nur, im Bild den nachgeahmten Gegenstand wiederzuerkennen, sondern vielmehr ihn als »nachgeahmten« zu erkennen. Entscheidend ist weniger, dass Kunst die Wirklichkeit nachahmt, sondern *wie* sie dies tut. An die Stelle der philosophischen Frage nach dem Status des Bildes tritt die Frage nach dem Status unserer Wahrnehmung in der Begegnung mit Bildern.

In der Wende zur Abstraktion in der Kunst zu Beginn des 20. Jahrhunderts vollzog sich schließlich der letzte Schritt weg von einer Inhaltsästhetik hin zu einer formalen »Ästhetik der Wahrnehmung«.[10] So lieferte das Paradigma der abstrakten Kunst in gewisser Weise den Neuansatz zu einer philosophischen Ästhetik der Moderne, wie Annemarie Gethmann-Siefert schreibt:

Die illusionistische Anschaulichkeit des Gegenstands wird aufgegeben zu Gunsten der Anschauung seiner Gesetzmäßigkeit. Kunst ist eine Erkenntnis, die nicht im Begriff, sondern in Anschauung terminiert. Die Legitimation dieser Erfahrung nötigt zu einer Reflexion auf ästhetische Erfahrung.[11]

---

8 Zur Geschichte des Begriffes ‚Disegno' siehe: Wolfgang Kemp, in: Marburger Jahrbuch für Kunstwissenschaft, Bd. 19, 1974, S. 219–40.
9 Immanuel Kant, Kritik der Urteilskraft, hg. von Karl Vorländer. Mit einer Bibliographie von Heiner Klemme. Hamburg 1990.
10 Hans-Robert Jauß, Kleine Apologie der ästhetischen Erfahrung. Konstanz, 1972, S. 30.
11 Annemarie Gethmann-Siefert, Paradigmenwechsel der Kunst als Ansatz der philosophischen Ästhetik. Das Beispiel der abstrakten Malerei, in: Willi Oelmüller (Hg.): Kolloquium Kunst und Philosophie 1. Ästhetische Erfahrung, S. 66.

Wie weit sich Kunst und Philosophie damit als reflexive Weisen der Welterzeugung[12] jedoch einander nähern, oder ob sie sich gar gegenseitig »aufheben«, wird von Theoretikern und Künstlern der Gegenwart immer wieder neu gesehen. Richard Shusterman macht aus Sicht eines ästhetischen Pragmatismus eindrücklich klar, dass der *Begriff* der ästhetischen Erfahrung nicht ästhetische Erfahrung ersetzen darf, wenn Kunst lebenswirkliche Relevanz haben soll.[13] In diesem Sinne muss sich Kunst zwangsläufig ihrer philosophischen Reflexion immer wieder entziehen.

Diskurs: Kunst und Schönes

... heißt ein Buch, das die wichtigsten Texte der Philosophiegeschichte von den Anfängen bis zum Ende der Neuzeit über die Kunst und das Schöne zusammenträgt.

Das Buch wird eingeleitet von einer Problemskizze und pädagogischen Reflexionen für den Einsatz der Texte im Unterricht.

Oelmüller/Dölle-Oelmüller/Rath, Diskurs: Kunst und Schönes. Paderborn 1982.

Ronald Bladen, ein Vertreter der amerikanischen Minimal Art,[14] deutet mit seiner Arbeit *The X* von 1967 die ästhetische Moderne sogar als Durchkreuzung des alten Bündnisses der Kunst mit der Philosophie. Die Schönheit der Proportionen erscheint gebrochen, definitorische Bereiche der Raumarchitektur, vor allem die klassische Gliederung der Schauwand sind verstellt. Alles erscheint verkleinert und seiner Harmonie beraubt. Lassen wir uns auf die Negation der alten Ordnung ein, entsteht jedoch auch ein neues Gefüge.

Die X-Skulptur schafft seitliche Verstrebungen, die den Raum zur Mitte hin verdichten und seine Grenzen visuell sprengen. Die antike Figur, die bis dahin zwischen zwei Säulen eingefügt war, ist durch die fehlenden Parameter frei geworden. Sie könnte ihre Nische verlassen und so in einem unmittelbareren, auch ungeschützteren Dialog mit dem Betrachter treten.

Die Dimensionen dieser ästhetischen Freiheit und ihre Konsequenzen für den Menschen beschäftigen zeitgenössische Philosophie und Kunst gleichermaßen. Beide verbindet damit zwar keine analoge Begründungsstruktur mehr, wohl aber ein paralleles Erkenntnisinteresse, wie Florian Rötzer ausführt:

Ronald Bladen, The X, Skulptur: Painted Wood, 1967, Cororan Gallery, New York

12 Catherine Elgin/Nelson Goodman, Revisionen. Philosophie und andere Künste und Wissenschaften. Frankfurt/M. 1989.
13 Richard Shusterman, The End of Aesthetic Experience, in: Journal of Aesthetics and Art Criticism, 55 (1999), S. 29-41.
14 Frances Colpitt, Minimal Art. The Critical Perspective. Washington 1990.

Die mit Bildern, Objekten und Inszenierungen gestellte Frage, was, wann, wo und mit welchen Mitteln Kunst sei, erlaubt zwar nicht mehr die von idealistischer Seite behauptete Affinität zur Kunst als Darstellung des Absoluten in der sinnlichen Erscheinung, zeigt aber die Verwandtschaft der Reflexion in der Ausgangssituation der Selbstvergewisserung, die von skeptischer Kritik und Ungewissheit bestimmt ist.[15]

In einer Arbeit von Eva-Maria Schön, *Gesichter und Schatten* von 1982, greifen philosophische Überlegungen zum Bild und ästhetische Überlegungen zur Kunst ineinander. Wir können unseren Schatten in zweifacher Weise wahrnehmen: als natürliches Bild, das unser Körper zufällig auf die an der Wand hängenden Papierzeichnungen wirft, oder als ein *ästhetisches* Bild, nämlich als Teil einer künstlerischen Inszenierung. Im gleichen Maße oszilliert unser Sehen zwischen dem ästhetischen Eindruck »sprechender« Gesichter und dem bloß registrierend wahrnehmenden Eindruck von Tuscheflecken auf Papier. Indem wir vergeblich versuchen, das eine auf das andere abzubilden, den einen Seheindruck in den anderen endgültig zu überführen, erfahren wir fast spielerisch von der Refle-

Eva-Maria Schön,
Gesichter und Schatten, 1982

xionsbewegung, die wir vollziehen müssen, um für uns selbst sichtbar zu werden – ganz gleich, ob wir uns im natürlichen oder im künstlerischen Bild suchen.

Bildende Kunst im Konzert der Künste

Der bildenden Kunst wurde nicht immer der Rang einer freien Kunst zugesprochen. Frei waren in der Antike die Künste (lat. *artes liberales*), durch die sich der Bürger unabhängig von seiner Erwerbsarbeit bildete. Dazu rechnete man das Trivium (Dreiweg): Grammatik, Dialektik und Rhetorik und das Quadrivium (Vierweg): Arithmetik, Geometrie, Musik und Astronomie. Die bildende Kunst zählte man lange in antiker Tradition zu den *artes mechanicae*, den handwerklichen Künsten, denn anders als die Dichtung und die Musik (*artes liberales*) ist sie zur Darstellung ihrer Inhalte an das sinnliche Material gebunden. Bauen, Modellieren und Malen waren im Unterschied zum Musizieren und Dichten zudem Tätigkeiten, die auch von Sklaven ausgeführt werden konnten.

15 Florian Rötzer (Hg.), Kunst und Philosophie. Aspekte einer komplizenhaften Auseinandersetzung, Kunstforum, Bd. 100, April/Mai 1989, S. 88.

Sehr früh begegnen wir dafür bildlichen Personifikationen der freien Künste, weiblichen Gestalten mit identifizierenden Attributen, etwa auf Reliefs aus dem Trecento am Campanile des Doms in Florenz. Erst im 15. Jahrhundert wird jedoch unter der Regierung Cosimos de Medici in Florenz eine Akademie für Bildhauer gegründet, und es dauerte noch einmal fast einhundert Jahre, bis der Florentiner Maler und Kunsttheoretiker Giorgio Vasari die erste Akademie für Maler anregte und durchsetzte. Mit der Accademia del Disegno von 1563 wurden die Maler von den Statuten der traditionellen Lukasgilden befreit und galten von da an als freie Künstler.

Entsprechend den bildnerischen Tätigkeiten unterscheidet die Kunstgeschichte ihre Gegenstandsbereiche: die Architektur, die Skulptur und die Malerei. Im Wettstreit der bildenden Künste (il paragone[16]) stand die Malerei dabei als Flächenkunst lange Zeit an unterster Stelle, es folgte die Skulptur, da sie den Raum bereits dreidimensional füllt, und als »Königin der Künste« bezeichnete man die Architektur, denn in ihr lassen sich malerische Illusion, skulpturaler Schmuck und technisches Können zu einer repräsentativen, dem Gemeinwohl dienenden Gestalt zusammenführen. Diese Vorstellung, dass sich die Möglichkeiten der bildenden Kunst im architektonischen Gesamtkunstwerk vollenden, kam später programmatisch in der Kunst des Barock zum Ausdruck.[17] Von einigen Kunsttheoretikern wurde die Rangfolge der bildenden Künste jedoch in exakt umgekehrter Richtung vertreten. Gerade *weil* die Malerei zur Nachahmung an die Zweidimensionalität gebunden ist, weist sie den höchsten Schwierigkeitsgrad auf, eine Auffassung, die der Architekt und Theoretiker Leon Battista Alberti bereits 1430 in seinem *Trattato della pittura* formulierte. Die Maler Leonardo da Vinci und Albrecht Dürer griffen Albertis Bildmetaphorik auf und adelten die Malerei als »Fenster der Seele«.

Die offizielle, von staatlicher und kirchlicher Seite begünstigte Hierarchie der Künste hatte Gültigkeit bis in das 19. Jahrhundert hinein. Je mehr die Künstler jedoch aus den Strukturen einer Auftragskunst heraustraten, umso wichtiger wurde es, Malerei und Skulptur in ihrer Eigenart zu konturieren. Mit ihrer zunehmenden Loslösung vom architektonischen Kontext wurden das in sich abgeschlossene Tafelbild und die frei stehende Skulptur zum Inbegriff für die »bürgerliche Idee des Kunstwerks«.[18]

---

16 Die so genannte »Rangstreitliteratur« hat mit zur Ausbildung eines Vokabulars stilistischer Grundbegriffe (z.B. plastisch – malerisch) beitragen, die von dem Kunsthistoriker Heinrich Wölfflin im 19. Jahrhundert in eine systematische Ordnung gebracht wurden und mit denen Kunsthistoriker noch heute arbeiten.

17 Martin Warnke: Gegenstandsbereiche der Kunstgeschichte, in: Kunstgeschichte. Eine Einführung, hg. von Hans Belting/Heinrich Dilly/Wolfgang Kemp/Willibald Sauerländer/Martin Warnke, Berlin 1985.

18 Massimo Birindelli, Die bürgerliche Idee des Kunstwerks, in: Jahrbuch für Architektur, 1983, S. 160–173. Der bürgerlichen Idee würde *idealiter* ein Kunstwerk entsprechen, das bestimmte Rezeptionsbedingungen erfordert und andere ausschließt: Es muss begrenzt sein, also einen Rahmen haben, beweglich, d.h. ausstellungsfähig sein und vollendet, d.h. in sich geschlossen, selbstaussagend, zuschreibbar und inventarisierbar.

Folgenreich für eine theoretische Bestimmung der bildenden Kunst war Lessings berühmte Schrift *Laokoon*,[19] in der er erneut Malerei und Dichtung verglich, um nun jedoch die Grenzen beider herauszuarbeiten. Beide seien gemäß einem Grundsatz, den schon Plutarch formulierte, »sowohl im Stoff wie in den Arten der Nachahmung verschieden.« Am Beispiel des Laokoon-Themas zeigt Lessing, wie gerade die sinnliche Erscheinung des Bildes eine Intensivierung des ästhetischen Erlebens ermöglicht. Was im zeitlichen Nacheinander der Erzählung entschärft erscheint, mutet das Bild dem Betrachter in der Darstellung des einen »fruchtbaren Augenblicks« zu. Sieht man im Bild einen Menschen schreien, so ist dieser Moment für alle Ewigkeit fixiert. Damit machte Lessing indirekt auf ein Problem aufmerksam, das besonders die Künstler der Moderne beschäftigen wird: Wie lassen sich bewegte Inhalte im Medium des Bildes darstellen, bis hin zur Frage danach, wie sich der transformatorische Gehalt eines Bildes selbst vermitteln lässt?

Während Wort und Bild tendenziell immer in ein konkurrierendes Verhältnis treten, kam es zwischen Musik und bildender Kunst leichter zu fruchtbaren Interaktionen. Die Parallelen zwischen künstlerischer und musikalischer Darstellung nutzte der Maler Philipp Otto Runge gleichnishaft zur Darstellung seiner berühmten Allegorie *Die Lehrstunde der Nachtigall* (1801), die heute in der Hamburger Kunsthalle hängt.

Runge geht es zunächst um eine optische Einheit bei größtmöglicher Variation des Materials. Indem er die gemalten Figuren betont plastisch gibt und starke Hell-Dunkel-Effekte setzt, verbindet das Auge zwischen malerisch fingiertem Rahmen, Landschafts- und Figurenbild. Diese Idee der Vielfalt in der Einheit verfolgt er auch thematisch.

Im Medaillon sehen wir eine junge Frau mit Schmetterlingsflügeln in einem antikisierenden Gewand in den Zweigen eines Eichenbaumes. Ihr gegenüber sitzt eine kindliche Gestalt mit einer Flöte. Im Rahmenfeld ranken sich Lilien und Rosen. In den Knospen sitzen die Genien der Blumen und greifen nach dem Eichenlaub. Ganz oben träumt ein Harfe spielender Genius. Mit dem Titel *Die Lehrstunde der Nachtigall* verweist uns Runge in eine weit verzweigte literarische Tradition. Angefangen bei Plinius' Bemerkungen zum »Vogel der Dämmerung«, der, bevor er im Alter nicht mehr singen kann, die Jungen seinen Gesang lehrt, bis hin zur Sage von Philomele, die auf ihrer Flucht vor dem König der Trakier in eine Nachtigall verwandelt wird. So entsteht im Bedeutungsfeld »Nachtigall« die Vorstellung des »Neuanfangs«, der »Leidenschaft« aber auch des »Schmerzes« in der Liebe.

Runges Darstellung ist deshalb so wegweisend, weil sie dem klassischen Kanon das romantische Moment der Einzigartigkeit der Liebenden hinzufügt. Denn wenn wir uns die Figur der Nachtigall genau ansehen, so fällt auf, dass sich bei aller antikischen Auffassung im Gesicht ein realistisches

---

19 Gotthold Ephraim Lessing, Laokoon: Oder über die Grenzen der Mahlerey und Poesie. Mit beyläufigen Erläuterungen verschiedener Punkt der alten Kunstgeschichte, 1766, in: Ders. Werke, hg. von J. Petersen u. W.v. Olshausen, 1925-35, Bd. 4.

Philipp Otto Runge, Die Lehrstunde
der Nachtigall, Öl auf Leinwand, 1801,
Hamburger Kunsthalle

Moment eingeschlichen hat: Runge hat offenbar eine ganz bestimmte Frau porträtiert: seine Frau Pauline. Mit den Rahmenszenen, in denen Runge das Thema Landschaft und Figur stilisiert weiterführt, erweitert sich der semantische Radius um eine kosmische Dimension. Der Gesang der Nachtigall erscheint gleichsam als »universale Sprache der Liebe«, als Sprache, die keiner Worte bedarf. Aber auch die Umkehrung ist denkbar, dass das Fremde, die Natur, dem Menschen in der Liebe vertraut wird, wie in der Redewendung »die Sprache des Liebenden ist für den anderen Musik.« Formal entspricht das Prinzip der thematischen Rahmenvariation schließlich einem Kompositionsprinzip der musikalischen Fuge.

Vergleichbare bildnerische Aneignungen von musikalischer Wirkung und Regelhaftigkeit finden wir auch in den gegenstandslosen Bildern der Klassischen Moderne wieder, etwa in Wassily Kandinskys *Klangbildern*, in seiner Rede vom »bildnerischen Rhythmus« als dem »Geistigen in der Kunst« oder bei dem Künstler und Musiker Paul Klee, der das Bild als »Partitur zum Sehen« bezeichnete. Wie in Runges Darstellung, so spielte die Musik sowohl in arithmetischer als auch in ethischer Bedeutung in der bildenden Kunst immer eine wichtige Rolle.[20]

Während die romantische Kunst vom harmonischen Zusammenspiel aller Künste träumte, forcierte sie formal deren Ausdifferenzierung, ein Prozess, der in der Moderne immer weiter vorangetrieben wurde. Zu Beginn des 20. Jahrhunderts rückten wieder Grenzen in den Blick. Nun waren es jedoch die ästhetischen Grenzen selbst: die Grenzen der (gegenständlichen) Darstellung.

Nach 1945 gewann die Eigendynamik der Medien immer mehr an Bedeutung. Neben einer Darstellung von Bewegung in den 50er-Jahren[21] erfolgte eine immer weiter gehende Prozessualisierung der Kunst selbst, sowohl innerhalb einer Gattung als auch mit Blick auf die mediale Verknüpfung. Bis heute gilt das Interesse einer Verflüssigung der traditionellen Kunst- und Gattungsgrenzen, um den Erfahrungen (in) der Gegenwart gerecht zu werden.

20 Zu diesen zwei Traditionslinien der Musik seit der Antike siehe: J.K. Eberlein, a.a.O., S. 133f.
21 Antje von Graevenitz, Mit angezogener Bremse? Bildende Kunst in Deutschland nach 1945 im Maschinenzeitalter, in: Gerda Breuer (Hg.), Die Zähmung der Avantgarde. Zur Rezeption der Moderne in den 50er Jahren. Basel 1997, S. 129–146.

In verwandelter Gestalt findet man auch heute noch den Zwiespalt zwischen dem Wunsch nach Vereinigung aller Kunstformen, um so zur Durchgestaltung des Lebens beizutragen, und der Notwendigkeit, sich in der künstlerischen Reflexion auf das Besondere eines Mediums zu konzentrieren – nicht zuletzt in den Debatten um eine Resozialisierung des Ästhetischen.

Das Verhältnis von bildender Kunst zu anderen Medien der Kommunikation kann man heute vielleicht am ehesten als ein dialogisch vernetzendes beschreiben.

Betriebssystem Kunst

Die Regeln, nach denen sich die Kunst gegenwärtig formt und weiterentwickelt, vollziehen sich in bestimmten Strukturen, durch die Künstler und Kritiker, Aussteller und Sammler, Vermittler und Besucher miteinander verbunden und aufeinander angewiesen sind. Produktions- und Rezeptionsbedingungen von zeitgenössischer Kunst werden ihrerseits immer wieder Gegenstand der künstlerischen Reflexion und tragen so zur stetigen Veränderung der Kunst- und ihrer Vermittlungsformen bei. Das viel verzweigte Betriebssystem Kunst,[22] das sich mit deren Institutionalisierung seit dem 19. Jahrhundert bis heute ausgebildet hat, ist also durch eine selbstbezügliche Logik charakterisiert, die – obwohl damit eng verknüpft – nicht mit den Gesetzmäßigkeiten des Kunstmarkts zusammenfällt: Sie kann deshalb systemkritisch agieren, sie kann aber genauso auch in Orientierung am Markt künstlerische Trends durchsetzen und verfestigen helfen.[23] Beide Bewegungen spielen ineinander und sind in der systemischen Betrachtung nahezu nie klar voneinander zu trennen. Mit dem ambivalenten »Wert« von Kunst muss jeder selbstständig umgehen, der versucht, sich über eine einzelne Arbeit oder eine bestimmte künstlerische Position ein Urteil zu bilden.

Kennzeichnend für einen institutionalisierten, d.h. formalisierten Umgang mit Kunst ist das Ausstellen. Der Rahmen hierfür kann das traditionelle Museum sein, in dem nach historischen Kategorien gesammelt und konserviert wird, multifunktionale Räume wie die Messehallen in Köln oder Basel, eine ganze Stadt wie Kassel zur Zeit der *documenta* oder ein bestimmtes Terrain wie die Gärten (i Giardini) in Venedig zur Zeit der *Biennale*. Neben einer temporären Zusammenstellung aktueller Positionen auf Messen und interna-

---

22 Thomas Wulffen, Betriebssystem Kunst. Kunstforum International Bd. 125, 1994.

23 Interessantes über die konjunkturellen Zusammenhänge von Kunstmarkt und Kunstwert, etwa wie die Moderne zum »Marktsegment« geworden ist, bis hin zu spektakulären Ereignissen am Kunstmarkt, so die im Mai 2000 erzielten 16 Millionen Dollar für ein gegenstandsloses Gemälde von Kasimir Malewitsch aus der Gruppe seiner suprematistischen Bilder, hat Christian Herchenröder zusammengetragen. Seine Analyse bleibt jedoch eng an der Logik des Marktes orientiert und unterscheidet sich häufig nicht von Auktionsberichten im Handelsblatt (ders., Kunstmärkte im Wandel. Vom Jahrzehnt des Umbruchs in die Gegenwart. Düsseldorf 2000).

tionalen Foren gibt es auch heute noch die privaten Sammlungen von Kunstkennern, Spezialisten, die ihre Stücke auf gezielte Anfrage einem Publikum zur Verfügung stellen. Während ein Museum vor allem diachron arbeitet und Einblick in die historischen Zusammenhänge gewähren soll, haben die regionalen Kunstvereine heute die Aufgabe, gegenwärtige Kunstentwicklungen zu begleiten und aktuelle Strömungen kritisch zu vermitteln.[24] Noch stärker gegenwartsdiagnostisch und daher trendsetzend können Galerien für zeitgenössische Kunst vorgehen, die sich auf bestimmte Künstler oder Positionen spezialisieren.

An dieser relativ klaren Aufgabenteilung beginnt sich seit den 90er-Jahren etwas zu ändern. Museen, die zeitgenössische Kunst für zukünftige Generationen sammeln wollen, haben die Schwierigkeit, damit relativ kurzfristig weit reichende Zuordnungen und Bewertungen vornehmen zu müssen. Einige besinnen sich daher gleichsam selbstkritisch auf ihren Vermittlungsauftrag und versuchen, neben ihrer konservatorischen Tätigkeit auch ein »Labor« für neue Strategien der Kunstvermittlung zu sein. Viele Galerien ziehen sich auf der anderen Seite erneut auf etablierte Positionen der klassischen Moderne oder der Hochphase von Künstlern der *white cube generation* zurück.

Nicht zuletzt dadurch gewinnen Künstlerinitiativen, so genannte Artist-Run-Spaces,[25] zunehmend an Bedeutung. In solchen nicht kommerziellen, meist von städtischer oder regionaler Seite unterstützten Atelier- und Ausstellungshäusern, die bisweilen Netzwerke untereinander ausbilden, organisieren sich Künstler selbst und versuchen, einander zu unterstützen. Neben den Orten der realen Begegnung mit Kunst gibt es andere Darstellungs- und Reflexionsmedien für zeitgenössische Kunst: periodisch erscheinende Kunstzeitschriften, Ausstellungspublikationen, Auktionskataloge, Internetmagazine und Netzauftritte von Künstlern. Die jüngste Entwicklung zeigt auch hier, dass Künstler vermehrt die Gestaltung und das Vermarkten dieser Medien selbst in die Hand nehmen. Dieses praxisorientierte Autonomiestreben der Künstler ist nicht zuletzt ein Versuch, den Freiraum ästhetischer Erfahrung in den Raum institutioneller Gebundenheit ohne zu großen Reibungsverlust zu überführen.

24 Einblick in die aktuellen Debatten über die Zukunft des Museums gibt Uwe W. Schneede (Hg.), Museum 2000 – Erlebnispark oder Bildungsstätte. Köln 2000.
25 Einen regionalen Überblick über die selbst organisierten Aktivitäten bestehender Künstlerhäuser sowie Neugründungen gibt Tom Koesel in seiner laufenden Reportage *Forum Künstlerhaus*, die seit 1999 reglmäßig in der Künstlerzeitschrift *atelier* erscheint. Ein Ausflug an solche Orte lohnt sich besonders, weil man sowohl Einblick in die künstlerische Arbeit als auch in den Ausstellungsbetrieb bekommt. Da die Häuser meist klein sind, kommt man leichter und »unbürokratischer« ins Gespräch und erfährt vieles von der Basisarbeit. Die meisten Künstlerinitiativen sind zudem im Netz mit einer eigenen Homepage vertreten.

Historisch gesehen ist das Museum eine Institution des 19. Jahrhundert. Sie lässt sich mit Beat Wyss in fünf Kategorien umreißen:[26]

1. *Die Erfindung des Museums ist ein Akt der bürgerlichen Kulturrevolution.* Im Jahr 1793, als der absolutistische Herrscher Ludwig XIV. hingerichtet wurde, wird im Louvre die erste öffentliche Ausstellung mit Bildern und Skulpturen aus königlichem Besitz unter dem Titel *Musée* eröffnet. Damit erklärte man den Louvre, Ort der königlichen Sammlung, der bis dahin nur einmal im Jahr dem Adel zugänglich war – nämlich dann, wenn die von der staatlichen Akademie prämierten Arbeiten im offiziellen »Salon« vorgestellt wurden –, zum öffentlichen Raum.

2. *Das Museum ist eine ästhetische Kirche.* Mit diesem Satz beschrieb der Dichter Hölderlin den Vorgang der Re-Auratisierung der Kunst durch das Museum. Für die frei gewordenen Bilder und Artefakte, die man im Zuge der Säkularisierung aus den Kirchen geholt und auch geraubt hatte, brauchte man einen neuen Raum, einen ästhetischen Freiraum, in dem das Volk seiner eigenen Kultur gedenken sollte. So kann man in der romantischen Idee vom Museum den Wunsch nach einem religiösen Ersatzraum erkennen.

3. *Das Museum als nationale Bundeslade.* Museen des 19. Jahrhunderts sind nicht zuletzt ein Zugeständnis an den wachsenden bürgerlichen Patriotismus. In Schlössern und Kirchen wurde vor allem das geplündert, was die nationale Geschichte repräsentierte.

4. *Das Museum als Lehrpfad der Geschichte.* Als Lehrpfad ist die Ausstellungsarchitektur von Schinkels Museum in Berlin, dem ersten Museumsneubau, konzipiert: Von Ägypten über Griechenland und das Mittelalter bis in die eigene Zeit schreitet der Besucher einmal die Geschichte der abendländischen Kunst und Kultur ab.

5. *Das Museum als eine Abdankungshalle liquidierter Traditionen.* Der revolutionäre Akt der Enteignung »entleerte« nicht nur die Kirchen, er kappte auch die unmittelbare Verbindung zu den Verwendungstraditionen, in denen die Kunstwerke bis dahin verortet waren. Er löschte damit auch unter formalästhetischen Gesichtspunkten den situativen Kontext ihrer Genese.

Inwieweit sind aber Museen in der Moderne noch Museen im Sinne der Aufklärung des 18. und im Stil des 19. Jahrhunderts? Kann es überhaupt ein Museum für die eigene Gegenwart geben oder bringt nicht die Idee des Museums den Vergangenheitscharakter der Dinge erst hervor? Warum sind wir es, die Modernen, die sich so sehr um die Vergegenwärtigung des Ver-

---

26 Beat Wyss, in: Tradition und Experiment: Zur Genese und Phänomenologie des Museum; in Auszügen abgedruckt in: Kunstforum International, Bd. 111, 1989, S. 227. Die nachfolgend referierten Diskussionsbeiträge von Hermann Lübbe und Peter Sloterdijk: Ebenda, S. 228ff.

gangenen bemühen? Eine Antwort wäre, dass die Beschleunigung der lebensweltlichen Veränderungen eine gegenläufige Bewegung verlangt: Die zunehmende Musealisierung kultureller Prozesse wäre, so Hermann Lübbe, gleichsam unser Versuch, gerade der eigenen Gegenwart habhaft zu werden. Beide Arten des Umgangs mit der Vergangenheit – ihre historische Aufarbeitung und ihre inszenatorische Vergegenwärtigung – kennzeichnen offenbar Bedürfnisse des modernen Menschen. Das eigentliche Museum ist, wie Peter Sloterdijk sagt, ein gedanklicher Rückzugsraum, den wir suchen und zugleich fliehen. Er nennt es »Uterodrom«, ein modernes Äquivalent für die Grabeshöhle, in die die Menschen früher zu ihren Ahnen hinabstiegen, um sich ihrer eigenen Kontinuität zu vergewissern.

Weil gerade Menschen, die diese weiträumige Seelenform haben, die mit so einer historischen Schleppe von 2000, 3000 Jahren Bewusstsein leben müssen, um bis zu sich selbst zu kommen, sonst nur, wie Goethe sagt, als dunkler Tropf in der Geschichtslosigkeit verharren. Der moderne Mensch will nicht im Dunklen leben, aber er muss ab und zu ins Dunkle zurücktauchen, und diese Tauchoperationen finden eben in diesem Uterodrom statt.

Das zeitgleiche Zusammentreffen von Vergangenem und Gegenwärtigen in der Situation des Ausstellens führt also weit über die Institution Museum hinaus. Auf der anderen Seite birgt diese Gleich-Zeitigkeit, die das Ausstellen erzeugt, auch die Gefahr, Geschichte zu neutralisieren und damit den Menschen gegenüber zu immunisieren, man könnte auch sagen: zu verdinglichen. Wenn alles geschlossen erklärt und versammelt wird, ist das Museum, so Sloterdijk, gerade nicht der Lehrpfad zu einem selbst hin, sondern der Inbegriff von Gleichgültigkeit gegenüber dem Leben des Einzelnen.

Dennoch ist das Museum der Ort, an dem wir uns der Dinge vergewissern können, ohne dass sie noch oder bereits erneut Teil eines aktualen Nutzungszusammenhangs sind. Wir können uns ihrer Form widmen, ihre Vergangenheit ausloten, ihre Schönheit bewundern oder uns ihrer Fremdheit aussetzen, wir können Dinge in neue Zusammenhänge stellen, um ihnen andere Fragen zu stellen als vorangegangene Generationen. Wir können mit den Gegenständen der Welt arbeiten, *ohne* sie real zu verbrauchen. In diesem Umgang mit Dingen begegnen wir nicht nur uns selbst, sondern wir befragen uns zugleich, wo, wann und wie wir uns selbst begegnen können. Das Museum ist, wie Boris Groys schreibt, gerade »der Ort, an dem sich die moderne Subjektivität als solche unmittelbar manifestiert – jenseits der Arbeit, des Werks, der Selbstobjektivierung, der Entfremdung«.[27]

Inwieweit lässt sich diese Form einer »lebenden« Ausstellung auf Kunstmuseen anwenden? »Warum Kunstmuseen?«,[28] fragte bereits der Kunsthisto-

27 Boris Groys, Logik der Sammlung. Am Ende des musealen Zeitalters. München/Wien 1997, S. 10.
28 Samuel Caulman, Das lebende Museum. Erfahrungen eines Kunsthistorikers und Museumsdirektors Alexander Dorner. Hannover 1960.

riker und Theoretiker Alexander Dorner, als er 1923 die Leitung des Landesmuseums in Hannover übernahm. Sein Ziel war es, die Sammlungen des Hauses, die bis dahin im Stil des 19. Jahrhunderts lediglich summarisch und unübersichtlich eng gehängt waren, neu zu präsentieren. Dorners Neuansatz dokumentieren besonders deutlich zwei Räume, die er zur Präsentation zeitgenössischer Kunst realisieren ließ. Beide können wir heute nur noch auf fotografischen Abbildungen sehen. Dorner fragte sich, wie sich die neue abstrakte Kunst so ausstellen ließe, dass damit zugleich das neue Wirklichkeitsverständnis sichtbar gemacht würde.

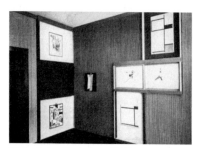

El Lissitzky, Abstraktes Kabinett, 1925, Landesmuseum Hannover

Der russische Konstruktivist El Lissitzky entwarf für Dorner 1925 das so genannte *Abstrakte Kabinett*, einen Raum, der die Fähigkeit hatte, »sich selbst zu verwandeln, gleichsam seine Identität zu verändern, wenn die Werke die ihre wechselten.«[29] Auf der linken Abbildung sieht man zwischen den beiden Bildern – oben eine Arbeit von Pablo Picasso, unten eine von Fernand Léger – eine verschiebbare Platte, die ein drittes Bild verdeckt. »Auf diese Weise konnten Bilder sehr eng gehängt werden, ohne dass sie einander bei der Betrachtung stören.« Die rechte Abbildung zeigt eine drehbare Vitrine, die vor einem Spiegel aufgestellt wurde, sodass die Statuette von Alexander Archipenko von allen Seiten zu sehen war.

Die Möglichkeit, um eine Skulptur herumgehen zu können, gehörte zu den wesentlichen Neuerungen der modernen frei stehenden Plastik, die damit nicht mehr zwischen Schau- und Rückseite unterscheidet. Gespiegelt werden aber natürlich nicht nur die Rücken- und Seitenansicht der Figur, sondern der gesamte Ausstellungsraum. Verschiebbare Wände und ein mit unterschiedlich gefärbten Metallstreifen verkleideter Hintergrund verstärken den Eindruck der Flexibilität der Wände sowohl in seitlicher als auch in tiefenräumlicher Ausdehnung. Dieser Versuch, die visuellen Grenzen des Raumes zu erweitern, ohne seine Begrenzungen als solche vergessen zu machen, zeichnet zugleich das Verfahren, mit dem die Künstler die Illusion eines »Bild-Tiefenraums« durch die Verwendung ausschließlich geometrischer Formen in die konkrete Dynamik des Sehens überführten.

29 S. Caulman, a.a.O., S. 107. Das nachfolgende Zitat: ebd.

In Zusammenarbeit mit dem ungarischen Künstler Laszlo Moholy-Nagy entstand 1931 der so genannte *Raum der Gegenwart*. An der linken Seite waren zwei Einrichtungen angebracht, um im Wechsel abstrakte und dokumentarische Filme zu zeigen, die von den Besuchern auf Knopfdruck in Gang gesetzt werden konnten, rechts vorne sieht man die endlos umlaufende Leinwand. Entlang der vorderen Längsseite des Raumes gab es undurchsichtige und transparente, hintereinander geschachtelte Trennwände, auf denen Fotografien gehängt waren. Weiter hinten rechts sieht man den Eingang zum »Abstrakten Kabinett«. Erstmals werden hier die Medien Film und Fotografie in eine Ausstellungsarchitektur einbezogen. In der Mitte sieht man Moholy-Nagys *Lichtmaschine*[30], von der ebenfalls auf Knopfdruck ein Strom abstrakter Farbkompositionen ausgelöst wurde.

Alles in diesem Raum war Bewegung mit dem Ziel der Verflüssigung gegenständlicher Erfahrung. Mehrfachansichtigkeit als eines der wichtigsten Merkmale des modernen Sehens[31] war so zur (multi-) medialen Eigenschaft des Raumes geworden.

Insgesamt mögen die Ausstellungsexperimente der klassischen Avantgarde heute theoretisch forciert erscheinen. Sie zeugen jedoch von einer bemerkenswerten Präzision der ästhetischen Analyse im Blick auf das Verhältnis von Kunstwerk und Ausstellungssituation. Beide bilden ein subtiles Bedingungsgefüge aus, das immer latent gefährdet ist, entweder, weil die (Kunst der) Architektur die ausgestellte Kunst dominiert bzw. zur Dekoration herunterstuft, oder umgekehrt, weil die Kunstwerke beziehungslos zum Umraum gestellt und so als Stücke einer Verkaufsausstellung erscheinen.

Die Überlegungen von Alexander Dorner, der 1937 als Direktor zurücktrat und wenig

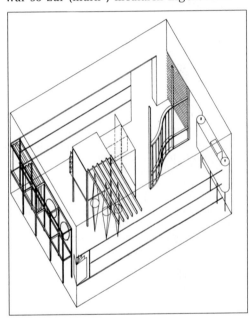

Laszlo Moholy-Nagy, Raum der Gegenwart, 1931, Landesmuseum Hannover

30 Die *Lichtmaschine* befindet sich heute im *Busch-Reisinger Museum of Germanic Art* der Harvard University.
31 Den Begriff der Polyfokalität als Signum des modernen Bildes führte Werner Hofmann ein, in: Die Moderne im Rückspiegel. Hauptwege der Kunstgeschichte. München 1998.

Museen

... werden gerade in den Fächern Religion, Ethik und Philosophie noch viel zu selten als außerschulische Lernorte genutzt. Dabei bieten die heutigen Museen mit ihren museumspädagogischen Diensten gute Ansatzmöglichkeiten. Es lohnt sich, die museumspädagogischen Dienste auch nach religiösen oder ethischen Themenstellungen zu fragen.

Diözesanmuseen

... sind eine weitere Möglichkeit der Auseinandersetzung mit Kunst, zumal einige von ihnen sich auch der zeitgenössischen Kunst geöffnet haben.

später in die Vereinigten Staaten emigrierte, sind nicht nur für gegenwärtige Diskussionen über das Museum (in) der Gegenwart relevant. Sie sind auch hoch aktuell angesichts der Entwicklung virtueller Museen. So kann sein Gedanke eines Faksimile-Museums mit dem Internet in gewisser Weise Realität werden.

Über die gesellschaftliche Akzeptanz und Bedeutung der Museen in Deutschland gibt das statistische Jahrbuch Auskunft. Es vermeldet für das Jahr 1999 für den Bereich der Museen:

Einen bedeutenden Faktor im kulturellen Leben stellen die 4 570 Museen und ähnlichen Einrichtungen unterschiedlicher Fachgebiete und Trägerschaften in Deutschland dar. Sie zählten 1999 insgesamt rund 96 Mill. Besuche, darunter 1 025 Museen mit knapp 25 Mill. Besuchen in den neuen Ländern. Den größten Zuspruch fanden 1999 die Volks- und Heimatkundemuseen mit rund 18,5 Mill. Besuchen sowie die Kunstmuseen mit 16 Mill. Besuchen.

Kunstvereine

Der Schauplatz befindet sich in Stuttgart in den Jahren um 1800. Im Salon des Kaufmanns, Textilfabrikanten, Staatsbeamten und Kunstschriftstellers und Kunstliebhabers Gottlob Heinrich Rapp (1761–1832) trifft sich in diesen Jahren mehr oder weniger regelmäßig ein Kreis von Kunstinteressierten: der Verleger Johann Friedrich Cotta, die Bildhauer Scheffauer und Johann Heinrich Dannecker, ein Schwager von Rapp, die Maler Philipp Friedrich Hetsch, Eberhard Wächter und Christian Gottlieb Schick, der Kupferstecher Johann Gotthard Müller, der Schriftsteller Jacob Heinrich Duttenhofer, dazu hohe Regierungsbeamte und einige Adelige. Von Zeit zu Zeit kommt Goethe persönlich zu Besuch, auch zu Friedrich Schiller bestehen sehr enge Beziehungen, und immer wieder zieht Rapp andere bekannte Namen und Gesichter in seinen Kreis hinein [...]. Diskutiert wird über Literatur und Kunst, es finden Lesungen statt, auch kleine Ausstellungen. In Danneckers Skulpturensaal schult man seine ästhetischen Blick, erfährt man Empfindsamkeit und Anrührung. Doch über der Ästhetik vergisst man keineswegs die Wirklichkeit. Im Gegenteil: Rapp verkuppelt Künstler und Kunden, Aufträge werden verhandelt, Posten vorbesprochen. Goethe und Cotta wirken als PR-Agenten, sie helfen, empfehlen, vermitteln. Müller und Cotta bereiten grafische Druckprojekte vor, Rapp und Cotta holen den geschickten Münchner Lithografen Sennefelder nach Stuttgart, verschaffen ihm dort ein zehnjähriges königliches Privileg für den Betrieb des Steindrucks und gründen dann 1807 mit ihm zusammen eine lithografische Druckerei, aus der bald für Künstler wie für Finanziers kommerziell attraktivere Druck-Großserien aufgelegt werden.[32]

---

32 Wolfgang Kaschuba, Kunst als symbolisches Kapital. Bürgerliche Kunstvereine und Kunstideale nach 1800 oder: Vom realen Nutzen idealer Bilder, in: P. Gerlach (Hg.), Vom realen Nutzen idealer Bilder. Kunstmarkt und Kunstvereine. Aachen 1994.

Der hier vorgestellte Stuttgarter Freundeskreis, ein prominentes Beispiel der Salonkultur des beginnenden 19. Jahrhunderts, bildete so bereits ein funktionierendes Netzwerk zwischen Kunst und Kapital, zwischen bürgerlicher Bildung und marktorientierter Öffentlichkeitsarbeit. Erst sehr viel später suchen sie jedoch eine öffentliche Form ihrer Zusammenkünfte und gründen den Württembergischen Kunstverein.

Der Verein als bürgerliche Gesellschaftsform ermöglichte es kunstinteressierten Bürgern, ihr Interesse öffentlich und national zu legitimieren und als »Kapital« selbstständig zu handhaben. Je mehr die staatstragende Funktion in den Hintergrund getreten war, umso deutlicher wurde die Kunst zum »Medium sozialer Selbstdarstellung«. Auch aufseiten der Künstler hatte ein Prozess der Emanzipierung und Professionalisierung des eigenen Berufsstandes eingesetzt. Ein Künstler, der nicht mehr die Laufbahn eines Hofmalers einschlagen wollte, musste sein Publikum und seine Käuferschaft neu erschließen und möglichst dauerhaft binden. Wenige Künstler waren als Professoren an den Akademien angestellt, die meisten lebten von Porträtaufträgen oder als Zeichenlehrer, fertigten auf Anfrage Veduten an, Reiseerinnerungen für wohlhabende Bürger – im gleichen Zug nimmt auch die Produktion von Landschaftsstichen zu.

Durch die Gründung der Kunstvereine verbesserte sich die finanzielle Lage der Künstler. 1840 gibt es in Deutschland bereits 28 Kunstvereine. Ziel war es, ein bürgerliches Publikum und damit eine neue Käuferschaft – auch in der Provinz – heranzubilden. Beide, Kunstliebhaber und Künstler waren nun tatsächlich »freie« Bürger. Mit der «Einbürgerung der Kunst«, wie Walter Grasskamp dies nannte, ist der ästhetische Wertekanon Teil des öffentlichen Diskurses.[33] Wichtig für den Erfolg der Kunstvereine war die gezielte Nutzung von Reproduktionstechniken: zunächst die Lithografie, der Holzstich, bald auch die Fotografie. Mit dem neuen Publikum veränderte sich auch das Themenspektrum der Kunst. Während in höfischen Kontext die Historienmalerei und im kirchlichen Bereich die religiösen Themen dominierten, so werden vom bürgerlichen Publikum nun die Landschaftsmalerei, die in der Hierarchie der Gattungen bis dahin fast ganz unten angesiedelt war, das Porträt und die Genreszene, Schilderungen aus dem (bürgerlichen) Alltagsleben favorisiert.[34]

Kunstvereine heute arbeiten künstlernah, sie organisieren in der Hauptsache Ausstellungen, vielfach mit Künstlern aus der Region. Das Moment des Kunsthandels beschränkt sich im Wesentlichen auf die Jahresgaben von ausgestellten Künstlern, die den Mitgliedern vergünstigt angeboten werden. Dafür hat sich das Angebot an Kunstinterpretation für die Mitglieder durch

33 Walter Grasskamp, Museumsgründer und Museumsstürmer. Zur Sozialgeschichte des Kunstmuseums. München 1981.
34 Werner Busch, Das sentimentalische Bild. Die Krise der Kunst um 1800 und die Geburt der Moderne. München 1993.

Begleitprogramme vergrößert. So veranstaltet beispielsweise der Bonner Kunstverein in Zusammenarbeit mit den Kunst- und Medienhochschulen unter dem Titel *Elektronenströme* seit 1995 eine Vortragsreihe zur Geschichte der Videokunst.

Die so genannte Kunstöffentlichkeit eines Kunstvereins ist gleichwohl keine homogene Gemeinschaft. Es handelte sich vielmehr von Anfang an um eine weder territorial noch sozial scharf umgrenzte Gruppierung.[35] Erst recht in der ausdifferenzierten Gesellschaft des 20. und beginnenden 21. Jahrhunderts setzen sich die Mitglieder eines Kunstvereins – anders als die Mitglieder einer Gemeinschaft mit sozialethischen Anliegen – aus Menschen mit vielfältigen Lebensentwürfen und bisweilen konkurrierenden Weltauffassungen zusammen. Als Mitglieder einer lokalen Szene weisen sie gleichwohl bestimmte Gemeinsamkeiten auf. So basieren Mitgliedschaften zum größeren Teil auf persönlichen Bekanntschaften zu anderen Mitgliedern oder sie erwachsen aus dem Zugehörigkeitsgefühl zum soziokulturellen Leben einer Stadt, in der man lebt. Schumacher unterscheidet für die zeitgenössische Szene zudem noch die »regulären« Mitgliedern von den »Insidern«, für welche die Teilnahme an den Aktivitäten des Vereins zentrale Komponente ihrer Identität ist.

Galerien

Heine von Alemann unterscheidet drei Phasen der Institutionalisierung der Kunstvermittlung: Eine relativ frühe Phase, in der die ersten Museen entstehen und sich die Disziplin der Kunstgeschichte herausbildet. Hier wird die Definition dessen geleistet, was Kunst ausmacht. Auf diese Phase der Kanonisierung von Kunst folgt die zweite Phase des Kunstvermittlungsprozesses, in der Kunstvereine gegründet werden und so eine erste Stufe der Vergesellschaftung von Kunst erreicht wird. Die dritte Phase ist charakterisiert durch »das Auseinandertreten der Summe aller in den Museen versammelten kanonisierten Kunstergebnisse gegenüber den größeren Bereichen der noch nicht kanonisierten Gegenwartkunst, die erst noch für die Gesellschaft interpretiert werden müssen.« In dieser Zeit sind die modernen Kunstgalerien entstanden und diese dritte Phase hält noch an.[36]

35 Michael Schumacher, Kunstverein und Kunstöffentlichkeit, in: P. Gerlach, a.a.O., S. 25–37.
36 Heine von Alemann, Kunstvereine als gesellschaftliches Ereignis. Einige Überlegungen zum Prozeß der Ausdifferenzierung von sozialen Institutionen der Kunstvermittlung (5 Diagramme), in: Wolfgang Kaschuba, a.a.O., S. 38–44.

Die Galerie, ursprünglich die Bezeichnung für einen mehrere Räume verbindenden Gang in Schlössern, in dem Gemälde gehängt waren, ist heute der Ausstellungsraum, den ein Galerist zur Präsentation seiner »Ware« unterhält. Früher waren Galeristen reisende Kunsthändler wie der ehemalige Privatsekretär Wilhelm von Humboldts, Louis Sachse, der in der 30er-Jahren in Berlin mit französischen Stücken handelte. Ob sie einen Ausstellungsraum hatten, ist unbekannt.

Daneben hat es immer indirekten Kunsthandel auf privater Ebene gegeben, zum Beispiel bei Ferdinand Franz Wallraff, der Reisende, die sich seine Sammlungen altdeutscher und niederländischer Kunst anschauen wollten, um vielleicht auch das ein oder andere Stück zu erwerben, in seinem Haus empfing, wie wir durch Reisebeschreibungen von Goethe und Schiller wissen.

Aber auch Künstler wurden früh als Händler tätig, so etwa Mitglieder der Künstlervereinigung der Nazarener, die aus Italien klassische Kunst mitbrachten und sie weiter an Sammlungen in Frankfurt vermittelten. Eine der ersten Galeriegründungen war die Galerie Prestel in Frankfurt, die seit dem 18. Jh. Kunsthandel betrieb.

In der Moderne hat sich die Galerie zu einem besonderen Raumtyp entwickelt. Moderne Galerien sind rein funktionale Räume mit weißen Wänden, die allein die Kunstwerke zur Geltung bringen sollen. Obwohl der Kontext einer Galerie kein »Ort« in einem ausgezeichneten Sinn ist, wird er doch durch die Kunstwerke »ästhetisch aufgeladen«. So folgt die Hängung von Bildern oder das Stellen von Skulpturen einer bestimmten Konvention, die es verbietet, dass das eine den »Freiraum« des anderen dominiert. Heute »lesen« wir die Hängungsweise, »so wie wir Kaugummi kauen – unbewusst, gewohnheitsmäßig.«[37] Mit Kunst, die ihrerseits die Wand oder den Raum bearbeiten oder thematisieren will, erweist sich auch diese Form der Präsentation von Kunst als eine historische. Kunstgalerien gehören mittlerweile zum kulturellen Leben einer Stadt dazu. Anders als in Museen kann man hier junge Kunst neu entdecken und die Entwicklung von Trends hautnah mitverfolgen. Ist man mit dem »Profil« einer Galerie vertraut, erfährt man unmittelbar, wenn es Neuerungen in der »Szene« gibt. Man findet dort Arbeiten, die häufig noch erschlossen werden wollen. Vielleicht erkennt man unverbrauchte, gewagte oder gar zukunftsprägende Ansätze. Wenn man Kunst dort begegnen möchte, wo sie gleichsam noch »entsteht«, ist der Besuch in einer Galerie unentbehrlich. Die

---

Galerien

... sind das normale Bindeglied zwischen einem Künstler und seinem Publikum. Wer etwas über einen Künstler erfahren will, befragt seinen Galeristen.

Dass man mit Schülern eine Galerie im Rahmen des Religions- oder Ethikunterrichts besucht, wird eher seltener geschehen, es macht dann Sinn, wenn es sich etwa um eine besondere thematische Ausstellung handelt oder eine Ausstellung mit Werken eines Künstlers, der für ein spezifisches Thema des Unterrichts belangvoll ist.

---

37 Brian O'Doherty, In der weißen Zelle. Inside the White Cube, hg. von Wolfgang Kemp. Berlin 1996.

meisten Galerien sind heute im Internet mit einer Homepage vertreten und bieten vielfach ihre Arbeiten online zum Verkauf an. Der Besuch vor Ort und das Studium der Originale ist jedoch immer noch die beste Möglichkeit, sich ein Urteil zu bilden. Im Gespräch mit dem Galeristen oder auch dem Künstler kann man Hintergrund- und Detailinformationen sammeln. Mit dem »Spezialwissen«, das man mit der Zeit erwirbt, wächst die Kompetenz und die Lust, dies mit anderen zu teilen. So kann man mit der Zeit nicht nur selber zum Experten für bestimmte Kunstrichtungen, sondern auch zum Gesprächspartner oder sogar Ratgeber unter Kunstfreunden werden.

Messen

Sehr früh gab es Messen, auf denen auch mit Kunst gehandelt wird, etwa in der Hansestadt Hamburg oder in der Reichsstadt Frankfurt am Main. Es waren jedoch noch nicht spezielle Kunstmessen in einem modernen Sinne, sondern Märkte für Händler von Möbeln, Schmuck und Antiquitäten und für Künstler, die ihre Arbeiten zum Verkauf anbieten wollten. Im 17. Jahrhundert sind es vor allem niederländische Künstler, die wie der Maler Jacob Marrel über Versteigerungen und Lotterien Gemälde und Grafiken verkaufen.[38] Die Geschichte der modernen Kunstmesse beginnt erst 1967 mit dem *Kölner Kunstmarkt*:

Im Spätmittelalter formierten sich Märkte, die wichtigsten in Brügge, Paris und Antwerpen. Was es für Antiquitäten längst gab, eine Bündelung verschiedener Händler zu einer Verkaufsausstellung, war für die Kunst offenbar lange undenkbar. Erst mit der gestiegenen gesellschaftlichen Bedeutung von Kunst, verbunden etwa mit der Gründung von Kunstvereinen und der Formierung von Galerien im heutigen Sinne zu Anfang des letzten Jahrhunderts, wuchs die Grundlage, auf der die heutigen Kunstmessen beruhen. Die Weltkriege und der Nationalsozialismus unterbrachen die sich gerade gründenden Netzwerke der Avantgardegaleristen und lähmten über Jahrzehnte den Kunsthandel. Erst nach dem Zweiten Weltkrieg schafften internationale Großausstellungen wie die *documenta* wieder ein Klima für den professionellen Kunsthandel; insbesondere nach amerikanischer Kunst gab es große Nachfrage. »Mit der Amerikanisierung der Welt ging deren Kommerzialisierung einher«, so Hans Peter Thurn in seiner Kulturgeschichte des Kunsthändlers. Der Einfluss des amerikanischen Marktes auf das Kunstgeschehen stieg in den Sechzigern rasant. Aber nur wenig deutsche Galeristen profitierten wirklich von dieser Entwicklung. Unterstützt von Kulturdezernent Kurt Hackenberg formierte sich in Köln rund um den Kunstverein und die Sammlung Ludwig eine neue Kunstszene, die immer mehr Galeristen anzog. So mussten neue Verkaufsmöglichkeiten gefunden werden. Trotz steigender Konkurrenz schlossen sich deshalb in Köln 18 Galeristen zusammen und gründeten den Verein progressiver deutscher Kunsthändler e. V. (»VPDK«), um eine Grundlage für die Vermittlung zeitgenössischer internationaler Kunst zu schaffen. Bereits im darauf folgenden Jahr fand unter dem Titel Kölner Kunstmarkt die fünftägige Verkaufsaus-

---

38 G. Schönberger, Kunst und Kunstleben in Frankfurt/M., in: H. Voelcker (Hg.), Die Stadt Goethes, Frankfurt am Main im 18. Jahrhundert. Frankfurt/M 1932, S. 289–324. Zur Geschichte der Frankfurter Messe siehe auch: Rainer Koch (Hg.), Brücke zwischen den Völkern. Zur Geschichte der Frankfurter Messe. Frankfurt/M. 1991.

stellung ausschließlich mit Mitgliedsgalerien statt. Die Messe war ein Erfolg: wirtschaftlich, was die Verkäufe anbelangt, aber auch wegen der hohen Besucherzahl von 15000. Köln war das Zentrum der zeitgenössischen Kunst geworden.[39]

Heute gibt es etwa fünfzig bis sechzig Kunstmessen weltweit. Sie bilden auf engstem Raum gleichsam ein Museum auf Zeit. Die wichtigsten Messen für zeitgenössische Kunst in Europa sind die *Art Cologne*, die *Art Frankfurt*, die *Art Basel*, das *Art Forum Berlin* und die *FIAC* in Paris. Sie finden meist einmal im Jahr statt und Besucher können sich dort einen relativ umfassenden Überblick über das internationale Kunstgeschehen verschaffen. Kunstmessen sind außerdem wichtige Kontaktbörsen. Hier treffen sich Sammler und Künstler, Kuratoren und Kritiker.

Kunstmessen

... sind natürlich kein zwingender außerschulischer Lernort, aber in Verbindung mit dem Kunstunterricht und vielleicht dem Besuch eines Museums vor Ort lässt sich bei der Wahrnehmung der neuesten Kunst und im Gespräch mit den Galeristen und Künstlern manches Interessante für den Unterricht entdecken. Die Kunstmessen bieten inzwischen auch Führungen zu ausgewählten Exponaten an.

Die heutige Vielfalt der Messen hat sich »aus Gegenbewegungen und Konkurrenzsituationen« entwickelt.[40] So riefen die Zulassungsbeschränkung zum ersten Kölner Kunstmarkt Proteste hervor und es kam zu »Gegenveranstaltungen«. Das Aussteller-Konzept, das letztlich vor allem auf Kapitalisierung zielte, sorgte seinerseits für Aktionen aus der studentischen Szene und vonseiten politisch engagierter Künstler. 1970 stürmten die Künstler Joseph Beuys und Klaus Staeck die Kölner Kunstmesse mit der Forderung nach einem freien Kunstmarkt. Anfang der 70er-Jahre initiierten Baseler Sammler und Galeristen die *Art Basel*. In Köln orientierte man sich bald an der Baseler Messe, die von einer städtischen Messegesellschaft organisiert wurde und die Zulassung sehr offen handhabe. Den Schwerpunkt der *Art Cologne*, wie die Kölner Messe 1984 umgetauft wurde, bildet seitdem die Kunst des 20. Jahrhunderts.

Anfang der Neunziger ging die Nachfrage nach bildender Kunst zurück, der Markt war gesättigt und viele Galerien mussten schließen. Die *Art Cologne* schloss damals ihrerseits Galeristen mit zeitgenössischer Kunst aus, die sich daraufhin mit einer eigenen Veranstaltung *Unfair* organisierten. In Basel fand man dagegen erneut eine (andere) Lösung: Es wurde ein eigener Sektor für zeitgenössische Kunst eingerichtet. 1994 bot man dann auch auf der *Art Cologne* den Galeristen für Gegenwartskunst eine eigene Halle an. Dennoch blieb der Konflikt bestehen und 1996 schlossen sich einige Aussteller zusammen, um im gleichen Jahr unter dem Titel *European Art Forum* Berlin erstmals in der Hauptstadt eine Kunstmesse zu veranstalten.

39 Katrin Wittneven, Vom Schauen und Zurschaustellen. Fliegende Händler, Boykottaufrufe und die Frage, wer draußen bleiben muss: Die Geschichte der Kunstmesse, Rezension zum art forum berlin 2000, in: tagesspiegel, Sept. 2000.
40 Ebenda.

Während sich anfangs auch in Berlin Gegenbewegungen formierten, hat man sich nun weitgehend mit der Messe arrangiert. Auch die Kritik, dem deutschen Kunsthandel würde eine weitere große Messe schaden, ist stiller geworden. Heute ... [hat sich] die Berliner Messe einen Platz unter den wichtigsten Kunstmessen erobert.

Ähnlich wie in der Praxis von Kunstvereinen und Museen nehmen die Vermittlungsprogramme und Rahmenveranstaltungen im Messebetrieb der letzten Jahren eine immer wichtigere Stellung ein. So bietet das Art Forum Berlin nicht nur die üblichen Ausstellungskojen an, in denen Galeristen ihr Programm zeigen, sondern ein so genanntes *Collectors' Forum*, in dem sich Sammler im Vorfeld zu Diskussionen und Vorträgen treffen. Kunstmessen sind heute nicht zuletzt Informationsmessen, die sowohl den Galeristen als auch den Mitarbeitern in Institutionen für zeitgenössische Kunst international zur Orientierung dienen.

Sammler

Wer etwas sammelt, hat den Wunsch, Dinge, die auf den ersten Blick zueinander gehören, zusammenzustellen, sie zu bewahren, anzuschauen, zu erforschen und zu studieren. Was gehört aber zusammen und warum? Die Gesichtspunkte, nach denen Menschen sammeln, haben immer einen Anhaltspunkt in der Sache. Zunächst aber bietet ja jeder Gegenstand alle möglichen Anhaltspunkte zu seiner Bestimmung, wir müssen uns also entscheiden, nach welchen Kriterien wir sammeln wollen und nach welchen Kriterien wir wiederum unsere Sammlung als solche ordnen wollen. »Die Ordnung der Dinge« (Michel Foucault) ist immer die Ordnung, die wir den Dingen geben, sie ist immer ein Eingriff und bisweilen auch ein Übergriff. Zugleich beinhaltet Ordnen einen Vorgang des Abstrahierens: Wir konzentrieren uns auf bestimmte Eigenschaften eines Gegenstandes und sehen von seiner spezifischen Fülle ab. Abstraktion bedeutet aber nicht notwendig nur einen Verlust an Sinnlichkeit, so wie dies der Philosoph Gottlieb Alexander Baumgarten beschrieb, denn in der Konzentration werden bestimmte Eigenschaften einer Sache überhaupt erst sichtbar oder auch intensiviert.

Gardner Reas, ohne Titel, 1955

Wenn wir jedoch nicht sammeln, sondern nur *an*sammeln, dann fällt nicht nur der Überblick schwer, sondern vor allem die Bestimmung des eigenen Standortes. So ergeht es der Museumsbesucherin im Cartoon von Gardner Reas. »Mir scheint, ich bin völlig durcheinander. Haben Sie mich schon vorher einmal in diesem Raum gesehen?«, fragt sie den Museumswärter.

Wenn wir in einer Sammlung keine Ordnung erkennen, verlieren wir unseren eigenen Standort und können die Kunstwerke nicht in Beziehung zu uns setzen. Sie bleiben uns äußerlich. So kann ein Verstehensprozess und sein spezifisch ästhetischer Verlauf erst gar nicht einsetzen. Der Cartoon aus dem *New Yorker Magazine* von 1955 gibt nicht nur einen Eindruck von einer so genannten »barocken Hängung«, die noch nach 1945 in vielen Museen üblich war. Er macht deutlich, wie eine bloße Anhäufung von Bildern den Betrachter allein lässt und so eine Auseinandersetzung mit der Kunst verhindert.

Die Geschichte der Sammler und Sammlungen vom Beginn des 16. Jahrhunderts bis in die Gegenwart zeigt, wie die Gegenstände, die man sammelt und die Bedeutung, die man der Sammlung nach außen gibt, immer deutlicher unter den Gesichtspunkt des Künstlerischen gestellt werden. Die privaten Sammlungen bilden historisch gleichsam das Verbindungsglied zwischen den frühen Sammlungsformen der fürstlichen Kunst- und Wunderkammern und der institutionalisierten Form der Sammlungen in einem Kunstmuseum.[41]

Neben Fürsten und Adligen waren es im Italien des 16. Jahrhunderts Mediziner, Naturwissenschaftler und Humanisten, die aus einem wissenschaftlichen Interesse heraus sammelten. Kunstgegenstände wurden dabei dann integriert, wenn sie die Beschreibung der Natur anschaulich oder symbolisch ergänzen konnten. Dem Sammlungsgedanken lag kein Begriff vom Eigenwert der Kunst zu Grunde, sondern ein kulturell geprägter Begriff von der Ordnung der Welt. Man ging von der Vorstellung einer gesetzmäßigen Entsprechung zwischen Kultur und Natur aus. Sammlungswert hatte ein Gegenstand insofern, als er eine bestimmte universale Eigenschaft besaß, d.h. zu einer anschaulichen Erklärung der Zusammenhänge von Mensch und Welt beitragen konnte. Zu den ersten europäischen Sammlungen, die auch öffentlich präsentiert wurden, gehört die berühmte Sammlung der Florentiner Familie Medici, für die der Architekt und Künstler Giorgio Vasari die Uffizien, einen Teil der Privaträume der Familie, als »Galerie« ausbaute.

Vor allem in Handels- und Messestädten war die Möglichkeit von Austausch und Kommunikation gegeben, sodass hier Bürger und Kaufmannsfamilien sehr früh Sammlungen anlegten und sich als Kunstförderer betätigten. Während sie in vorreformatorischer Zeit religiöse Kunst in Form von Stiftungen in Auftrag gegeben hatten, werden sie nun zu eigentlichen Kunst-Sammlern, zu Förderern der Kunst aus einem privaten Interesse her-

---

41 Hans-Ulrich Thamer, Sammler und Sammlungen in der Frühen Neuzeit, in: Ekkehard Mai/Peter Paret (Hg.), Sammler, Stifter und Museen. Kunstförderung in Deutschland im 19. und 20. Jahrhundert. Köln/Weimar/Wien 1993, S. 46.

aus. Dabei findet auch eine zunehmende Spezialisierung und Systematisierung der Kunstgegenstände statt. Die Inventare eines Privatsammlers sind zumeist sehr viel genauer, bisweilen fast mit einer rechnerischen Pedanterie, angelegt, als dies zu Zeiten eines ungebrochenen fürstlichen Selbstverständnisses der kulturellen Macht üblich und auch notwendig war.

Die eigentliche bürgerliche Sammlungstätigkeit beginnt erst im Zuge der fortschreitenden Säkularisierung. Eine bedeutende Sammlung von Werken, teils aus ehemals kirchlichem Besitz, die bereits 1818 in ein städtisches Museum überführt wurde, ist die Sammlung Wallraff, die bis heute den Grundstock des Wallraff-Richartz-Museums in Köln bildet.

Während ein privater Sammler meist gezielt die Kunst einer bestimmten Epoche oder Schule oder bestimmte Themen innerhalb der Kunst sammelt, hat der Hamburger Kunsthistoriker Aby M. Warburg im 20. Jahrhundert erstmals eine Sammlung von ganz unterschiedlichen Bildzeugnissen von der Antike bis in die Gegenwart angelegt und sie vergleichend zusammengestellt. So ist sein berühmter Bilderatlas[42] entstanden, der die Traditionslinien von Ornamenten, Bildtypen und Bilderzählungen in einem Querschnitt durch verschiedene Kulturen offen legt. Sein Schüler Erwin Panofsky hat Warburgs Verfahren systematisiert und daraus die Methode der Ikonologie[43] entwickelt, nach der die Erschließung eines Bildes mit einer genauen Beschreibung dessen anfangen sollte, was man sieht, um dann im Vergleich mit anderen Bildern und Texten nach und nach der Bedeutung, die das Bild für seine Zeitgenossen hatte, immer näher zu kommen.

Zu den herausragenden Sammlern der Moderne, die bereits die Kunst ihrer Zeit gesammelt haben, gehört der Hannoveraner Schokoladenfabrikant Bernhard Sprengel, der bereits in den 20er-Jahren die Bedeutung der Kunst des deutschen Expressionismus erkannte und ungeachtet der nationalsozialistischen Kunstpolitik Bilder von Max Beckmann, den Künstlergruppen *Die Brücke* und *Der Blaue Reiter*, aber auch Werkgruppen von Pablo Picasso, Fernand Léger, Henri Laurens, Paul Klee und Emil Nolde sammelte.

Die Kunst von Zeitgenossen zu sammeln, ist nicht zu allen Zeiten mit Lebensgefahr verbunden wie im Nationalsozialismus. Zeitgenössisch zu sammeln, erfordert jedoch nicht nur ein Interesse an der Deutung und Bearbeitung der eigenen Gegenwart, sondern auch ein Vertrauen in das eigene Urteil. Was allerdings passieren kann, beschreibt der Picasso-Sammler Gert Huizinga: »Erst hatte ich eine kleine Sammlung. Dann hatte die Sammlung mich.«

---

42 Hofmann/Symken/Warnke, Die Menschenrechte des Auges. Über Aby Warburg. Frankfurt/M. 1980.

43 Eine bis heute sehr informative Einführung in die Ikonologie seit Panofsky findet man bei: E. Kaemmerling (Hg), Bildende Kunst als Zeichensystem, Bd. 1 Ikonographie und Ikonologie. Theorien, Entwicklung, Probleme. Köln 1979.

Die Idee, 1955 in Deutschland eine Ausstellung mit dem sachlichen Titel *documenta* zu veranstalten, war der Versuch, an eine ästhetische Tradition anzuknüpfen, die mit dem Terror der nationalsozialistischen Kunstpolitik in Deutschland nicht nur abgerissen, sondern vernichtet worden war. Der Kasseler Künstler und Akademieprofessor Arnold Bode wollte Deutschland wieder in ein Gespräch mit der Welt bringen. Er wollte zeitgenössische Kunst zeigen und er wollte sie auf zeitgenössische Weise zeigen. Bode, der kurz vor der Machtübernahme als Dozent am Berliner Werklehrerseminar entlassen worden war,[44] kehrte nach dem Krieg nach Kassel zurück, um dort seine Lehrtätigkeit an der Akademie wieder aufzunehmen. Mit seinen Schülern diskutierte er, wie viele Ausstellungen wohl nötig wären, um all die Kunst, die von den Nationalsozialisten verboten worden war, zu zeigen. Gemeinsam gingen sie zur Ruine des Museums Fridericianum und schritten den Raum ab. »Ja, dann lässt sich's machen«, habe Bode danach gemurmelt. Das Fridericianum, der erste Neubau, der in Europa für ein Museum errichtet wurde, war bis dahin nur provisorisch durch Dach und Fenster wiederhergestellt. Es in diesem Zustand für eine Ausstellung moderner und zeitgenössischer Kunst zu nutzen, beinhaltete einen doppelten kritischen Reflex: Bode reagierte auf die historische Situation in Deutschland und er intervenierte gegen den gesellschaftlichen Schwellencharakter, den die (Bildungs)-Institution Museum im Laufe der Zeit ausgeprägt hatte.

Die erste *documenta* rekonstruierte zum einen die Genese der Moderne: vom Fauvismus über den Kubismus, Expressionismus und Futurismus bis in die 30er-Jahre. Zum ersten Mal nach 1945 sah man in Deutschland Kunst der internationalen Avantgarden: Bilder von Pablo Picasso, Max Ernst, Hans Arp, Henri Matisse, Wassily Kandinsky und Henry Moore neben Arbeiten von Paul Klee, Ernst Ludwig Kirchner, Otto Mueller, Oskar Schlemmer und Max Beckmann.

Die Klassische Moderne wurde bewusst in allen ihren europäischen Verflechtungen dargestellt. Bode inszenierte die Werke eindrucksvoll in der Ruine des Museums Fridericianum, bis heute Hauptgebäude der documenta, deren provisorische Räume er mit für die damalige Wahrnehmung außerordentlich modernen Materialien (wie etwa Heraklitplatten und PVC-Vorhängen) gestaltete. In ihrem Inszenierungskonzept offenbarte die documenta ausdrücklich das Ziel, einen direkten Bezug zur 1937 von den Nationalsozialisten ausgetragenen Propagandaausstellung Entartete Kunst herzustellen, um die durch diese Ausstellung ins Bewusstsein der Deutschen getretenen Werke, Stile und Künstler zu rehabilitieren. So wurde Wilhelm Lehmbrucks Skulptur Kniende (1911), die 1937 von den Nazis zentral platziert wurde, wiederum im Eingangsbereich des Fridericianums, diesmal jedoch weihevoll in der Rotunde der Freitreppe, aufgestellt. Dieser Versuch, Werke und Künstler unter umgekehrten Vorzei-

---

44 Ulrike Wollenhaupt-Schmidt, documenta 1955. Eine Ausstellung im Spannungsfeld der Auseinandersetzungen um die Kunst der Avantgarde 1945–1960. Frankfurt/M. u.a. 1994.

chen zu betrachten und so zu rekontextualisieren, wurde durch eine zentral platzierte Fotowand mit Künstlerporträts ergänzt, um so die individuelle schöpferische Person hinter den Werken zu feiern.[45]

Ergänzt wurde dieses Panorama der befreiten Form durch ein aktuelles Forum zeitgenössischer Kunst, auf dem sich erstmals nach dem Krieg deutsche und internationale Künstler aus unterschiedlichen Ländern begegneten. Die Ausstellung documenta. kunst des XX jahrhunderts fand weltweit große Resonanz. Rund 130.000 Besucher kamen nach Kassel. Ermutigt plante Bode für 1959 eine zweite Ausstellung und institutionalisierte damit die documenta, die seitdem, getragen von der Stadt Kassel und dem Land, im Rhythmus von fünf Jahren organisiert wird. Arnold Bode kuratierte viermal in Folge, wobei er mit Kunsthistorikern wie Werner Haftmann, Will Grohmann, Werner Schmalenbach und Max Imdahl zusammen arbeitete. Während die ersten drei Ausstellungen insgesamt dem Konzept der Dynamisierung verpflichtet waren und an Ausstellungsexperimente anknüpften, wie sie etwa russische Konstruktivisten in Hannover oder Marcel Duchamp im Paris der 20er-Jahre entwickelt hatten, offenbarte die documenta 4, die stilgeschichtlich streng im Zeichen von Op Art und konkreter Kunst stand, ein verändertes gesellschaftliches Klima: Eine zunehmende Politisierung warf Fragen nach der kulturellen Vermittlung des Ästhetischen auf und es wurde eine stärkere Annäherung vonseiten der Kunst an das Publikum gefordert. Bazon Brocks Besucherschule war eine Art Feldversuch, um die Rezeptionsarbeit des Betrachters als Moment des künstlerischen Prozesses zu Bewusstsein zu bringen und ihr zu gesellschaftlicher Anerkennung zu verhelfen.

Vielleicht nicht zufällig gab es für die folgende documenta 5 eine Zäsur von konzeptioneller Seite: Harald Szeeman wurde künstlerischer Leiter, und seitdem bestimmt das Prinzip wechselnder Kuratoren, die vom Aufsichtsrat unter Beratung einer jeweiligen Findungskommission vorgeschlagen und berufen werden, das »Modell documenta«. Manfred Schneckenburger wurde 1977 Kurator der documenta 6. Er löste sich vom Gedanken der enzyklopädischen Aufarbeitung künstlerischer Entwicklungen und zeigte vorwiegend junge Kunst. Die Ausstellung wurde nun immer deutlicher ein Ort für die Auseinandersetzung mit Gegenwartstendenzen in Kunst und Gesellschaft.[46] Rudi Fuchs machte bei der documenta 7 den Autonomiegedanken der Kunst stark und setzte auf die »individuellen Mythen« der Künstler und auf das einzelne Werk, ein Impuls, den Manfred Schneckenburger auf der documenta 8 aufgriff, um nun genauer das Verhältnis von freier und angewandter Kunst mit Blick auf ihre unterschiedlichen Kommunikationsformen zu untersuchen.

45 documenta-Archiv.
46 Harald Kimpel, documenta: Mythos und Wirklichkeit. Köln 1997.

Jan Hoet, künstlerischer Leiter der *documenta 9*, bezeichnete die documenta selbst als Kunstwerk und rückte damit die Wahrnehmung in den Mittelpunkt des Interesses, eine Betonung der sinnlichen Gegenwart, auf die die folgende Leiterin Catherine David mit einer Konzentration auf das theoretische Anliegen der Kunst in Auseinandersetzung mit den unterschiedlichen Diskursen der modernen Gesellschaft reagierte. David prägte den Ausdruck der »Retro-Perspektive«[47] für einen Blick, der in der reflexiven Bearbeitung des Vergangenen einen kritischen Zugang zur eigenen Gegenwart sucht. Sie lud in das »Museum der 100 Tage« 100 Gäste aus Wissenschaft, Politik und Kultur zu Diskussionsveranstaltungen ein.

Mit der *documenta 11* veränderte der Kurator Okwui Enwezor erstmals den Blick auf den (historischen) Austragungsort, die Stadt Kassel, indem er die Ausstellung in ein Konzept von fünf Plattformen eingliederte. Gemeinsam mit sechs Co-Kuratoren begann Enwezor bereits 2001 in Wien und Berlin mit Diskussionen über die Zukunft der Demokratie. Auf einem zweiten Treffen in Neu Delhi sprachen Fachleute über die Bedeutung und die Funktion, die »Wahrheit« in unterschiedlichen Rechtssystemen hat. Auf St. Lucia, der dritten Plattform, thematisierte die Documenta 11 dann Phänomene und Auswirkungen der so genannten Kreolisierung, der Durchmischung unterschiedlicher Rassen und Kulturen und die vierte Plattform in Lagos widmete sich der politischen Situation von vier afrikanischen Städten: *Freetown, Johannesburg, Kinshasa, Lagos*. In Kassel trifft man sich zur fünften Plattform, der Kunstausstellung. Hier geht es Enwezor darum zu zeigen, dass wir bei künstlerischen Entwicklungen – wie bei allen menschlichen Prozessen – immer ein Zugleich der Kulturen und ihrer Arbeit zu vergegenwärtigen haben.

Wer sich einen Überblick über die zahlreichen Künstlerinnen und Künstler verschaffen möchte, die von der *documenta 1* 1955 bis zur *documenta 8* 1987 in Kassel ausgestellt haben, kann in das Künstlerlexikon von Florian Matzner schauen[48] oder im Internet auf den Seiten www.documenta.de nachschlagen. Dort bekommt man auch Informationen über die jeweils aktuelle documenta und ihren Planungsstand.

Die documenta

… findet alle fünf Jahre statt und ist für Klassenfahrten gut geeignet. Hier bekommt man in der Regel einen guten Eindruck von aktuellen Tendenzen und Fragestellungen in der Kunst. In Zusammenarbeit verschiedener Fächer können die Schülerinnen und Schüler unterschiedliche Perspektiven auf die Gegenwart der Kunst entwickeln.

Man kann sich durch die documenta führen lassen. Dazu gibt es speziell geschulte documenta-Guides. Seit der documenta X bietet auch die Kirche theologische Führungen durch die documenta an. Für den Religionsunterricht bekommt man so eine auf die speziellen Fragen zugeschnittene Führung.

---

47 Politics-Poetics, documenta X – das Buch, Ostfildern-Ruit 1997.
48 Florian Matzner, dokumenta 1 bis 8, hg. vom documenta-archiv. Kassel 1987.

Das Konzept der *documenta* unterscheidet sich von einer vergleichbaren internationalen Kunstschau hohen Ranges mit einer längeren Tradition: der *Biennale* in Venedig. Bode hatte sich gewissermaßen ausdrücklich distanziert von dem Gedanken der »nationalen Kunst«, mit dem der Initiator der Biennale, Ricardo Selvatico, Bürgermeister von Venedig, im ausgehenden 19. Jahrhundert noch eine »Weltausstellung der Künste« für seine Stadt ins Leben rufen konnte.[49]

Bis heute werden in Venedig eine Reihe internationaler Künstler ausgewählt: Während für die Pavillons der Nationen Kuratoren des jeweiligen Landes die Auswahl treffen, wählt der künstlerische Leiter der *Biennale* eine Reihe internationaler Künstler für den zentralen italienischen Pavillon aus. Konzeptionell ist aber auch die Biennale längst nicht mehr nationalstaatlich ausgerichtet. Der internationale Parcours wird sukzessive erweitert. So ist mit der 34. Biennale 1999 unter der Leitung von Harald Szeeman das so genannte *Arsenale*, eine ehemalige Schiffswerft, zusätzlich Ausstellungsgelände geworden. Auch die *Biennale* ist mit ihrem jeweiligen Programm im Internet vertreten.

Kunstformen

Die Idee einer historischen Abfolge unterschiedlicher Kunstformen hat der Philosoph Georg W. F. Hegel in seinen Vorlesungen zur Ästhetik entfaltet,[50] um damit das jeweilige Verhältnis von Form und Inhalt, das die Kunst zu verschiedenen Zeiten prägt, zu beschreiben. Die Künstler der Antike haben etwa eine »klassische Kunstform« entwickelt, indem sie eine Figur so genau in ihrer sinnlichen Erscheinung schildern, dass die äußere Gestaltung ganz ihrer inneren Verfassung entspricht. In der »romantischen« Kunstform treten dagegen formale Gestaltungsprinzipien so in den Vordergrund, dass wir Inhalt und Form getrennt voneinander wahrnehmen können und so zu mehreren Deutungen für ein Bild kommen.

Um die Bedeutung dieser Reflexionen für die Moderne verstehen, müssen wir uns klar machen, inwiefern sie die Idee der »historischen« Kunstformen verabschiedete. In den 30er-Jahren wendet der Begründer der De Stijl-Bewegung Theo van Doesburg Hegels Begriff der Kunstform gänzlich neu. Er unterscheidet zunächst zwischen der »Natur-Form«, der detailgetreuen Abschilderung der Natur, und der »Kunst-Form«, einer schrittweisen Vereinfachung des Sichtbaren. Weder naturalistisch noch abstrahierend zeigt Kunst jedoch, was sie konkret ist, nämlich ein Beziehungsgefüge aus Formen, Far-

---

49 Arnold Bode: »Ich musste etwas tun, um nicht unterzugehen ... Das Programm: ohne nationale Pavillons – ohne Preisverleihung (Wie es in Venedig war). Wir wollten ›Kunst‹ ausstellen, die großen Meister, und sie kamen!« (Interview mit Arnold Bode, in: Kunst und Medien, Kassel 1977, S. 139) Die erste Venedig-Biennale fand 1895 und von da ab alle zwei Jahre statt.
50 Georg W. F. Hegel, Vorlesungen über die Ästhetik, 1832–1845, Bd. 1. Frankfurt/M. 1989.

ben, Linien und Flächen. Die moderne Kunst muss also nach van Doesburg mit ihren bisherigen Formen brechen und sich selbst als einem formalen Medium des Verstehens und Fragens zuwenden.

Wenn wir heute also von »Kunstformen« sprechen, dann meinen wir die Ausdifferenzierung dieser für sich selbst sprechenden »Form der Kunst« in ihre unterschiedlichen Bereiche: Malerei, Skulptur, Videokunst und Performance; eine Unterteilung, die gleichwohl nicht unhinterfragt ist. Manche Theoretiker sprechen sogar davon, dass wir uns in einer postminimalistischen Ära der Kunst befinden, in der der Impuls, das Besondere des einzelnen Mediums und seiner Wahrnehmbarkeit ästhetisch präzise zu erarbeiten, Vergangenheit sei. Besonders die außerkünstlerisch verbreiteten Medien Video, Film und Computer finden ihre besondere Fragestellung in der Differenzierung und Entdifferenzierung medialer Grenzen.

Malerei

Die Malerei gehört zu den ältesten Kunstformen der Menschheit. Wir kennen Malereien aus steinzeitlichen Höhlen und aus Kultstätten alt-orientalischer Hochkulturen. In der Antike wurden Privathäuser mit Wandbildern ausgeschmückt, Vasen kunstvoll bemalt und auch Gemälde angefertigt. Viele Techniken sind jedoch in der Spätantike in Vergessenheit geraten. Die Kunst dieser Zeit ist geprägt durch die byzantinische Ikonenmalerei. Im westlichen Abendland dominierte dann lange die Buchmalerei und erst im 12. Jahrhundert wurden hier Bilder auf Holztafeln gemalt: Altarbilder, die zu Klappaltären zusammengefügt wurden.

Die (Erfolgs-)Geschichte der abendländischen Malerei setzt ein mit der Verselbstständigung des Einzelbildes, des so genannten Tafelbildes, das wir heute in Museen, Galerien und Privaträumen finden. Als Erfinder der Idee des Tafelbildes gilt der italienische Maler Giotto. Sein Freskenzyklus in der Kirche San Francesco in Assisi ist zwar auf die Wand gemalt, kompositionell aber bereits in einzelnen, in sich abgeschlossenen Bildern angelegt. Giotto rückte erstmals nicht nur die zentralen Figuren der Heilsgeschichte in den Mittelpunkt, sondern schilderte Einzelheiten der Natur und des Raumes. Der Illusionismus des Malerischen, die Bilderzählung und die Farbe bekamen dadurch einen eigenen Stellenwert.

In der Renaissance wurde das Bild als Fenster zur Welt gesehen. Man entwickelte neue Verfahren zur Erfassung körperlicher und räumlicher Wirklichkeit: Die Zentralperspektive und die Lokalfarbigkeit verdrängten den einheitlichen Goldgrund und die symbolische Verwendung von Farben. Als Bildträger dienten nun in Holzrahmen gespannte Leinwände, es wurde vorwiegend in Öl gemalt. Mit den Techniken und den Trägern veränderten sich auch die Themen der Malerei. Weltliche Themen wie das Porträt, das Stillleben und die Landschaft wurden, zunächst in Italien und den Niederlanden, bald auch in Deutschland, zu eigenen Gattungen innerhalb der Malerei.

Im 19. Jahrhundert begann die abbildende Funktion von Kunst fragwürdig zu werden. Malerei als Kunst, in der Fläche den Eindruck der räumlichen Tiefe zu erzeugen, wird nun zum Paradigma, wenn es darum geht, die unterschiedliche Bedeutung von Darstellungsform und -inhalt zu klären. Je deutlicher die Gestaltungsmittel in den Vordergrund treten, desto abstrakter erscheint der dargestellte »Gegenstand«. Die Malerei der frühen Moderne, angefangen beim Impressionismus, über den Kubismus bis zum Expressionismus und Surrealismus, ist eine schrittweise Ausarbeitung unterschiedlicher malerischer Abstraktionsverfahren, um darüber die Eigenbedeutung der Farbe, der Form, des Ausdrucks und der Erzählung sichtbar zu machen. Die Überlegungen mündeten in der so genannten gegenstandslosen Malerei. Die suprematistischen Gemälde von Kasimir Malewitsch sind berühmte Beispiele einer solchen »Malerei über Malerei« (G. Steinmüller), die uns den Prozess des Bildwerdens vor Augen führt: wie durch die Anordnung geometrischer Farbformen in der Fläche der Eindruck von räumlicher Tiefe, von formaler und farblicher Komposition entsteht und wie er wieder flüchtig wird und sich fast verliert.

Nachdem die Gestaltung derart konkret geworden war, schien die Malerei als Kunstform an ihr (selbstreflexives) Ende gekommen. Marcel Duchamp hat daher vom »Ende der Malerei« durch die Malerei gesprochen und meinte damit die Reflexion und damit die Überwindung ihrer täuschenden Eigenschaften. Die Malerei ist als Kunstform hierdurch frei geworden für ihre spezifischen Möglichkeiten: die Konstruktion in der Fläche, den reinen Ausdruck durch Farbe und die Erfindung bzw. neue Verknüpfung von Inhalten. Nach 1945 setzten sich der abstrakte Expressionismus, das Informel, die Farbfeldmalerei und die Pop Art kritisch mit den Folgen einer »Malerei nach der Malerei« auseinander.

Zeitgenössische Malerei beschäftigt sich mit den erweiterten Möglichkeiten einer Differenzierung der Oberfläche. Im Prinzip kann nicht nur jede Fläche, sondern jeder Gegenstand zum »Träger« von Malerei und damit zur Oberfläche werden. Bei der Beschreibung einer Malerei gilt es, möglichst genau den Seheindruck wiederzugeben, also zu versuchen, das Sehen in der Fläche selbst sprachlich nachzustrukturieren (M. Imdahl).

Klassik

Romanik ca. 950-1250
Gotik ca. 1140-1420
Frührenaissance ca. 1400-1490
Renaissance ca. 1490-1600
Manierismus ca. 1510-1590
Barock ca. 1590-1720
Rokoko ca. 1720-1780
Klassizismus ca. 1750-1830
Romantik ca. 1780-1830
Biedermeier ca. 1815-1848

Moderne

Realismus ab 1840
Impressionismus ab 1870
Jugendstil ab 1900

Fauvismus ab 1905
Expressionismus ab 1905
Kubismus ab 1907
Futurismus ab 1909
Dadaismus ab 1916
Surrealismus ab 1920
Abstrakte Kunst ab 1910

Nach 1945

Informelle Malerei ab 1945
Farbfeldmalerei ab 1950
Pop Art ab 1955
Happening/Fluxus ab 1960
Konzeptkunst ab 1960
Fotorealismus ab 1970
Neue Wilde ab 1980
Netzkunst ab 1990

Skulptur

In der Moderne ist die Skulptur vom Sockel heruntergestiegen und sie ist vom Sockel gestoßen worden. Als »Wegbereiter« der modernen Skulptur bezeichnet man Auguste Rodin (1840-1917), der mit Arbeiten wie *Die Bürger von Calais* den Sockel erstmals so niedrig ansetzte, dass er eher als Begegnungs- oder Diskussionsplattform erscheint, oder der mit seinem Denkmal für Honoré Balzac uns die »Größe« dieses Schriftstellers vermittelt, indem er ihn in seiner Zerrissenheit und denkerischen Anstrengung zeigt und damit einen neuen Typus des öffentlichen Porträts schafft. Durch sein Verfahren, die Oberfläche des Steins nicht durchgängig zu bearbeiten und Skulpturen als Fragmente zu formen, hat er das Thema des Torsos, der versehrten Skulpturen aus der Antike, als eigene Kunstform entdeckt.

Die Skulptur ist in besonderer Weise an Öffentlichkeit gebunden, sie steht nicht nur wortwörtlich im Raum, sondern sie stellt sich zu uns, sie stellt ein Gegenüber dar. In dem Maße, wie die Skulptur sich auf eine Ebene mit uns stellt, werden wir uns auch selbst zur Skulptur, eine Beobachtung, die der Künstler Michelangelo Pistoletto mehrfach spiegelt, wenn er im Sprengel-Museum Hannover eine Spiegelwand aufhängt und darauf das Bild einer

Skulpturen

... gehören oft zu den übersehenen Kunstwerken im Unterricht. In der Regel konzentrieren wir uns auf Bilder, Töne oder Texte. Dabei gibt es einige Skulpturen, die sich tief ins abendländische Bildgedächtnis eingeprägt haben, wie zum Beispiel Rodins Denker. Auch die Skulptur von Henry Moore vor dem früheren Bonner Kanzleramt und die von Eduardo Chillida vor den heutigen Berliner Kanzleramt gehören zu den öffentlich wahrgenommenen Arbeiten.

Skulpturen bieten sich in nahezu allen Altersbereichen für die Arbeit im Unterricht an. Abgesehen davon, dass sie einen besonderen haptischen Reiz ausüben, das heißt den Tastsinn herausfordern, sind sie ein wichtiges Inventar der Städte und dienen der öffentlichen Selbstdarstellung.

Besucherin malt. Wenn wir in den Spiegel schauen, sehen wir uns, und wir sehen zugleich, wie sie uns betrachtet, wir sehen also uns, wie wir uns betrachten, wenn wir Kunst betrachten ...

Der Begriff der Skulptur wird meistens synonym mit dem Begriff der Plastik verwendet. Skulptur leitet sich von dem Verb *scolpire* ab, das »wegnehmen« bedeutet. Eine Skulptur entsteht, indem aus Stein oder Holz nach und nach eine Gestalt herausgearbeitet wird. Der Bildhauer Michelangelo sprach deshalb davon, dass er seine Figuren im Stein finde, aus dem er sie befreie. Immer dann, wenn ein Kunstwerk Dinge so vorstellt, dass ihnen etwas fehlt oder dass etwas weggenommen scheint, kann man von skulpturalen Arbeiten sprechen. Umgekehrt ist eine Plastik eine Arbeit, bei der aus flexiblen Material etwas neu geformt oder einer Sache etwas hinzugefügt wird.

Performance

Auch der Körper selbst und seine Handlungen können künstlerisch befragt werden. In der Kunstform der Performance macht sich der Künstler selbst zu seinem Gegenstand. Er ist »Material« und Ausführender einer Aufführung zugleich. Insofern hat die Performance zunächst weniger mit den tradierten Kunstformen Malerei und Skulptur und mehr mit den so genannten darstellenden Künsten Theater und Tanz gemein. Erst nach dem Zweiten Weltkrieg hat sich die Performance als eigene Kunstform etabliert. Die Formierung ging maßgeblich von der Bewegung *Fluxus* aus, zu der Videokünstler wie Nam June Paik, Wolf Vostell und Grenzgänger wie John Cage und Joseph Beuys gehörten. Im Zusammenspiel von Musik, Theater und bildender Kunst sollten die Grenzen zwischen den Künsten, aber auch zwischen Künstlern und Publikum aufgehoben werden. Verwandte Erscheinungen sind das *Happening* und das *Environment*. Immer ist der konkrete Raum einschließlich Licht, Klang und Geruch in die Aktion mit einbezogen. Performance-Kunst erforscht die Form(en) des menschlichen Handelns. Welche Rolle spielt die Abfolge einer Handlung und die Durchführung selbst für die Bedeutung, die wir einer Handlung zumessen? Lässt sich ein Handeln nach Regeln von einem religiösen Ritual unterscheiden? Gibt es auch in unserem Alltag »heilige« Handlungen, die wir immer nach dem gleichen Muster vollziehen? Performancekunst ist der Versuch, diese Kommunikationsfelder in zeichenhaften Aktionen abzustecken, nachzuzeichnen und sichtbar zu machen. Als Körper-Kunst ist die Performance die unmittelbarste und daher vielleicht die extreme Form der künstlerischen Verarbeitung von Wirklichkeit. Die Grenzen, die die Kunst vom realen Leben unterscheiden, sind hier mitunter unerträglich vage. Die Künstler des Wiener Aktionismus etwa beanspruchten, durch stellvertretende Rituale – sexuelle Exzesse, das Zerreißen und Ausweiden von Tierkadavern, das Verschütten von Blut und Exkrementen – kathartische Wirkung auf die Zuschauer auszuüben. So bringt die Kunst der Performance den (eigenen) Körper, unseren Begriff von Normalität und die Toleranzgrenzen gegenüber individueller und gesellschaftlicher Gewalt neu ins Spiel.[51]

Video-Kunst

Video als ein technisches Medium hat keine eigene Kulturgeschichte. Es hat sich vor allem kommerziell als Träger für andere Medien – Film, Fernsehen, Fotografie, Musik – verbreitet. Video-Kunst ist seit den ersten Manipulationen des TV-Bildes durch Nam June Paik und Wolf Vostell (1963) zu einem komplexen Aktionsfeld der audio-visuellen Künste geworden. Inzwischen spricht man übergreifend von Medienkunst, um den vielfältigen Erscheinungsweisen gerecht zu werden. Virtuelle Gestaltungstechniken, Überblendungen, Manipulationen und Animationen, sind an die Stelle handwerklicher Bearbeitung getreten. Künstler nutzen Video als *Tape* für die Wiedergabe von Bildern und Filmen, als skulpturales Element, als Teil einer Installation oder für interaktives Arbeiten.

Sehr viel stärker als Malerei und Skulptur konfrontiert uns Videokunst mit der Tatsache der Übermittlung von Bildern. Die Möglichkeit, etwas gleichzeitig aufzunehmen und wiederzugeben, ebnet die Grenze zwischen der realen und der virtuellen Situation im Bild ein. Welche Konsequenz hat es für die Menschen, sich selbst mittels der Technik live im Bild zu sehen? Wie bewegen wir uns in diesen neuartigen Handlungsräumen zwischen Echt-Zeit und Spiel-Zeit?

Thema einer Videokunstarbeit können Form- und Prozessuntersuchungen, die kulturelle Bedeutung der Massenmedien oder Körpererfahrungen sein. Dabei geht es heute vor allem um Analogien und Differenzen zwischen der Manipulation von Bildern und der Beeinflussbarkeit von Menschen. Welche Wirklichkeit haben Fernseh-, Kino- und Internetbilder für uns? Vor allem die Verbindung zwischen Videotechnik, Fernsehen und Kriegsdokumentation erfordert eine kulturkritische Auseinandersetzung mit dem Medium.

Videokunst

... ist bisher noch selten Thema des Unterrichts. Mit der zunehmenden Verbreitung dieser Kunstform wird sie aber auch leichter greifbar und damit einsetzbar sein. Zum anderen können sich Schülerinnen und Schüler selbst an Videoarbeiten zu Unterrichtsthemen versuchen, wie verschiedene Wettbewerbe schon gezeigt haben.

In Bonn findet seit 1986 alle zwei Jahre die *Videonale* statt. In Katalogen sind die wichtigsten künstlerischen Videobänder in Bild und Text dokumen-

---

51 Es gibt Künstler, die in ihren Arbeiten sogar ihr Leben riskieren. Berühmt geworden ist die Performance Demontage IX, bei der sich Wolfgang Flatz in der Silvesternacht 1990/91 in der alten Synagoge der georgischen Hauptstadt Tiflis zwischen zwei Stahlplatten mit dem Kopf nach unten aufhängen ließ und als lebender Glockenklöppel fungierte, während ein Paar zur Walzer-Musik von Johann Strauss tanzte. Ethische und ästhetische Bewertungen geraten hier in einen tödlichen Konflikt.

tiert, ergänzt durch Essays zu aktuellen Themen der Medienkunst. Sie können als Handbuch dienen. Das wichtigste Festival für neue Medien ist die *Ars Electronica* in Linz in Österreich.[52]

Kunst in Moderne und Postmoderne

Wer in einem heutigen Lexikon unter dem Stichwort »Moderne« nachschlägt, findet in der Regel Erläuterungen wie folgende:

> Moderne – Schlagwort für jene Literatur- und Kunstströmungen am Ende des 19. Jahrhunderts, die durch den Bruch mit allen überkommenen ästhetischen Normen einem kritischen Dekadenzbewusstsein Ausdruck verliehen. Schon in der Romantik hatte sich eine Bedeutung des Begriffs *modern* herausgebildet, die den Gesamtprozess der Emanzipierung der christlich-abendländischen Bildung von der Antike erfasste (F. Schlegel); für das Aktuelle in der Kunst wurde *modern* im Vormärz von K. Gutzkow verwendet. Als *die Moderne* wurde dann 1886 erstmals der Naturalismus bezeichnet, jedoch übertrug H. Bahr bereits 1890 den Begriff auf die antinaturalistischen Strömungen (Impressionismus, Symbolismus, Neuromantik). Aus heutiger Sicht werden die avantgardistischen Richtungen und Strömungen der folgenden Jahrzehnte (Expressionismus, Dadaismus, Futurismus, Surrealismus; moderne Kunst), die die vorangegangene Generation durch ästhetische Experimente immer aufs Neue schockierten, in den Begriffsinhalt einbezogen ... Die Forderung der Moderne nach ständiger Erneuerung, ihre Ablehnung jeglicher Tradition wurde in der Postmoderne aufgehoben.[53]

Daraus wird Verschiedenes deutlich: zum einen, dass der Begriff der Moderne changiert, je nachdem in welchem Kontext er Verwendung findet. Er kann ebenso zu einem Synonym für die ganze Zeit nach der Aufklärung werden, als auch für eine abgegrenzte Kunstepoche zu Beginn des 20. Jahrhunderts gelten und schließlich für Gegenwartskunst generell verwendet werden.[54] Im Alltagsgebrauch wird er heute vor allem für die Charakterisierung der Gegenwart benutzt.

---

52 Auf den Internetseiten http://www.aec.at/festival findet man ein Archiv mit ausgewählten Kunstprojekten und ein Katalog-Archiv mit allen Beiträgen zur Ars Electronica 1979–98. Über die Suchmaschine wird man für nahezu jedes Stichwort umfassende Informationen finden.

53 Brockhaus. Mannheim 2002.

54 Im Blick auf konkrete Stilrichtungen der Kunst der letzten 100 Jahre gibt es inzwischen eine Fülle von guten Einführungen: Werner Haftmann, Malerei im 20. Jahrhundert. München 1987. Thomas Zacharias, Blick der Moderne: Einführung in ihre Kunst. München/ Zürich 1984. Karin Thomas, Bis heute: Stilgeschichte der bildenden Kunst im 20. Jahrhundert. Köln 1986.

In der Moderne wird Kunst neben Religion, Wissenschaft und Politik zu einem eigenständigen Bereich innerhalb der Gesellschaft. Kunst erscheint als eine Form der freien und subjektiven Beschäftigung mit der Welt. Sie verleiht der Sicht des Einzelnen auf die (gesellschaftliche) Wirklichkeit Form und Ausdruck. Die ästhetische Haltung wird zu einer Lebensform.

Als Kunst der klassischen Moderne bezeichnet man die verschiedenen Strömungen der Avantgarde, angefangen bei den ersten abstrakten Kompositionen der so genannten frühen Moderne um 1910 bis zur konkreten Kunst der 30er-Jahre. In nur wenigen Jahrzehnten vollziehen sich »Revolutionen« des Stils und der Wahrnehmung, begleitet von theoretischen Manifesten, die das Innovative proklamieren. Kunst wird zu einem Medium der Selbstdarstellung und zur Selbstdarstellung von Medien. Die kurze Epoche war nicht nur stilistisch vielfältig, sondern auch reich an teils widerstrebenden Ideen für die Zukunft: von der technischen Vision der italienischen Futuristen, über das anthroposophische Engagement in Kreisen des deutschen Expressionismus bis hin zu den revolutionären Entwürfen der russischen Konstruktivisten.[55]

Moderne Kunst bricht formal und inhaltlich mit den bis dahin gültigen Harmoniekriterien und macht die Individualität zum Maßstab der künstlerischen Arbeit. Sie entwickelt eine eigene »Ästhetik des Hässlichen«, der Gefährdung und des Schocks. Daneben formuliert sie den Anspruch, unter ästhetischen, d.i. formalen Gesichtspunkten die Umwelt transparenter und damit menschlichen Bedürfnissen gegenüber angemessener gestalten zu können. Diese soziale Dimension des Ästhetischen gewann vor allem in Deutschland am Bauhaus Gestalt.

Die Entstehung der Moderne kann man unterschiedlich beschreiben. Werner Hofmann hat von der »Geburt der Moderne aus dem Geist der Religion« gesprochen. Er beschreibt die Neuerung der modernen Kunst als Folge ihrer Befreiung von kirchlichen Aufträgen. Eine stilgeschichtliche Untersuchung der modernen Kunst arbeitet dagegen die konkreten Ablösungsprozesse, die formalen und technischen »Erfindungen« einer modern werdenden Kunst, heraus.[56] Ein zeitlich variables Deutungsmodell liefert die Romantik als Gegenreaktion auf die Prinzipien der Klassik. Kulturgeschichtlich wäre dabei zu fragen, ob und inwiefern eine Zeit lediglich mit den Traditionen oder mit dem Begriff von Tradition überhaupt bricht. Eine (kunst-)soziologische Erklärung der Moderne erkennt deren Ursprung im europäischen Manierismus, mit dem erstmals in der Kunst selbst ein Krisenbewusstsein sichtbar wurde.[57] Alle Untersuchungen können zur Einschätzung der zeitdiagnostischen Leistung von Kunst im Blick auf eine moderne Gesellschaft dienen.

---

55 B. Wyss, Der Wille zur Kunst. Zur ästhetischen Mentalität der Moderne. Köln 1996.
56 Werner Hofmann, Von der Nachahmung zur Erfindung. Die schöpferische Befreiung der Kunst, 1890–1917. Köln 1970.
57 Arnold Hauser, Der Manierismus. München 1964.

Eine Ideologiekritik an der ästhetischen Moderne bezieht sich auf drei Momente ihres Selbstverständnisses: auf ihren Anspruch, radikal innovativ zu sein, auf ihre Verabsolutierung des modernen Stils im Sinne des »wahren« Stils, und auf ihr Geschichtsbild vom historischen Fortschritt, dessen Vorhut (Avantgarde) die Kunst bildet. Kritisiert wird also eine bestimmte Denkfigur – das Neue[58] als einziges Kriterium für künstlerische Qualität –, eine bestimmte Diktatur des Geschmacks – die »reine« Form –, und ein bestimmtes Geschichtsmodell – die Utopie einer befreiten Gesellschaft. Ein postmoderner Umgang mit Theorie, Geschmack und Geschichte setzt demgegenüber bei der Vielfalt der Sprachen, dem Nebeneinander von Hoch- und Populärkultur und dem Gedanken der »Wiederkehr« von Geschichte, den vielen nach- und nebeneinander erzählten Geschichten an. So werden Alltags- und Kunstzitate, Montagen und das Spiel mit Maßstäben und Sprachebenen zu wichtigen Gestaltungsmitteln.

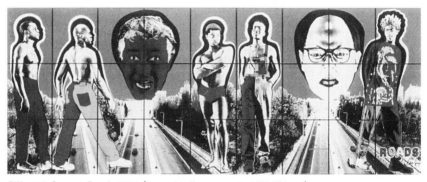

Gilbert & George, Roads 1991 (heute im Kunstmuseum, Wolfsburg)

Wie das aussehen kann, sieht man in den Arbeiten der englischen Künstler Gilbert und George. Sie begegnen der Idee der »reinen Form als vollendeter Selbstreflexivität« ironisch, indem sie sich selbst als »Human Sculptures«, als lebende Skulpturen, begreifen, die Alltägliches wie Rauchen, Spazierengehen oder Trinken zum Gegenstand ihrer Performances machen. Auch in ihren Bildern treten sie immer mit auf, so wie in *Roads* von 1991, das heute im Kunstmuseum Wolfsburg hängt. Das Szenario ist der Blick auf eine Autobahn, besser auf das Nebeneinander von parallelen Straßen hin zum Horizont. Dort erscheinen links und rechts die schreienden Gesichter der beiden Künstler – in Rot und Gelb.

58 Boris Groys, Über das Neue. Versuch einer Kulturökonomie. München/Wien 1992.

Der frontale Aufbau ähnelt der Gestaltung von Postern oder Kinoplakaten. Auch die Farben »schreien«: grelles Gelb vor einem schmutzig blauen Himmel, leuchtendes Rot und Grasgrün koloriert die Schwarz-Weiß-Fotografien von Menschen und Straßen. Unterwegs sind Jugendliche, wie Abziehbilder sind sie in die Landschaft montiert. Ihre Hautfarbe und ihre Kleidung kennzeichnet sie als Mitglieder einer bestimmten Kultur oder auch nur einer Gang oder Musikgruppe. Alle nehmen ganz unterschiedliche Haltungen ein und werden so als Persönlichkeiten gezeigt, die ihren Stil bewusst gewählt haben, Skater, Rapper, Hip-Hoper oder Poser. Sie sind nicht durch einen wirklichen Raum miteinander verbunden, sondern nur indirekt über die Straße. Jeder ist ganz bei sich in seiner »Welt«, gerahmt vom eigenen Schatten.

So sehen wir freie Skulpturen, alle zusammen eine Hommage an die Farbigkeit und Vielfältigkeit des »Urban Life«. Obwohl die Jugendlichen die volle Bildhöhe einnehmen, scheinen sie bedroht von den beiden Konterfeis am Horizont. Die Bedrohung nehmen jedoch nur wir wahr, die Jugendlichen scheinen sie nicht zu bemerken. Warum schreien Gilbert und George, was sehen sie? Schreien sie uns an? Sind sie in die Rolle zweier Vertreter politischer Systeme oder unterschiedlicher Kulturräume geschlüpft?

Man könnte das Bild mit einer Ikone der Moderne vergleichen, mit dem Schrei von Edvard Munch. Was beide Bilder gemeinsam haben, sind die erzählerischen Anteile. Sie schildern den modernen (Lebens-) Raum in seiner Dynamik, seinen Gefahren und seiner lebendigen Schönheit. Vergleichbar sind daher die dissonanten Farben, das Kippen von Innen- und Außenwelt und der Fokus auf vereinzelte Menschen. Was *Roads* (post-modern) unterscheidet, ist das Verfahren der Montage, der parallelperspektivische Aufbau, die Haltung der Figuren und das Zugleich von Lebensfreude und Bedrohung. Eine andere Möglichkeit, sich mit der modernen Formensprache offen und kritisch auseinander zu setzen, ist die Rückführung von Labels, Logos und zu Formeln geronnenen Bildmustern der Moderne, wie sie Eingang in unsere Alltagskultur gefunden haben,[59] in ästhetische Zusammenhänge.[60]

Zweite Moderne / Zeitgenössische Kunst

War die Post-Moderne vor allem eins: Kritik der ästhetischen Moderne, so wurde die von Heinrich Klotz so genannte »Zweite Moderne« vor allem ein Nachdenken darüber, wie es nach der Post-Moderne weitergehen könnte, ohne die Kunst selbst und ihren Anspruch an Erkenntnis der Welt aufzugeben.

Zugleich veränderte sich auch zunehmend die Terminologie. Man sprach nicht mehr von moderner oder postmoderner Kunst, sondern von »zeitgenössischer« Kunst. Lange Zeit bezeichnete »zeitgenössische Kunst« alles, was

---

59 Ausstellungskatalog Smax. Künstlerische Transformationen kommerzieller Bild- und Sprachmuster – eine deutsch-niederländische Ausstellung. Enschede/Münster 2002.
60 Zum Beispiel die Idee eines Aldi-Vorhangs, den der Künstler Andreas Exner 1999 in der David Pestorius Gallery auf dem Art Forum Berlin zeigte.

zur jeweiligen Zeit mit dem Anspruch auftrat, Kunst zu sein, während »moderne Kunst« jeweils die herausragende, innovative, neue Kunst war. Zeitgenössisch im positiven Sinne wird die Kunst aber erst dort, wo und indem »sie uns von unserem alltäglichen Leben erzählt«, also bewusstes Dokument der Zeitgenossenschaft wird. Und inzwischen gibt es sogar Museen für zeitgenössische Kunst bzw. Contemporary Art. Und gerade an ihnen zeigt sich, wie fließend ein Begriff wie »zeitgenössisch« ist: Je mehr Kunstwerke ein Teil dessen sind, was unser tägliches Leben ausmacht – also zeitgenössisch werden –, desto schwieriger wird es, nicht nur im Kontext des Museums, angemessen mit ihnen umzugehen.

Catherine Millet erläutert das in ihrem kleinen Buch über *Zeitgenössische Kunst* an verschiedenen Werken. Wenn z.B. in einem Werk von Nam Jum Paik nach einigen Jahren ein Fernseher ausfällt und er nicht zu reparieren ist, darf man ihn durch ein neuartiges = andersartiges = zeitgenössisches Modell ersetzen? Und wenn ein zeitgenössisches Kunstwerk von Duane Hanson restauriert werden muss, sollen dann die zeitgenössischen Utensilien aus der Zeit der Entstehung des Kunstwerks, also dem Jahr 1970, oder sollen zeitgenössische Utensilien aus der Zeit der Reparatur verwendet werden, welche die Zeitgenossenschaft des Kunstwerks wenn nicht zerstören, so doch verändern würden? Es geht um die im Kunstwerk inkorporierte Zeit, eben das, was ihre Zeit-Genossenschaft ausmacht.[61]

Im Gegensatz zur Moderne und zur Postmoderne sind im Durchgang durch sie die künstlerischen Materialien und Verfahren vielfältiger und die Fragestellungen komplexer geworden. Ideologiekritik und Reflexion der Moderne wie der Post-Moderne haben gleichermaßen Eingang in die Theorie der Kunst und Kultur gefunden.

Der Durchgang durch die Moderne hat gezeigt, dass alles Alltägliche zu Kunst werden kann (Kunst als *Ready-Made*). Immer dann, wenn wir etwas anders bezeichnen als bisher und damit freisetzen aus seinem bis dahin gültigen Verwendungszusammenhang, sind wir danach modern. Einige Theoretiker sprechen daher nicht vom Ende, sondern vom Fortleben der Moderne, eben einer »Zweiten Moderne« (H. Klotz) nach der Moderne. So haben die Medienkünste analog zur Avantgarde neue Paradigmen der Kunstrezeption hervorgebracht.

In jedem Fall kann man fragen, wie ein Dialog der Kunst mit der «globalen Moderne« aussehen könnte.[62] Offen ist dabei, ob sich damit auch die Geltungsansprüche der Moderne – ihr Begriff von Freiheit und Gerechtigkeit – relativieren oder ob sie sich vielleicht erneut und anders konturieren. Die Folgen, die die kulturelle Vernetzung über Fernsehen und Internet für den Kunstbegriff hat, sind zur Zeit ebenfalls nicht absehbar.

61 Vgl. C. Millet, Zeitgenössische Kunst. Bergisch-Gladbach 2001.
62 H. Belting, Die Moderne und kein Ende, in: H. Klotz (Hg.), Die Zweite Moderne. Eine Diagnose der Kunst der Gegenwart. München 1996.

Zeitgenössische Kunst wirft so in einer erweiterten Perspektive einen Blick auf andere Kulturen. Damit stellt sie die Frage, inwieweit die Kunst der westlichen Welt Einfluss auf die gesamte kulturelle Entwicklung nimmt oder nehmen sollte.

So ging es beispielsweise bei der *documenta 11* dem künstlerischen Leiter Okwui Enwezor vor allem darum zu zeigen, dass wir bei künstlerischen Entwicklungen immer ein Zugleich der Kulturen und ihrer Arbeit zu vergegenwärtigen haben. Enwezor begreift Kunst hierbei als eine besonders soziale Form der Verständigung oder auch als eine »kritische Brücke«, über die Menschen unterschiedlicher Kulturen und Gruppierungen miteinander ins Gespräch kommen können und sollen. Denn der Gedanke der Durchdringung und Überlappung der Kulturen ist zwar mit der Vernetzung kultureller Räume durch die modernen Medien gleichsam bereits Teil unserer alltäglichen Erfahrung geworden, er gewinnt aber in der künstlerisch verdichteten Auseinandersetzung mit Bildern und Dokumentationen unterschiedlicher Kulturräume eine reflexive Dimension: Es geht Enwezor nicht nur um unseren Blick auf das Fremde als Blick, der verfremdet, und als Blick, der kolonialisiert – thematisiert wird zugleich unser Blick als immer schon verfremdeter und kolonialisierter. Dieser Zirkel kennzeichnet die Wahrnehmung von Bildern generell.

III | *Kunst erschließen*

Vor dem Hintergrund der Bedeutung, die den Bildern im Allgemeinen und der bildenden Kunst im Besonderen im Leben des Einzelnen wie auch der Gesellschaft heute zukommt[1] und angesichts der Ausdifferenzierung der Künste und der Kunstwahrnehmung in der Neuzeit und der Moderne[2] gilt es nun, sich einzelnen Werken auszusetzen, sie wahrzunehmen, den von ihnen ausgelegten Spuren und Zeichen zu folgen. Dabei geht es in keinem Falle um »die« verbindliche Lesart eines Kunstwerks, die es – da Kunstwerke offene Kunstwerke sind – auch nicht geben kann. Vielmehr geht es darum, einem Kunstwerk zum einen Gerechtigkeit widerfahren zu lassen, zum anderen ihm jene Erkenntnisse zu »entlocken«, die der Kunst in der Moderne jenseits der bloßen Abbildlichkeit zugeschrieben werden.

Thematisiert wird zunächst das in der Moderne überaus komplex gewordene Verhältnis von Sinnlichkeit und Reflexion. Dieses Verhältnis ist bis in die Gegenwart umstritten. Ob Kunstwerke überhaupt sinnlich sein müssen, kann man auch (etwa mit dem Verweis auf konzeptuelle Kunst) bestreiten. Dennoch bleibt die Sinnengebundenheit eines der charakteristischsten Merkmale der Kunst jeder Zeit.

Zum Zweiten geht es um die ganz konkrete Wahrnehmung der Kunstwerke sowie um die »Leistungen«, die wir beim Einsatz nicht nur von zeitgenössischer Kunst im Unterricht erwarten und erhoffen können. Es geht aber auch um die »Fallen« und Missverständnisse, die mit diesen Erwartungen von Erkenntnis durch Kunst verbunden sind.

Dann folgen im dritten Schritt einige Hinweise darauf, wo die Auseinandersetzung mit bildender Kunst im Unterricht und an außerschulischen Lernorten stattfinden könnte und sollte. Gerade bildende Kunst erfordert durch ihre Sinnengebundenheit den Schritt über das reine Unterrichtsgeschehen hinaus.

Zum Vierten erfolgt schließlich eine Schritt-für-Schritt-Annäherung an Kunstwerke. Sie gibt Hinweise, wie man am besten beginnen sollte, worauf unbedingt geachtet werden muss, was jeweils leitende Gesichtspunkte der Erarbeitung von Kunstwerken sein könnten.

Abgeschlossen wird dieser Teil mit Merksätzen zum Einsatz von Kunstwerken im Unterricht, die noch einmal das zuvor Ausgeführte thesenartig bündeln.

---

1 Vgl. Kap. I dieses Buches (S. 17ff.).
2 Vgl. Kap II dieses Buches (S. 35ff.).

Sinnlichkeit und Reflexion

Kunstwerke zeichnen sich durch ein besonderes Verhältnis zur Sinnlichkeit aus. Sie sind einerseits nur durch die Sinne erfahrbar, andererseits werden wir uns durch die Kunst oft der Sinne erst bewusst. Die Künste zeigen, was es heißt, im Medium der Sinne Erfahrungen zu machen. Kunstwerke sind zugleich aber auch gebunden an Reflexion, man kann ganz allgemein die ästhetische Erfahrung als besondere Art der Denkarbeit bestimmen, die zugleich deren Grenzen erkennbar macht. Kunstwerke ermöglichen uns die zwanglose Verbindung von Sinnlichkeit und Reflexion.[3]

Wenn dabei an erster Stelle die Sinnlichkeit steht, so ist das keinesfalls selbstverständlich. Obwohl die Ästhetik als Theorie der Sinnlichkeit begründet wurde, ist sie dennoch rasch zu einer reflexiv dominierten Theorieform geworden. Für das Verständnis dessen, was in der Kunsterfahrung geschieht, ist die Sinnlichkeit das primäre, wenn auch ein sehr schwieriges Moment. Immer wieder gleitet unsere Wahrnehmung in abstrakte Sprache ab, immer wieder versuchen wir, das Medium des Bildes im Medium der Sprache zu erschließen. Alles in uns drängt auf eine begriffliche Analyse der Bildinhalte hin, wir möchten bereits Aussagen machen, unsere Identifikationen zu Gehör bringen, bevor die Wahrnehmung wirklich umfassend erfolgt ist.[4]

Unser sinnlicher Umgang mit dem Werk reduziert sich häufig bloß auf die Wahrnehmung seiner Oberflächengestalt. Und so verpassen wir die Gelegenheit, die Wahrnehmung der Kunst zu schärfen, den Schein als Schein zu erkennen, den Unterschied von Nichts und Etwas, von Form und Inhalt zu begreifen. Deshalb verfehlen wir nur allzu schnell, was uns das Bild als Kunstwerk zu sehen bietet: die konkrete Zuordnung von Licht und Schatten, die abgrenzende, Richtung setzende und Gestalt bildende Kraft der Linie, die Beziehungen und Wertigkeiten der Farben untereinander und ihre Stellung im Aufbau des Werkes, die Zuordnung von Teil und Ganzem, die Wechselbeziehung jedes Details zur Totalität des Werks.[5]

Wir machen uns zu selten bewusst, wie unzureichend und manipuliert unsere Farbwahrnehmung ist, wie wenig geschärft unsere Sinne für Farbrelationen sind. Wir wissen zu wenig, welche Bedeutung Farbharmonien, Farbkontraste oder Farbdissonanzen in der Bildgestaltung und der Bilderfahrung haben. Durch unsere Fixierung auf die plakativen Bilder des Alltags achten wir auch zu wenig auf die Linienführung eines Kunstwerks, das Spiel mit der Perspektive, die Verkürzung oder Dehnung von Gliedern, oder auch die vom Künstler bewusst kontrastierte Drei- und Zweidimensionalität der Gestaltungselemente.

---

3 Vgl. dazu Heinz Paetzold, Ästhetik der neueren Moderne: Sinnlichkeit und Reflexion in der konzeptionellen Kunst der Gegenwart. Stuttgart 1990.
4 Vgl. Oskar Bätschmann, Einführung in die kunstgeschichtliche Hermeneutik: Die Auslegung von Bildern. Darmstadt 1984.
5 Max J. Kobbert, Kunstpsychologie. Kunstwerk, Künstler und Betrachter. Darmstadt 1986, S. 129ff.

Die notwendig vorgeordnete Sinnlichkeit, der man anschließend nachdenken kann und muss, hat auch praktische Konsequenzen für den Unterricht. Sie verlangt, dass man sich der sinnlichen Erfahrung der Kunstwerke
direkt aussetzt, den sinnlichen Reizen, dem Klang, der Struktur, dem Material und seiner Durchformung nachgeht, statt sich mit einer Abbildung oder
einem Dia zu begnügen. Eine Abbildung oder ein Dia vermag Sinnlichkeit
nicht zu vermitteln, es bleibt sozusagen bei einem »Kunstsurrogatextrakt«,
das in der Regel mehr in die Irre führt, als für die Werkerfahrung hilfreich
ist. Deshalb werden wir nicht nur an dieser Stelle, sondern wiederholt in diesem Buch dazu auffordern, Kunstwerke nach Möglichkeit vor Ort aufzusuchen. Sonst begegnet man nicht Kunstwerken, sondern nur Bildern von
ihnen, und erschwert die sich an die konkrete Sinnlichkeit anschließenden
Reflexionsprozesse.[6] In diesem Sinne sind auch alle in diesem Band abgebildeten Kunstwerke lediglich als »Platzhalter« bzw. »Stellvertreter« zu verstehen. Die ausgewählten Bilder, Installationen und sonstigen Kunstwerke stehen als Chiffren, die bestimmte Unterrichtszugänge beispielhaft aufzeigen;
die konkrete Arbeit an der Thematik sollte man aber davon abhängig
machen, was vor Ort jeweils erfahrbar, verfügbar, sehbar ist. Das kann den
Gang ins Museum zu einem »ähnlichen« Bild ebenso einschließen wie die
Diskussion des nur vor Ort umstrittenen neuen Kirchenfensters (statt des
nicht mehr existenten *documenta*-Kunstwerks). Natürlich lässt sich im Ein-
zelfall auch mit den hier ausgesuchten Kunstwerken arbeiten. Im Internet
oder in Kunstbänden findet man farbige Kopien, die zwar natürlich nicht das
Original ersetzen, aber einen ersten Eindruck geben.

Durch die Thematisierung der sinnlichen Momente des Kunstwerks gerät
der Betrachter in einen nicht abschließbaren Reflexionsprozess. »Die Erfahrung erfährt einen Sinn und entbehrt zugleich jeder Möglichkeit, des Sinnes
jenseits der Erfahrung an ihm selbst habhaft zu werden.«[7] Diese Spannung
nötigt zu einem ständig wiederholten Spiel der Reflexion, um wenigstens
annäherungsweise der sinnlichen Totalität des Kunstwerks nahe zu kommen.
Bedacht werden sollte dabei, dass es einen »Sinn« im Sinne einer abschließend festzuhaltenden Bedeutung in ästhetischer Perspektive nicht geben
kann. Natürlich kann ein Kunstwerk etwas über Geschichte, Politik, Religion,
Ethik oder aber auch Landschaftspflege[8] aussagen, aber das sind dann
außerästhetische Aussagen, die über Bilder und nicht durch Kunst getroffen
werden.

6 Vgl. dazu Hans Dieter Huber, Die Mediatisierung der Kunsterfahrung, zugänglich im Internet
   http://www.hgb-leipzig.de/ARTNINE/huber/aufsaetze/mediatisierung.html.
7 Rüdiger Bubner, Ästhetische Erfahrung. Frankfurt/M. 1989.
8 Bernhard Buderath/Henry Makowski, Die Natur dem Menschen untertan. Ökologie im Spiegel der Landschaftsmalerei. München 1986.

So eröffnet sich gerade im Blick auf den Unterricht ein Problem, das man als den grundlegenden Widerstreit von Pädagogik und Ästhetik bezeichnen könnte. Pädagogen sind in der Regel, wenn sie Kunst im Unterricht einsetzen, einem bestimmten inhaltlichen Gehalt der Kunstwerke auf der Spur, sie möchten ihnen Bedeutungen, Sinn, Anregungen oder Informationen entnehmen, die sie als Stimulans, als Assoziationen anregendes Potenzial im Unterricht einsetzen wollen. Dabei müssen sie notwendig bestimmte ästhetische Aspekte vernachlässigen. Diese sollten aber, und das ist das Problem der bisherigen Praxis, *vor* der Analyse der inhaltlichen Momente zur Geltung gebracht werden.

Mit anderen Worten, die derzeitige Unterrichtspraxis ist dadurch bestimmt, dass die Suche nach Bildinhalten zu bestimmten vorgegebenen Themen und die Analyse der dabei gefundenen Werke kurzgeschlossen werden. Dabei kollidieren Zweckorientiertheit der Suche und Zwecklosigkeit des Kunstwerks. Man ist auf der Suche nach einem geeigneten Bild zum Thema Pfingsten oder Gewalt und (miss-)versteht die gefundenen Werke von Dalí oder Picasso dann als Darstellung des Themas.

Solange auf diese Weise die thematische Bindung der ästhetischen Erfahrung der Kunst vorgeordnet wird, kann man dem Widerstreit von Zweck und Zwecklosigkeit nicht entkommen, allenfalls kann man ihn ins Bewusstsein rufen und seine Folgelasten minimieren. Viel gewonnen wäre, wenn zunächst die primäre Funktion von Kunst – die ästhetische – zur Geltung gebracht würde, wenn also zuerst nach dem Kunstcharakter des in den Blick genommenen Werkes gefragt würde.

Erst in einem Schritt sekundärer Bezüglichkeit könnte dann das, was wir ästhetisch am Kunstwerk erfahren haben, auf andere Bereiche übertragen werden. Wer die Form der Kunstwerke vernachlässigen zu können meint und denkt, ihr Sinn ließe sich in der Auslegung und Deutung ihres Sujets ermitteln, verfehlt den Gehalt der Werke. Salopp formuliert: Die Bedeutung steckt nicht in den Dingen wie der Keks in einer Schachtel (Bazon Brock). Zu lernen wäre also im Blick auf die Praxis des Unterrichts, das Augenmerk verstärkt auf die Durchformung des Materials zu richten, auf die Konstruktion des Werkes selbst.

Kunst wahrnehmen

Kunstwerke wollen erst einmal als solche wahrgenommen werden, man könnte auch sagen: Sie wollen von den am Unterricht Beteiligten ernst genommen werden. Wer die Schulbücher der letzten zehn Jahre unter dem Aspekt der Berücksichtigung moderner Kunst betrachtet, kann feststellen, dass sich – verglichen mit den Jahrzehnten zuvor – das Erscheinungsbild deutlich gewandelt hat. Es hat sich viel Positives getan. Tatsächlich finden sich sowohl in den neueren Religionsbüchern wie in den Büchern zum Philosophie- und Ethik-Unterricht häufig ausgewählte Werke vor allem der Moderne, aber zunehmend auch der zeitgenössischen Kunst. Und angesichts ihrer zum Teil großformatigen Platzierung entsteht zumindest die Vermutung, dass die abgebildeten Werke nicht nur als simple Illustration oder als Verschönerung dienen sollen, sondern dass erwartet wird, dass sie in den konkreten Unterricht des Faches einbezogen werden.

Das Angebot in den Schulbüchern an sich sagt aber noch nichts über den konkreten Umgang mit den dort abgebildeten Werken aus. Im Unterrichtsvollzug dienen Kunstwerke, genauer: Abbildungen von Kunstwerken, immer noch in der Regel als Medium für den Unterrichtseinstieg, für eine Vertiefung eines bereits bearbeiteten Themas oder zur »Entspannung« nach einem anstrengenden theoretischen Text. Gegen eine derartige Verwendung ist dann wenig einzuwenden, sofern sie nicht der schnellen Vernutzung eines Bildes oder Objektes dient, sondern auch hier sorgfältig gearbeitet wird. Es sollte aber möglichst vermieden werden, dass Unterrichtende nur ein Bild etwa von Dalí zeigen und darauf warten, bis der erste Schüler »Pfingsten« sagt, um sich dann dem eigentlich geplanten Unterrichtsthema zuzuwenden. Das unterscheidet sich nicht vom oft kritisierten oberflächlichen Umgang Jugendlicher mit kulturellen Objekten. Es bedarf daher im Unterricht vor allem der geduldigen Begegnung mit dem Kunstwerk.

Und man sollte sich vorab darüber im Klaren sein, was man denn von der Kunst (also nicht nur von der Abbildung) im Unterricht erwartet und wozu man sie einsetzt. Ausgehend von dem bisher Dargestellten lassen sich die grundlegend für den Unterricht in Frage kommenden Möglichkeiten des Umgangs mit Kunstwerken so beschreiben: Zunächst und vor allem geht es um die sinnliche Wahrnehmung des Kunstwerks und dessen Reflexion. Dann geht es um die Reflexion des Wahrgenommenen in verschiedenen Perspektiven, seien diese religiöser, ethischer oder philosophischer Art.

Dabei gilt grundsätzlich: Gerade vor dem Kunstwerk müssen die Rezipienten aus ihrer Konsumentenrolle heraustreten, sie müssen aktiv werden, schöpferisch etwas leisten: In der ästhetischen Kommunikation erfahren sie »›die Wirklichkeit‹ als eine von (ihnen) abhängige Verfasstheit, als revidierbare und beeinflussbare Größe, deren Geschichtlichkeit die Veränderbarkeit von Wirklichkeit überhaupt ... zeigt (sie erfahren) die Bedingtheit jedes Sinns und jeder Bedeutung.«[9]

Ähnlich hat es der Literaturwissenschaftler Hans Robert Jauß formuliert:

Freisetzung durch ästhetische Erfahrung kann sich auf drei Ebenen vollziehen: für das produzierende Bewusstsein im Hervorbringen von Welt als seinem eigenen Werk, für das rezipierende Bewusstsein im Ergreifen der Möglichkeit, die Welt anders wahrzunehmen, und schließlich – damit öffnet sich die subjektive auf die intersubjektive

9 S. J. Schmidt, Ästhetische Prozesse. Beiträge zu einer Theorie der nichtmimetischen Kunst und Literatur. Köln/Berlin 1971, S. 64.

Erfahrung – in der Beipflichtung zu einem vom Werk geforderten Urteil oder in der Identifikation mit vorgezeichneten und weiterzubestimmenden Normen des Handelns.[10]

Diese Umgangsform als Lernform ist die Basis jeder Beschäftigung mit Kunstwerken im Unterricht, sie dient der Schulung der Wahrnehmung.

Kunstwerke als Schule der Wahrnehmung

Erst einmal gilt es also, Kunstwerke als solche überhaupt wahrzunehmen, die Augen zu öffnen für das Besondere der Kunst. Sich dem Prozess ästhetischer Erfahrung auszusetzen, d.h. auf alle ordnenden, vergleichenden, strukturierenden Urteile zu verzichten, gelingt nur schwer in einer Umgebung, in der alles auf automatische Urteile, schnelle Elementarisierung und Hierarchisierung der Informationen zugerichtet ist. Die Mehrzahl der gesellschaftlich verbreiteten verunsicherten, abwertenden Urteile über zeitgenössische Kunst sind Ausdruck der Unfähigkeit zur eigenen Wahrnehmung. Sie entstehen vor allem deshalb, weil sich aktuelle, autonome Kunst der sofortigen Einordnung sperrt. Reagiert wird darauf mit einem summarischen: »Das ist moderne Kunst – das verstehe ich nicht.« Im Gegensatz dazu gilt es, an Kunstwerken Wahrnehmung zu lernen, Einsicht zu gewinnen in die Sinnengebundenheit unserer Welterkenntnis, sinnlich wie reflexiv die Macht der Bilder zu erschließen.

Dabei gibt es nicht jeweils nur eine gültige Deutung eines Kunstwerks, vielmehr ergibt sich ein ganzes Feld von Bedeutungen je nach Zusammenhang, Rezipient und Standort. Kunstwerke erscheinen als »offene Kunstwerke.«[11] Sie leben von der Dialektik von Form und Offenheit. Grundsätzlich gilt nicht nur für die Werke der Kunst des 20. Jahrhunderts, dass sie auch von der ästhetischen Reflexionsleistung der Betrachter abhängig sind. Einerseits schaffen Künstler eine in sich geschlossene Form, eine ästhetische Totalität, von der sie möchten, dass sie so, wie sie sie produziert haben, auch verstanden und genossen wird. Andererseits bringen Rezipienten bei ihrem Umgang mit Kunstwerken eine konkrete existenzielle Situation mit, Sensibilität, Kennerschaft, Vorbildung, Geschmack, Neigungen, Vorurteile usw., sodass die ursprüngliche Form in einer individuellen Perspektive konkretisiert wird.

Was heißt das für den Unterricht? Es bedeutet zunächst und vor allem, die Schülerinnen und Schüler immer wieder zur Wahrnehmung des Kunstwerks anzuhalten. Wir sind so sehr von unserer Umwelt darauf gedrillt, Bilder als Illustrationen, als Zeichen, als Symbole – jedenfalls als Visualisierung von Text zu begreifen, dass wir auch bei Kunstwerken dazu neigen, sie als uneigentliche Aussage eines eigentlich Gemeinten zu lesen. Dagegen hilft zunächst vor allem eine Verlangsamung der Wahrnehmung, die gedul-

---

10 H. R. Jauß, Kleine Apologie der ästhetischen Erfahrung. Konstanz 1972, S. 13.
11 Umberto Eco, Das offene Kunstwerk, Frankfurt/M. 1977.

80

dige Frage danach, was man alles sieht bzw. besser: bisher übersehen hat. Es hilft, wenn man bewusst die Reduktion der Kunst auf Nachahmung, Ausdruck oder Erfindung zu vermeiden sucht und sich darauf besinnt, was Kunst als Kunst (im Unterschied zu einem Text, zu einem Zeitdokument oder zu einem bloßen Gegenstand) eigentlich ausmacht.[12]

Dazu verhelfen ganz einfache Übungen, z.B. zunächst einfach nur auf Farben und Farbkonstruktionen zu achten (und dabei keinesfalls gleich wieder die Farben als Symbole zu deuten).[13] Oder vor aller Deutung und Interpretation zunächst intensiv dem Aufbau und der Komposition eines Werkes nachzugehen – und das auch dann, wenn man sich nicht im Kunstunterricht, sondern eben im Ethik- oder Religionsunterricht befindet. Natürlich gilt es auch, Einsicht in die Zeitgebundenheit von Kunstwerken, in ihren spezifischen Zeitkern zu nehmen. Das sollte aber erst der zweite Schritt sein.

Kunstwerke als Erkenntnis der Welt

Der Zeitkern der Kunst ist zunächst und vor allem ein impliziter, erst nachträglich zu rekonstruierender. Nur in den seltensten Fällen sind wir uns der Gegenwart in einem umfassenden Sinne bewusst – Künstler bilden da keine Ausnahme. Zwar hat die Genie-Ästhetik des 18. Jahrhunderts den Künstlern als Propheten ihrer Zeit viel zugetraut und immer noch geistert die Rede von den Künstlern als den besonders sensiblen Zeitdiagnostikern durch die Feuilletons der Zeitschriften, aber daran ist wenig Handfestes. Empirisch gesehen, dürften sich Künstler ebenso häufig über die gesellschaftlichen Entwicklungen täuschen wie andere Berufsgruppen. Dennoch gibt es einen Wahrheitswert der Rede von der Kunst als einer besonderen Erkenntnisform. Neben den explizit sich als zeitdiagnostisch verstehenden Kunstwerken enthalten alle Kunstwerke Sedimente aktueller Zeitgeschichte. Beides kann im Unterricht thematisiert werden.

Nicht wenige Kunstwerke machen direkte Aussagen über die Gesellschaft, über ihren Zustand, drohende Entwicklungen oder als negativ empfundene Ereignisse. Klassische Beispiele sind etwa Goya y Lucientes Bild *Die Erschießung der Aufständischen* am 3. Mai 1808 oder Pablo Picassos Werk *Guernica*.[14] Im späten 20. Jahrhundert sind es vor allem Joseph Beuys und seine Schüler, die Kunst im Sinne der sozialen Plastik interpretieren[15]. Bis in

---

12 Vgl. dazu den Abschnitt *Abstraktion und Natur*, in diesem Buch S. 145.

13 Vgl. dazu den thematischen Pfad *Die Wieder-Entdeckung der Farbe*, in diesem Buch, S. 127.

14 Bezüglich *Guernica* wird die Anekdote kolportiert, dass während der deutschen Besatzung ein Offizier der Wehrmacht Pablo Picasso in seinem Pariser Atelier aufsuchte und auf eine Postkarte mit dem Kunstwerk deutete und sagte: Das haben Sie gemacht? Picasso antwortet: Nein, Sie! Offensichtlich hat Picasso sein Werk als Spiegel des Geschehens begriffen.

15 »Vor allem Joseph Beuys untermauerte den Anspruch der Kunst, das menschliche Bewusstsein durch Kreativität und aktives Handeln zu stimulieren. Gemäß seiner Theorie des *erweiterten Kunstbegriffs* wirken seine Arbeiten unmittelbar auf Körper, Denken und Empfinden ein, dehnen sich als *soziale Plastik* sogar auf die gesamte Gesellschaft aus. Materialien

die Diskussionen des deutschen Bundestages brachte es Hans Haacke mit seinem Erdkunstwerk *Der Bevölkerung* im Deutschen Reichstag, die in bewusster Abkehr von der Reichstagsinschrift »Dem deutschen Volke« die gesamte Bevölkerung in die künstlerische und gesellschaftliche Reflexion einbezieht.

Noch unmittelbarer agiert etwa Klaus Staeck, der mit seinen Werken direkt in politische Prozesse eingreift. Aber auch darüber hinaus gibt es, das wurde insbesondere auf der *documenta* 11 deutlich, weltweit eine Fülle von Künstlern, die mit ihren Werken konkret zu gesellschaftlichen Prozessen Stellung nehmen und sie auch verändern wollen.[16] Kunst, die Erkenntnis vermitteln will, kann entsprechend der eigenen Intentionen direkt im Unterricht aufgegriffen und thematisiert werden.

Zwei Umstände sollten mit reflektiert werden: Zum einen wird das, was zunächst tatsächlich als eine direkte künstlerische Intervention wahrgenommen wird, mit seiner Etablierung und Durchsetzung nur noch zu einem künstlerischen Beispiel einer Intervention, das irgendwann seinen Platz im Museum finden wird. Zum anderen müssen gerade auch engagierte Kunstwerke auf ihren Kunstcharakter befragt werden: Was unterscheidet sie von etwa einem Dokumentarfilm, von einem engagierten Internetspiel oder sozialpolitischer Arbeit?

Neben den engagierten Kunstwerken gibt es die Mehrzahl jener Werke, die eher indirekt gesellschaftliche, soziale und politische Erkenntnisse vermitteln. So können *alle* Kunstwerke danach befragt werden, wie sich in ihnen die gesellschaftliche Entwicklung spiegelt, welche Auskunft sie auf Fragen der Zeit geben oder wie sie auf Veränderungen der menschlichen Kommunikation reagieren. Alle Kunstwerke sind direkt oder indirekt ein Indikator der Hoffnungen und Ängste, der Utopien und Leiden der Menschen – das gilt selbst noch für die abstrakteste Kunst, vielleicht sogar gerade für sie. So reagiert u.a. die informelle Malerei auf das Zerbrechen der Welt in den beiden Weltkriegen, die Pop-Art auf die Standardisierung der Sehgewohnheiten durch die Massenmedien und die neue deutsche wilde Malerei auf die mangelnde Auseinandersetzung mit der deutschen Vergangenheit. In der Interpretation lassen sich die sozialen Gehalte der Kunstwerke erarbeiten. Diese Umgangsform mit Kunstwerken dient der Erkenntnis der Welt.

---

wie Fett, Filz, Messing oder Gummi verstand er folgerichtig nicht als formale Elemente, sondern als Träger bestimmter Eigenschaften und Energien wie Wärme, Kälte, Ausdehnung. Kunst und Leben werden als Einheit vorausgesetzt.« Brockhaus, Art. Skulptur der Moderne, München 2002.

16 Exemplarisch sei etwa die Internet-Arbeit *Ausgleichende Gerechtigkeit* von Andreja Kuluncic auf der *documenta* 11 genannt. Wie der Titel schon andeutet, geht es um die weltweite Gerechtigkeit, um Gerechtigkeitsvorstellungen und -theorien, um die Meinung, die der Einzelne in diesen existenziellen Fragen hat. Da diese künstlerische Arbeit vermutlich noch länger im Netz stehen bleiben wird und sie für den Ethik-, Religions- wie Philosophieunterricht relevant ist, sei an dieser Stelle für die Bearbeitung im Unterricht ausdrücklich auf sie verwiesen. Sie ist direkt unter der Internetadresse http://www.distributive-justice.com abzurufen.

Kunstwerke lehren uns so nicht nur die Reflexion der sinnlichen Form, sie enthalten Indizes der Zeitgeschichte. Zwar verlieren im Verlauf der Kunstgeschichte die außerästhetischen Bedeutungen an Relevanz und die ästhetische Funktion tritt in den Vordergrund, aber die Wirklichkeit wird nicht verdrängt. Auch wenn sich das autonome Werk nicht auf eine bestimmte Realität bezieht, ist es doch in den Gesamtkontext der Gesellschaft, also Philosophie, Politik, Religion, Wirtschaft usw. einbezogen, freilich nicht so, dass es umstandslos als unmittelbares Zeugnis oder als passiver Reflex verstanden werden könnte. Dennoch lassen sich Kunstwerke unter dem Aspekt betrachten, was sie uns von der Welt vermitteln, welche sozialen Gehalte, welche Informationen sie von den Menschen, von der Gesellschaft, von der Umwelt enthalten. Wahrgenommen würde so zwar nicht das Kunsthafte des Kunstwerks, aber doch sein spezifischer Zeitkern.

Nehmen wir ein Beispiel: Über lange Zeit war das Schaffen von Kunstwerken wie Kreativität überhaupt mit dem Stichwort *Originalität* untrennbar verknüpft. Ein Künstler musste etwas Neues, bisher nie Gesehenes schaffen. Das gehörte zum Credo der Moderne.

Mike Bidlo, Atelierfoto

In diesem Sinne sind auf dem abgebildeten Foto lauter Innovationen wahrzunehmen. Man erkennt die originalen Handschriften von Man Ray (1890–1976), Marcel Duchamp (1887–1968), Giorgio De Chirico (1888–1978), Fernand Léger (1881–1955), Pablo Picasso (1881–1973), Henri Matisse (1869– 1954), Roy Lichtenstein (1923–1997) und Andy Warhol (1928–1987) – also lauter Ikonen der Moderne, die sich »Neuheit« auf die Fahnen geschrieben hatte.

Tatsächlich ist jedoch keines der abgebildeten Kunstwerke ein Matisse, ein Duchamp, ein De Chirico, ein Léger, ein Lichtenstein, ein Man Ray, ein Picasso oder ein Warhol – es sind auch keine bloßen Kopien, vielmehr steht jeweils bei den Titeln der Kunstwerke ein kleines verneinendes Wort: not Léger, not Duchamp ... Mike Bidlo reagiert so mit der Kunstform des *Iteritavismus* auf das Fraglichwerden der Kategorie des Neuen und der Moderne.

Wenn alles schon gesagt, alles schon gemalt, alles schon hinterfragt ist, bleibt nur noch das bewusste Zitat übrig, das sich selbst als solches kenntlich macht.[17] Zu einem bestimmten Zeitpunkt am Ende des 20. Jahrhunderts wurde den künstlerischen Avantgarden (auch im Bereich der Literatur und der Musik) klar, dass sich »Innovation«, »Neuheit« oder »Moderne« als Beurteilungskriterien erschöpft hatten, und sie machten dies zum Thema ihrer künstlerischen Arbeiten.[18] Gleichzeitig ist dies aber auch ein diagnostisches Zeichen für die gesamte Gesellschaft, das der Philosoph Jean-François Lyotard als Fraglichwerden aller übergreifenden Erzählungen gedeutet hat.

Noch in einem anderen Sinne sind natürlich Kunstwerke auch Sedimente ihrer Zeit, nämlich insoweit sie für ihr Zustandekommen auf Material ihrer Zeit zugreifen müssen. Eine Videokunst-Arbeit des Jahres 1980 ist eben zu Beginn des 21. Jahrhunderts keine revolutionäre Entdeckung eines Medienbereiches für die Kunst mehr, sondern Dokument der Zeitgeschichte der 70er- und 80er-Jahre. In diesem Sinne kann etwa die *documenta* 6 unter Manfred Schneckenburger, die den Medien Fotografie, Video und Film einen Kunststatus einräumte, heute als zeitgeschichtliches Dokument wahrgenommen und analysiert werden.

Kunstwerke als ethische/philosophische/ religiöse Erkenntnis

Die gerade beschriebenen Erkenntnisformen anhand von Kunst (also als direkte Aussage und als indirekte Erschließung) lassen sich nun auch im Blick auf spezifischere Fragestellungen konkretisieren, also etwa im Blick auf die Frage nach Religion, Ethik/Moral oder nach aktuellen philosophischen Problemen.

Dazu gehört zum Beispiel die Annäherung an solche Kunstwerke, in denen Themen, Fragestellungen und Motive der Bibel, der christlichen Geschichte oder der kirchlichen und religiösen Gegenwart vermittelt sind. Denn auch wenn der Anteil der religiösen Motive drastisch gesunken ist, so sind sie doch nicht verschwunden. Neben dem Fortleben bestimmter äußerer Formen, wie z.B. dem Triptychon, gibt es religiöse Sujets, die so tief ins Alltagsleben eingedrungen sind, dass sie immer wieder auch in der Kunst auftauchen: Abstrakte Symbole wie das Kreuz gehören dazu, aber auch Christusbilder, Kreuzigungen, Engel, sogar höchst konkrete Anspielungen wie z.B. auf das Veronika-Tuch. Die Frage lautet: Was bedeutet es, wenn Kunst *von*

---

17 Ähnliches hat Umberto Eco im Blick auf die Liebeserklärung gesagt: Nachdem alles gesagt ist, bleibt nur das Liebes-Zitat übrig: »Keiner der beiden Gesprächspartner braucht sich naiv zu fühlen, beide akzeptieren die Herausforderung der Vergangenheit, des längst schon Gesagten, das man nicht einfach wegwischen kann, beide spielen bewusst und mit Vergnügen das Spiel der Ironie ... aber beiden ist es gelungen, noch einmal von Liebe zu reden. Ironie, metasprachliches Spiel, Maskerade hoch zwei«. Umberto Eco, Nachschrift zum *Namen der Rose*. München 1986, S. 79.

18 Vgl. dazu auch den Abschnitt *Post-Moderne*, in diesem Buch S. 70f.

sich aus religiöse Themen aufgreift? Wie verarbeitet sie ursprünglich an den religiösen Diskurs geknüpftes Material? Welchen Aufschluss erhalten wir so über die institutionalisierte Religion? Diese Umgangsform mit Kunstwerken dient der religiösen Introspektion.[19] Nicht zuletzt religiöse Themenausstellungen mit zeitgenössischer Kunst fokussieren den Blick auf derartige Kunstwerke.[20] Auch an einigen Arbeiten etwa von Joseph Beuys lassen sich zum Thema Kunst und Religion interessante Beobachtungen machen.[21]Die Rückkehr des Heiligen in der Kunst, wie sie etwa beim tschechischen Künstler Jan Knap zu beobachten ist, lebt häufig genug jedoch von einem gewissen Exotismus, der dann in der Kunstszene goutiert wird.[22] *Nicht* in diesen Bereich gehört die typische kirchliche Gebrauchskunst, die mit der Kunst der Gegenwart so gut wie nichts zu tun hat. Sie dient auch keiner religiösen Erkenntnis.

Verwandt mit jenen Kunstwerken, die auch heutzutage noch explizit religiöse Zeichen aufnehmen, sind jene Werke, die grundlegende religiöse bzw. spirituelle Dimensionen aufweisen. In der Regel werden hier Kunstwerke von Marc Rothko, Barnett Newman, Jannis Kounellis oder auch Videoarbeiten von Bill Viola genannt. Tatsächlich haben viele Werke dieser Künstler eine besondere Intensität und eröffnen bestimmte Fragehorizonte. Dennoch ist ihre Einordnung in den spirituellen Kontext stark deutungsabhängig. Man muss sich fragen (lassen), ob tatsächlich bestimmte Materialien für Spiritualität stehen. So schrieb der Kunstkritiker Peter Funken zu einer entsprechenden Zusammenstellung von Kunstwerken:

Erklärtes Ziel der Ausstellung war es, den Spuren des Transzendenten in der Kunst unserer Zeit nachzugehen. Hätte man dies nicht gewusst, so wäre man nicht darauf gekommen ... Die Zeichen, die ein Kunstwerk aufweisen muss, um in [der Ausstellung] einen Platz zu finden, (sind) folgendermaßen zu charakterisieren: Das Werk muss am besten die Form des Kreuzes oder der Stele besitzen oder im Titel darauf anspielen; möglichst mit Goldfarbe bemalt sein, um ein Erhabenes und lichte Transparenz zu benennen, viele dunkle und schwarze Farben besitzen, um symbolisch Schmerz, Leid und Trauer zu bezeichnen; auf Sackleinen gemalt oder mit armen Materialien hergestellt sein oder in Farbe und Form stilisiert und abstrahiert sein, damit es zur Meditation anregt. Wenn mehrere dieser Kriterien erfüllt sind, bestehen relativ gute Aussichten, ein Künstler des Transzendenten zu werden.[23]

19 Allerdings muss nicht jedes religiöse Zeichen gleich auch eine religiöse Bedeutung haben. Oft dient es nur der Strukturierung des Kunstwerks, ähnlich wie es Erich Franz als typisch für die frühe Kunst des 20. Jahrhunderts beschreibt: »Man sah ... im Bild nicht mehr Menschen, Landschaften, Dinge, gebildet mit Farben, Flächen und Linien, sondern man sah: Farben, Flächen und Linien, anhand von Menschen, Landschaften und Dingen in der Fläche organisiert.« Erich Franz, Das offene Bild (Katalog). Stuttgart 1992, S. 11.

20 Vgl. etwa die Themenausstellungen des Instituts für Kirchenbau und kirchliche Kunst der Gegenwart zu den Themen *Abendmahl, Ecce homo* oder *Die andere Eva*.

21 Vgl. dazu das Interview von Horst Schwebel mit Joseph Beuys in: Glaubwürdig. Fünf Gespräche über heutige Kunst und Religion. München 1979. Online abrufbar unter http://www.kirchenbau.info/onlinetexte/beuys.htm.

22 Vgl. dazu Andreas Mertin, Schön, heilig, schrecklich? Marginalien zur Gegenwartskunst, in: Schwebel/Mertin (Hg.), Bilder und ihre Macht. Stuttgart 1989. S.32–15. Online abrufbar unter http://www.amertin.de/aufsatz/heilig.htm.

23 P. Funken, »GegenwartEwigkeit«, Kunstforum 108, Juni/Juli 1990, S. 292-294.

Deutlich wird daran weniger die Problematik derartiger Zuschreibungen, sondern eher, dass man sorgfältig und verantwortet über diese Art von Zuschreibungen nachdenken muss.

Jedes Kunstwerk kann schließlich einem religiösen Deutungsprozess unterzogen werden, jedes Kunstwerk kann daraufhin befragt werden, was es in religiöser Perspektive zu »sagen« hat. Das ist dann aber keine objektive Aussage, sondern eine subjektive Wahrnehmung. So wird das Kunstwerk eben nicht ästhetisch, sondern religiös erfahren, es wird zu einem religiösen Deutungsobjekt. Ebenso wie man ein Altarbild ästhetisch erfahren kann, kann man ein säkulares Kunstobjekt auch religiös erfahren.

Verwandt mit der gerade skizzierten Problemstellung ist die Zuordnung von Kunstwerken im Blick auf das Thema Ethik bzw. deren Nutzung für philosophische Erkenntnisse. Während der Emanzipationsprozess der Künste von der Religion historisch im 19. Jahrhundert vollzogen wurde, lässt sich das für das Verhältnis zur Philosophie und zur Ethik nicht so sagen. Unbestreitbar ist Ethik ein ständiger Bezugspunkt der Kunst, insofern sie philosophiehistorisch als das »ganz Andere« der Kunst bzw. des Ästhetischen vorgestellt wurde.[24] Unter dem Stichwort »Ästhetizismus» bzw. »L'art pour l'art«[25] ist der Amoralismus der Kunst seit Baudelaire immer wieder Thema erregter Auseinandersetzungen gewesen.

Das gilt etwa für Wolfgang Flatz, auf den schon hingewiesen wurde (vgl. S. 67, Anm. 51). Beim Konzeptkünstler Joseph Kosuth geht es eher um erkenntnistheoretische Fragen, wenn er etwa bei seiner Arbeit *One and three Chairs* einen Stuhl, das Bild eines Stuhls und den Lexikonartikel »Stuhl« nebeneinander stellt und so nach dem Verhältnis von

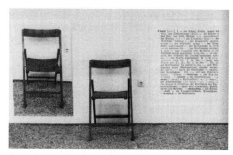

Joseph Kosuth, One and three Chairs

Zeichen und Wirklichkeit fragt. Grundsätzlich gilt für *alle* Kunstobjekte, dass sie auch einer philosophischen Deutung unterzogen werden können.

24 Vgl. etwa in Auseinandersetzung mit Kierkegaard und Levinas: Henning Luther, Subjektwerdung zwischen Schwere und Leichtigkeit – (auch) eine ästhetische Aufgabe?, in: Neuhaus/Mertin (Hg.), Wie in einem Spiegel ... Begegnungen von Kunst, Religion, Theologie und Ästhetik. Frankfurt 1999, S. 33–53.

25 Der Brockhaus notiert zum Stichwort »L'art pour l'art«: »Der französische Philosoph und Politiker Victor Cousin (1792–1867) ist der Urheber dieses französischen Schlagwortes (wörtlich übersetzt die *Kunst für die Kunst*), das immer umstritten blieb. In einer seiner ... Vorlesungen verkündete Cousin, dass ebenso wie die Religion für die Religion, die Moral für die Moral, so auch die Kunst nur für die Kunst da sei. Aus dieser Ansicht entwickelte sich eine Kunsttheorie, ... nach der die Kunst nur Selbstzweck sei, abgelöst von allen ihr fremden Zielen, und dass künstlerische Wirkung nur der ästhetischen Gestaltung zuzuschreiben sei.«

Kunst begegnen

Soll das bisher Ausgeführte Gültigkeit haben, dann folgt daraus, dass die Kunstwerke, die im Unterricht eingesetzt werden sollen, primär nicht dort zu finden oder aufzusuchen sind, wo sie bisher gesucht und präsentiert wurden: in den vorbereiteten Dia-Serien zum Unterricht, den beliebten Farbholzschnitten oder den Illustrationen aus den Schulbüchern. Sie alle bieten nur eines: sekundäres Material. Anders als bei der Literatur oder der Musik ist bei der Kunst die medial vermittelte Wahrnehmung meistens der Regelfall. Der Rekurs auf die Bildmappen und Diaserien verzerrt jedoch die Wahrnehmung, er lässt nicht nur die aktuelle Kunstwelt, sondern die Welt selbst aus dem Blick geraten.

Ein Beispiel, das sich der Einfachheit halber ausschließlich auf die Größenverhältnisse bezieht, soll das Problem verdeutlichen. In der ansonsten hervorragend und vorbildlich mit moderner Kunst ausgestatteten Bibel für junge Leute, *Die Nacht leuchtet wie der Tag*,[26] findet man ein Kunstwerk von Paul Klee mit dem Titel *Schwarzer Fürst*. Abgebildet ist es in einer Größe von 18,7x16,3 cm. In welcher Relation das zum Original von Paul Klee steht, erfährt der Leser der Bibel nicht – auch nicht im Anhang. Die reale Größe beträgt aber 33x29 cm, das Abbildungsverhältnis ist demnach ungefähr 1:1,8. Das kann man sich in etwa vorstellen: Das Bild in der Bibel ist halb so groß wie das Original.

Auf anderen Seiten der Bibel findet man den Bildzyklus *Blau Im Blau II* und *Blau III* von Joan Miró. Abgebildet sind die Arbeiten jeweils in einer Größe von 12,3x16,3 cm. Die Bilder erscheinen plan, ihre wirkliche Größe ist kaum abschätzbar. Tatsächlich beträgt ihre Größe aber jeweils für ein Kunstwerk beträchtliche 270x355 cm. Das Abbildungsverhältnis ist also immerhin 1:22, was man sich kaum noch vorstellen kann.

Abb. Original Klee — Original Miró
Größenverhältnisse

Während also in der Bibel die Abbildungen gleich groß sind, sind sie in der Realität unvergleichbar (siehe Skizze). Für die Erfahrung mit dem jeweiligen Werk dürfte das nicht gleichgültig sein. Die Arbeit von Miró erfordert eine völlig andere Umgangsform als die Arbeit von Paul Klee.

Aus diesem Grund plädieren wir für den möglichst unmittelbaren und direkten Umgang mit Kunst. Nichts ersetzt die sinnliche

---

26 Hans Heller/Hans Biesenbach (Hg.), Die Nacht leuchtet wie der Tag. Bibel für junge Leute. Frankfurt/M. 1993.

Wahrnehmung des konkreten Werks. Natürlich wird es in den seltensten Fällen möglich sein, Kunstwerke direkt im Unterricht zu zeigen. Man muss sich schon ab und an aus dem Unterricht heraus bewegen um Kunst zu begegnen. Sieht man einmal von den Überlegungen zum Fach Kunst selbst ab, so kommen in der pädagogischen und didaktischen Diskussion zu außerschulischen Lernorten Museen, Ausstellungen und Galerien bisher fast überhaupt noch nicht vor. Das aber ist eine verpasste Chance. Der Theologe Albrecht Grözinger, der ein grundlegendes Buch über die Bedeutung der Ästhetik für die Theologie geschrieben hat, meint: »Ich kann mir nicht vorstellen, dass man Theologie treiben kann, ohne regelmäßig Literatur zu lesen oder die Tendenzen der Bildenden Kunst zur Kenntnis zu nehmen«.[27] Genau darum geht es weit über den Unterricht im Fach Religion oder Ethik hinaus.

Wenn Kunstwerke eine Bedeutung haben sollen, wenn sie als Ausdruck unverstellter wie vermittelter Erfahrung verstanden und aufgegriffen werden sollen, dann müssen Kunstwerke auch im Blick auf den Unterricht der Fächer Religion, Philosophie oder Ethik dort gesucht und gefunden werden, wo sie im Alltag situiert sind: im öffentlichen Raum, im Museum, in der Ausstellung, in der Galerie, auf Kunstmessen oder im Künstleratelier.

Zum anderen darf das Erkenntnisinteresse für den Unterricht nicht den Zugang zur Kunst verstellen, der Ertrag für den konkreten Unterricht geschieht nahezu beiläufig. Die Ernte guter, ästhetisch qualitätsvoller, interessanter provozierender Bilder will eingebracht sein, bevor man sich der Frage ihrer konkreten Verwendbarkeit stellt.

Diese Reihenfolge – ästhetische Erfahrung vor medialem Einsatz – ist keine beliebige, es ist die Frage von »Alles oder Nichts«. Zwar ließe sich argumentieren, es mache doch im Blick auf das konkrete Kunstwerk nichts aus, wie es gefunden wurde, Hauptsache man gehe im Unterricht angemessen mit ihm um, aber diese Ansicht ist trügerisch. Tatsächlich vermeidet man so alle Herausforderungen, die in der (bleibenden) Fremdheit der Kunst liegen, und stößt nur auf Vertrautes.

Kunst als Gast: ein Orientierungsmodell

Der Literaturwissenschaftler George Steiner hat in seinem Buch *Von realer Gegenwart* von der *cortesia*, der Höflichkeit, dem (Herzens-) Takt gegenüber dem Kunstwerk gesprochen und in ihr den höchsten Akt der Begegnung menschlicher Freiheit gesehen:

Wo Freiheiten einander begegnen, wo die integrale Freiheit der Schenkung oder Verweigerung des Kunstwerkes auf unsere eigene Freiheit der Rezeption oder der Verweigerung trifft, ist *cortesia*, ist das, was ich Herzenstakt genannt habe, von Essenz. Die numinosen Andeutungen, die in zahllosen Kulturen und Gesellschaften die Gastfreundschaft mit religiösem Empfinden aufladen, die Intuition, dass die wahre Auf-

---

27 Albrecht Grözinger, Praktische Theologie und Ästhetik. Ein Beitrag zur Grundlegung der Praktischen Theologie. München 1987.

nahme eines Gastes, eines bekannten Fremden am Ort unseres Daseins an transzendentale Verpflichtungen und Möglichkeiten rührt, hilft uns, das Erleben geschaffener Form zu verstehen ... Von Angesicht zu Angesicht im Gegenüber zur Gegenwart gebotener Bedeutung, die wir einen Text nennen (oder ein Gemälde oder eine Symphonie), streben wir danach, seine Sprache zu hören. Wie wir auch die des auserwählten Fremden hören wollen, der zu uns kommt. ... Es gibt Werke der Literatur, der Kunst, der Musik, die verschlossen bleiben oder selbst der entgegenkommendsten Wahrnehmung nur oberflächlich zugänglich sind. Kurz, im Impuls zu Rezeption und Aufnahme verkörpert sich ein anfänglicher fundamentaler Akt des Vertrauens. Er birgt das Risiko von Enttäuschung oder noch Schlimmerem in sich. Wie wir bemerken werden, könnte der Gast despotisch oder gehässig werden. Doch ohne das Wagnis der Bewillkommnung lässt sich keine Tür öffnen, wenn die Freiheit anklopft.[28]

Zeitgenössische bildende Kunst als *Gast* im Unterricht – das ist das Orientierungsmodell, das wir den Unterrichtenden der Fächer Religion, Ethik oder Philosophie gern nahe legen würden. Und so wie George Steiner es beschreibt, ist diese Umgangsform ja selbst schon ein unmittelbar inhaltliches Moment der genannten Unterrichtsfächer: Es geht um den einzuübenden Umgang mit dem Unbekannten und dem Fremden, um das Lernen des Vertrautmachens und Vertrautwerdens. Was er hier vorschlägt, ist, das Kunstwerk wie einen unbekannten Gast, einen Fremden zu empfangen und willkommen zu heißen, ihn im vorsichtigen Gespräch zu fragen, wo er herkommt, wohin er möchte und welche Geschichten er zu erzählen hat.

Mit Kunst unterrichten

Welche Konsequenzen hat all das nun im Blick auf den konkreten Unterricht? Zunächst einmal ist deutlich, dass der Unterrichtende die allgemeinen Voraussetzungen dafür herstellen muss, dass die Kunstwerke auch angemessen wahrgenommen werden können. Das betrifft nicht nur Dinge wie die Abbildungsqualität eines Fotos oder Dias, sondern im Wesentlichen auch das Wissen um die elementaren Daten eines Kunstwerks. Also sollten vor jeder Annäherung grundlegende Informationen über den Künstler, die Größe des Bildes, die Art der Technik, das Jahr der Entstehung etc. zusammengesucht und bereit gestellt werden. Diese Informationen müssen den Schülerinnen und Schüler nicht notwendig vor der ersten Wahrnehmung eines Bildes vermittelt werden, aber sie müssen in die Erschließung eines Kunstwerks einfließen.

Die Fragen: »Kommen die Kunstwerke als solche zu ihrem Recht oder nutze ich sie nur als Bilder?« und »Wie kann ich die Eigenbedeutung der Kunstwerke erarbeiten und wahren?« sollte man sich jedenfalls immer wieder stellen.[29]

---

28 George Steiner, Von realer Gegenwart: Hat unser Sprechen Inhalt? München 1990, S. 206f.
29 Natürlich kann man Kunstwerke weiterhin als Bilder einsetzen, nur sollte man das dann nicht unter dem Etikett der Beschäftigung mit Kunst tun.

Die Arten des Einsatzes von Kunstwerken im Unterricht außerhalb des Faches Kunst sind vielfältig und sollten nicht auf die Erschließung eines vorgegebenen Stichwortes beschränkt werden.[30] Im praktischen Teil dieses Buches werden dazu einige Anregungen in ganz unterschiedliche Richtungen und Perspektiven gegeben. Die folgenden Überlegungen dienen zunächst der Systematisierung der Annäherung an ein einzelnes Werk.

Die konkrete Begegnung mit Kunstwerken im Unterricht könnte in Anlehnung an die von Günter Lange ausgearbeiteten und inzwischen im Unterricht sehr bewährten »fünf Stufen der Annäherung«[31] die folgenden Elemente enthalten, die aufeinander aufbauen, ohne dass jedoch eine exakte Reihenfolge festlegbar wäre.

Erste Wahrnehmung

Der erste Schritt wird in der Regel der Versuch einer möglichst genauen Wahrnehmung des Bildes bzw. eines Kunstobjektes sein. Der Blick sollte noch nicht interessegelenkt sein, er muss offen bleiben für alle auch unkonventionellen Reaktionen (bis hin zur vollständigen Ablehnung des Bildes – aber auch die kann natürlich erst nach der sorgfältigen Wahrnehmung geschehen).[32] Andererseits sehen wir nur, was wir wissen. Wir sind auf wiederkennendes Sehen hin sozusagen »programmiert«. Das erschwert Kunstwahrnehmung, die sich oft gerade an Differenzen und Besonderheiten festmacht. Wenn unser Blick aber funktionalistisch auf Bild*inhalte* (= das Wieder-Erkennbare) fixiert bleibt, sehen wir oftmals die eigentliche künstlerische Arbeit gar nicht oder doch nur sehr verzerrt.[33]

Man geht zunächst sozusagen im Bild bzw. Kunstobjekt »spazieren«. Dazu reflektiert man den eigenen Blick, man achtet darauf, was einem auffällt, notiert für sich, was später noch einer näheren Klärung bedarf, merkt sich die spontanen Reaktionen von Lust und Unlust auf das gesamte Werk

---

30 Vgl. Gunter Otto/Maria Otto, Auslegen. Ästhetische Erziehung als Praxis des Auslegens in Bildern und des Auslegens von Bildern. Seelze 1988. Gunter und Maria Otto haben eine Fülle von unterschiedlichen Möglichkeiten der Annäherung und des Umgangs zusammengetragen.

31 Günter Lange: Zur Methodik der Erschließung von Bildern der Kunst im Religionsunterricht. rhs – Religionsunterricht an höheren Schulen 27, 1984, S. 279–283. Ders., Umgang mit Bildern, in: Handbuch der religionspädagogischen Grundbegriffe. Hg. G. Bitter u. G. Miller. 2 Bände. München 1987. Bd. 2: S. 530–533. Online: http://www.uni-leipzig.de/ru/lange/rukunst.htm.

32 In diesem Sinne ist auch der *Blick* begründungspflichtig. Der häufig zu hörende Satz „Das gefällt mir nicht« beendet nicht das Gespräch, sondern eröffnet es gerade, denn er verlangt nach begründenden Urteilen, über die dann kontrovers gesprochen werden kann. Geschmacksurteile beziehen sich als Urteile auf Argumentationen.

33 Ein klassisches Beispiel für diese Art der Fehlwahrnehmung ist der Isenheimer Altar von Mathis Grünewald in Colmar, der nur ganz selten unter künstlerischen Aspekten wahrgenommen wird. Wir konzentrieren die Wahrnehmung auf die Inhalte, die Verkündigung, die Kreuzigung, die Auferstehung, nicht aber auf die Art ihrer Darstellung. Was aber hat uns Grünewald künstlerisch zu sagen?

oder einzelne Details. Es gilt, die unmittelbaren Assoziationen, die das Bild auslöst, zu prüfen, sowie, ob das Auge an bestimmten Schwerpunkten hängen bleibt bzw. zu bestimmten Details zurückkehrt. Es geht natürlich *auch* um das, was einem bekannt vorkommt, was man unmittelbar ein- und zuordnen kann. Das sind nicht nur Inhalte, sondern auch formale Elemente eines Bildes, der Stil eines Künstlers, den man wiedererkennt und der nun nach der besonderen Gestaltung des vorliegenden Werkes fragen lässt.

Dieser erste Schritt dient der späteren Erarbeitung einer Anschauung. Deshalb sollten zum Ende alle Beobachtungen zusammengetragen und festgehalten werden. Nur vor dem Hintergrund dieser Notizen sind anschließend auch Erfahrungen, das heißt Korrekturen an der unmittelbaren Wahrnehmung und am spontanen Verständnis des Kunstwerks möglich.

Faktorenanalyse

In einem zweiten Schritt könnte nun die genauere kontrollierte Betrachtung des Kunstwerks folgen, nicht zuletzt unter dem Aspekt seiner Formsprache. Sie dient der systematischen Erschließung des Kunstobjektes. Die zunächst ungeordneten spontanen Beobachtungen aus dem ersten Schritt werden nun und in den folgenden Schritten nach bestimmten Gesichtspunkten geordnet und genauer betrachtet.[34]

Alles, was am Kunstwerk (und das heißt natürlich am Original) wahrgenommen und erspürt werden kann, wird nun systematisch in Augenschein genommen. Dazu gehört etwa explizit die Feststellung der beim Kunstobjekt verwendeten Materialien, der eingesetzten Technik, aber auch die Größe des Objektes. Ob ein Werk Öl auf Holz, Öl auf Leinwand oder Acryl auf Leinwand gemalt ist, ob ein Kunstobjekt aus Abfallstoffen oder fabrikneuen Gegenständen hergestellt ist, ob ein Video oder eine Netzkunstarbeit vorliegendes Datenmaterial nur sampelt oder neue virtuelle Welten generiert – all das sollte jeweils bedacht werden, denn es beinhaltet in der Regel auch eine künstlerische Aussage, zumindest zeitigt es Folgen für die spätere Interpretation.

Im Blick auf die Malerei gehört hierhin auch die Untersuchung der Komposition des Bildes, die konkrete Zuordnung von Licht und Schatten, die Farbgestaltung und -beziehungen, das Verhältnis von Linie und Figur, d.h. von geometrischer und figurativer Gestaltung, die Trennung von grafischen und malerischen Elementen.[35] Ähnliches gilt es analog für Skulpturen, Videokunst und alle anderen Sparten der bildenden Kunst zu beachten.

---

34 Nicht alles, was hier und im Folgenden beschrieben wird, muss bei jedem Werk intensiv erarbeitet werden, zumal man dann schnell in Aufgabengebiete des Kunstunterrichts gerät. Oft wird man sich zudem aus pragmatischen und zeitlichen Gründen auf Wesentliches beschränken müssen. Vermieden werden sollten nur Verkürzungen, die Kunst auf bloße Illustration begrenzen. Denkbar und sinnvoll wären aber Kooperationen zwischen den Fächern, um die jeweiligen Interessen und Unterrichtsziele zu verbinden.

35 Die Verwendung der Zentralperspektive und/oder deren Brechung oder sogar Bestreitung war ein wichtiges Thema des 20. Jahrhunderts und spielt in der zeitgenössischen Malerei weiter eine Rolle.

Sinnvoll ist es in jedem Fall, den Schülerinnen und Schüler anfangs zur kontrollierten Erschließung des Kunstwerks einen Arbeitsbogen als Hilfestellung und Anleitung an die Hand zu geben, das heißt ihren Blick zu lenken. Dieser sollte aber nicht einfach nur ein Abfragebogen sein, sondern vor allem zum eigenständigen Sehen verhelfen.

Historisch-systematische Überprüfung

In den Prozess der Erschließung eines Kunstobjekts fließen nun auch Informationen ein, die sich nicht aus dem Bild oder Objekt selbst ergeben, sondern zu den grundlegenden Voraussetzungen der Begegnung und des Auslegens von Bildern (und Kunstwerken) gehören und die in einem weiteren Schritt erarbeitet werden können.

Dazu gehört zum Beispiel das Wissen darüber, wie andere, zeitgenössische wie vorhergehende, Künstler die Gestaltungsprobleme angegangen sind, inwieweit der Künstler also im Einklang oder auch in Differenz zur künstlerischen Tradition gearbeitet hat.[36] Da Kunst bis in die Gegenwart hinein unter dem Aspekt des »Neuen« gearbeitet hat – und wir sie weiterhin kaum anders wahrnehmen können –, muss der Abweichung vom Gewohnten ein besonderes Augenmerk gelten. Dies erschließt sich aber nur im Vergleich unterschiedlicher Werke. Zum elementaren Wissen für die Erschließung eines Kunstwerkes gehören auch Kenntnisse über die Entwicklung der Kunst.[37]

Im Spezifischen gehört dazu, dass man sich darüber informiert, wie der Künstler außerhalb des konkret untersuchten Werkes arbeitet. Auf diese Weise kann eine erste Einordnung der Arbeitsweise des Künstlers geleistet werden, also dessen, was den Stil des Künstlers von allen anderen Künstlern unterscheidet, was er formal in die Gestaltung des Werkes als sein Spezifisches einbringt. Schließlich gehören in diesen Schritt auch Informationen über die Äußerungen, die der Künstler selbst zu seiner Arbeit abgegeben hat. Zwar ist der Status der Selbstäußerungen von Künstlern häufig umstritten, aber es gibt viele, gerade auch neuere und zeitgenössische Kunstwerke, die ohne die expliziten Reflexionen des Künstlers unverständlich bleiben müssen.[38]

---

36 In religiöser Perspektive ist diese Frage oft die Standardfrage. Vgl. etwa am Beispiel des Christusbildes: Alex Stock, Gesicht - bekannt und fremd. Neue Wege zu Christus durch Bilder des 19. und 20.Jahrhunderts. München 1990. Katharina Winnikes, (Hg.), Christus in der bildenden Kunst. Von den Anfängen bis zur Gegenwart. München 1989. Grinten/Mennekes, Menschenbild - Christusbild: Auseinandersetzung mit einem Thema der Gegenwartskunst. Stuttgart 2/1985. Rombold/Schwebel, Christus in der Kunst des 20. Jahrhunderts. Freiburg 1983. Paul Hinz, Deus Homo. Berlin 1973. Eine exzellente Studie unter ökologischen Gesichtspunkten bieten Buderath/Makowski, Die Natur dem Menschen untertan. Ökologie im Spiegel der Landschaftsmalerei. München 1986.

37 Sie zu vermitteln ist natürlich eher Aufgabe des Faches Kunst, dennoch ist die Kenntnis etwa von Kunststilen eine Voraussetzung für eine adäquate Kunstrezeption.

38 Zur Künstlertheorie vgl. Th. Lehnerer, Methode der Kunst. Würzburg 1994.

Analyse der Rezeption

Ein weiterer Schritt kann die spontane Reaktion im Blick auf ihre Grundlagen reflektieren. Was im Bild hat mich veranlasst, entsprechend zu reagieren? Die Analyse der Rezeption schließt ein, dass man sich des eigenen Verhaltens gegenüber Kunstwerken klar wird, dass man die Assoziationen überprüft, die das Objekt ausgelöst hat, und dass man anhand des bisher Erarbeiteten feststellt, ob die eigenen Reaktionen im Einklang mit der Konstruktion des Werkes stehen.[39] Das ist sicher keine »objektiv« überprüfbare Relation im Sinne naturwissenschaftlicher Feststellungen; dazu sind die Reaktionen auf Kunstwerke gesellschaftlich und individuell zu sehr vermittelt. Aber man sollte kontrollieren, ob die eigenen Reaktionen nicht im offenkundigen Widerspruch zur Bildkonstruktion stehen. In der Regel geht es hier um Indizien, die für die subjektive Wahrnehmung in Anspruch genommen werden und die zum Bildganzen stimmig sein müssen.

Hierzu gehört zum Beispiel auch die Rekonstruktion des Standorts, den der Künstler dem Betrachter zugedacht hat, und die Überprüfung, ob das Kunstwerk unter diesem Gesichtspunkt wahrgenommen wurde bzw. welchen Standort der Betrachter davon abweichend eingenommen hat.[40] Diese Frage betrifft sowohl die Perspektive wie auch die funktionale, also die religiöse, politische oder ästhetische Rezeption des Werkes.[41]

Es geht aber auch um die Spuren, die das Kunstwerk für die Betrachter auslegt oder bewusst verweigert, die Anspielungen auf anderer Werke oder auf den Prozess der künstlerischen Arbeit.

Analyse der Bildsemantik

Anschließen kann sich die Analyse der Bildsemantik, das heißt zunächst die Beantwortung der Frage, ob dem Bild überhaupt ein konkret bestimmbares thematisches Konzept zu Grunde liegt, ob es eine benennbare außerbildliche

---

39 Hier lässt sich natürlich nur annäherungsweise eine Aussage erarbeiten. Historisch ändert sich jede Rezeption eines Kunstwerks mit ihrer Zeit. Der Kunsthistoriker John Berger weist darauf hin, dass die Art unserer Wahrnehmung beeinflusst wird »durch unser Wissen beziehungsweise unseren Glauben. Im Mittelalter zum Beispiel, als die Menschen an die reale Existenz der Hölle glaubten, muss der Anblick von Feuer eine andere Bedeutung gehabt haben als heute.« (John Berger, Sehen: Das Bild der Welt in der Bilderwelt. Reinbek 1974) Anhand der bildenden Kunst lässt sich nachvollziehen, wie sich die Wahrnehmung und Darstellung etwa des Schreckens von der Antike über das Mittelalter bis in die Gegenwart wandelt. Vergleichbares ließe sich über »religiöse« Bilder am Beispiel von Caspar David Friedrich sagen, die ja zunächst überhaupt nicht als »religiös« wahrgenommen wurden.

40 In der konkreten Unterrichtssituation bedeutet das in der Regel, sich zu vergegenwärtigen, dass das Bild nicht unter den vom Künstler vorgesehenen Bedingungen wahrgenommen wurde.

41 Der Isenheimer Altar z.B. ist heute weder perspektivisch noch funktional angemessen im Sinne seiner ursprünglichen Bildkonstruktion rezipierbar. An ihm lässt sich der Wandel der Rezeption gut ablesen. An die Stelle der ursprünglichen Perspektive und Funktion sind nun andere getreten, über die sich der Betrachter aufklären muss.

Bedeutung hat, und im positiven Falle, welche. Ganz allgemein ist die Bestimmung des Themas eines Kunstwerks relativ schwierig, weil man allzu schnell in der Inhaltlichkeit sein Thema zu entdecken meint.[42]

Versteht man Bedeutung als Relation zu außerbildlichen Kontexten, so wären im positiven Fall die außerbildlichen Bezugspunkte zu bestimmen. Das können identifizierbare Gegenstände sein, biblische, aber auch literarische Texte, geschichtliche Situationen, konkrete Personen oder auch andere Kunstwerke. Freilich ist diese Bestimmung nicht immer zweifelsfrei durchzuführen und allzu oft gar nicht im Sinn des Kunstwerks. Und oft ist der implizite Sinn eines Kunstwerks ein anderer als der scheinbar offensichtliche.[43]

Die den Bildgehalt bestimmenden Elemente sind unter ikonografischen Gesichtspunkten aufzuarbeiten, das Sujet ist in ein Verhältnis zur kunstgeschichtlichen Tradition zu setzen. Auf diese Weise wird die stilgeschichtliche Eigenart des Künstlers wie seine motivgeschichtliche einsichtig. Abweichungen der Motivgestaltung von der kunstgeschichtlichen Tradition wie vom Initialtext sind zu notieren und in eine Interpretation einzubringen. Hilfreich sind bei historischen Werken die entsprechenden Lexika zur christlichen Ikonografie.[44] Für die zeitgenössische Kunst ist die Suche nach entsprechenden Übersichten natürlich problematisch, insofern sie sich weitgehend von thematischen Entwürfen abgewandt hat. Für alle anderen Werke bleibt aber in der Regel die klassische Ikonografie eine Bezuggröße.

Die Frage nach dem lebensweltlichen Bezug

Nicht vergessen werden sollte in der schrittweisen Annäherung an ein Kunstwerk die Frage nach dem lebensweltlichen Bezug des Artefakts. Das Verhältnis von Kunst und Leben ist ja, wie vorn dargelegt, ein wichtiges Thema der neueren Kunstgeschichte.[45] Natürlich zielt nicht jedes Werk auf Betroffenheit oder auf eine emotionale Reaktion des Betrachters, aber jedes Werk fordert zu einer Stellungnahme heraus.

Deshalb sollten die Notizen der ersten Reaktionen vor dem Hintergrund des anschließend Erarbeiteten sowie der übergreifenden Thematik des Unterrichts noch einmal abschließend gesichtet werden.

42 Vgl. zur Problematisierung Oskar Bätschmann, Einführung in die kunstgeschichtliche Hermeneutik: Die Auslegung von Bildern. Darmstadt 1984, S. 13ff. Oskar Bätschmann verweist als Beispiel auf den Hamburger Streit um das Verständnis von Franz Marcs *Der Mandrill*.

43 Klassisches Beispiel sind etwa Katakombenmalereien zum Thema *Jona und der Wal*, die in Bibeln und Schulbüchern dem entsprechenden biblischen Buch zugeordnet werden. Faktisch sind es aber Symboldarstellungen, die zum Thema *Auferstehungshoffnungen der frühen Christen* gehören.

44 LCI – Lexikon der christlichen Ikonographie. Sonderausgabe. Freiburg 1994; Gertrud Schiller, Ikonographie der christlichen Kunst. Gütersloh 1969. Sachs/Badstübner/Neumann, Erklärendes Wörterbuch zur christlichen Kunst. Hanau o.J.; Krauss/Uthemann, Was Bilder erzählen. Die klassischen Geschichten aus Antike und Christentum in der abendländischen Malerei. München 4/1998.

45 Siehe den Abschnitt *Kunst und Leben* in diesem Band, S. 31ff.

Welche Erfahrungen konnten in Bezug auf die Wahrnehmung des Kunstwerks gemacht werden, welche Einsichten wurden durch das Kunstwerk vermittelt? In welcher Relation steht das betrachtete Werk zum eigenen Leben? Was hat das Kunstwerk als Kunst-Werk mit dem Thema zu tun und in welcher Beziehung steht es zu den Bildern, die man selbst mit dem Thema verbindet?

Praktische Hinweise

Allgemeine Vorbereitungen

1. Bei Schulbüchern sind erfahrungsgemäß rund ein Drittel aller Informationen zur Kunst fehlerhaft oder irreführend. Glauben Sie deshalb keiner Information, die zu einem Kunstwerk in einem Schulbuch steht. Informieren Sie sich, so viel Sie nur können. Schlagen Sie in Museumskatalogen nach, in Werkverzeichnissen, in Kunstlexika, im Internet, fragen Sie Ihren Kollegen vom Fach Kunst. Jede Information, die sie bekommen können, ist nützlich.

2. Sammeln Sie als unentbehrliche Hinweise folgende Informationen: Name des Künstlers/Lebensdaten/Stileinordnung/Titel des Werkes/Jahr/Größe/ Materialien/Technik. Überprüfen Sie, ob die Technik und das verwendete Material im Abbild erkennbar ist. Falls nicht, informieren Sie die Schülerinnen und Schüler darüber. Verschaffen Sie sich (durch Imagination) einen Eindruck davon, wie groß das Kunstwerk real ist und in welchem Verhältnis Abbildung und Original stehen.

3. Versuchen Sie den Erfahrungsprozess, den Sie Ihren Schülerinnen und Schülern im Unterricht zumuten wollen, vorab selbst einmal Schritt für Schritt durchzuspielen. Berücksichtigen Sie, dass Schülerinnen und Schüler nicht Ihren kulturellen Hintergrund haben.

4. Soweit es sich nicht um Kunst der Vormoderne handelt, versuchen Sie nicht, die Bilder krampfhaft auf Texte oder Themen zu beziehen! Kunstwerke – auch der Vergangenheit – sind offene Werke mit Spielraum für offene Lernprozesse. Rechnen Sie deshalb auch für den Unterricht mit ein, dass der Erschließungsweg ein anderer ist, als Sie ihn sich vorgestellt und konzipiert haben.

5. Wenn Sie Kunstwerke auf einen Text oder ein Thema beziehen wollen, beherzigen Sie den Grundsatz: Nicht die Übereinstimmung, sondern die Differenz ist wichtig. Künstler sind gegenüber Bildinhalten souverän und eigenständig. Dieser eigenständige Beitrag muss in den Blick geraten, denn er ist das Besondere, das das jeweilige Werk leistet.

6. Und noch einmal: Wenn eben möglich, greifen Sie auf Originale im örtlichen oder nahe gelegenen Museum oder in einer Galerie zurück oder bringen Sie Originale mit in den Unterricht. Nichts ersetzt primäre Erfahrung!

1. Informieren Sie die Schüler über Daten, die man nicht dem Bild entnehmen kann: Größe, Technik und Materialien, Entstehungsjahr. Der Name des Künstlers und des Stils sind nicht unbedingt notwendig – sie können nachgetragen werden. Geben Sie das Thema, zu dem Sie das Kunstwerk einsetzen wollen, nicht vorab bekannt. Geben Sie den Schülerinnen und Schülern den Raum für eigene Entdeckungen und Wahrnehmungen. Ein Satz wie »Auch Salvador Dalí hat sich in seiner Kunst mit der Kreuzigung auseinander gesetzt; schaut einmal, wie er das getan hat« zerstört alle Erfahrung.

2. Je nach Kunstwerk und Unterrichtskontext ergeben sich verschiedene Umgangsformen. Unterricht in Religion, Ethik oder Philosophie ist kein Kunstunterricht. Deshalb muss die kunstwissenschaftliche Erschließung nicht im Zentrum stehen, sie sollte aber auch nicht grob vernachlässigt werden.

3. Häufig werden Kunstabbildungen als Einstieg in eine Stunde dienen. Dann sollten sie auch so genutzt werden. Also ganz offen und unvoreingenommen wahrnehmen, assoziieren, Spuren folgen. Kein Werk kann freilich aus sich heraus allein verstanden werden – diese Form der »Einfühlungsästhetik« ist ein Missverständnis des 19. Jahrhunderts. Wir sehen nur, insofern wir etwas wissen. Das Sehen führt uns aber über unser Wissen hinaus. Kunstwerke sind deshalb keine Hinführung zu einem Thema, sie regen die Reflexion an.

4. Es gibt Themen, zu denen es herausragende Kunstwerke mit kulturgeschichtlicher Bedeutung gibt. Zum Thema Krieg etwa Picassos *Guernica*, zum Thema evangelische Rechtfertigungslehre Cranachs *Gesetz und Evangelium*, zum identifizierenden Leiden Jesu Grünewalds *Isenheimer Altar* usw. Im Rahmen kulturgeschichtlicher Erschließung eines Themas lassen sich diese Werke nutzen.

5. Manche Bilder haben sich so im Kopf verfestigt, dass Kunstwerke benötigt werden, um diese Bilder aufzubrechen. Das kann thematisch begründet sein (die biblische Eva), aber auch künstlerisch (religiöser Pseudo-Expressionismus vs. Informell und Neue Wilde).

6. Sofern unter dem beliebten Stichwort »Meditation« nicht die Vernutzung der Kunst als Emotional-Design oder als Selbsterfahrungsanlass gemeint ist, sondern die Erfahrung der Eigendynamik und Souveränität eines Kunstwerks, sollte es – möglichst als Original – als Eigenes im Zentrum stehen, als auf sich selbst verweisendes Werk, das uns herausfordert.

So etwa könnte ein erschließender Arbeitsbogen für die Schülerinnen und Schüler aussehen (als Kopiervorlage verwendbar):

Wahrnehmung
Was fällt auf, welche Ideen kommen, woran bleibt der Blick hängen?

Faktorenanalyse
Technik, Komposition, Licht/Schatten, Farben, Linien, Figuren

Historisch-systematische Überprüfung
Stil, Vorgänger, Epoche

Analyse der Rezeption
Ort des Betrachters, historische Adressaten , heutige Rezeption

Analyse der Bildsemantik
Bildthema, Ikonographie, Abweichungen von der Motivgeschichte

Frage nach dem lebensweltlichen Bezug
Erfahrungen mit dem und durch das Bild, heutige Bilder

Inzwischen ist das Internet für das Finden von Materialien und Bildern, etwa für die Vorbereitung des Unterrichts, wie auch für die Planung von Exkursionen eine schon beinahe unentbehrliche Quelle geworden.[46] Im Blick auf die zeitgenössische Kunst gibt es allerdings eine klare Einschränkung der Nützlichkeit: Das Urheberrecht verbietet die ungenehmigte Nutzung eines Kunstwerkes, dessen Urheber noch nicht 70 Jahre verstorben ist. Zwar sind »Vervielfältigungen zum privaten oder sonstigen eigenen Gebrauch«, dabei ausdrücklich auch im Schulunterricht, legal; hier ergibt sich jedoch eine klare Begrenzung von Publikationen aus dem Unterricht. Wer also Arbeitsergebnisse ins Netz stellen will, für den gilt es jedes Mal, *vor* der Veröffentlichung die Rechte zu klären.

■ Bildersuche
Auf der Suche nach Kunstwerken kann man sich zunächst ganz allgemein der großen Suchmaschinen bedienen. Nehmen wir an, Sie suchen die berühmte Christus-Statue von Bertel Thorvaldsen, die wie kein anderes Bild unser Christusbild beeinflusst hat. Dazu rufen Sie z.B. die Suchmaschine http://www.google.de auf und klicken über dem Suchfeld auf das Wort »Bilder«.[47] Es reicht nun in der Regel, den Namen des Künstlers und ein ergänzendes Stichwort einzugeben und man findet einige Abbildungen. In diesem Falle könnte man »Bertel Thorvaldsen« eingeben und stieße dann auf eine Fülle von – *Kopien*! Weltweit scheinen Kirchen und Friedhöfe mit Statuen »nach Bertel Thorvaldsen« ausgestattet zu sein. Aber schnell findet man auch das Original. Es gilt zu bedenken, dass die Mehrzahl der Bildarchive englischsprachig sind, weshalb man in der Regel auch die englischen Begriffe der Suche eingeben sollte (also *Last Supper* für Abendmahl etc.).

■ Web Gallery of Art
Unter http://gallery.euroweb.hu/ findet sich die Web Gallery of Art, eine englischsprachige, leicht zu durchsuchende Datenbank für europäische Malerei und Skulptur in Gotik, Renaissance und Barock, also die Zeit zwischen 1150 und 1800. Sie enthält mehr als 10000 Abbildungen, Kommentare und Künstlerbiografien und wird laufend weiter ergänzt. Leider ist die Web Gallery of Art auf die Zeit bis zum Anfang des 19. Jahrhunderts begrenzt, so dass man neuere Werke vergeblich sucht. Für die Zeit davor ist diese Adresse allerdings die beste im Internet und sehr zu empfehlen. Vor allem die Themensuche hilft, schnell die wichtigsten historischen Kunstwerke zu einem Thema zu finden. Jedes gefundene Werk lässt sich in einer hoch auflösenden Darstellung betrachten, man kann Details studieren. Man kann sich aber auch Touren durch bestimmte (national und zeitlich spezifizierbare) Kunststile zusammenstellen lassen und so eine strukturierte Einführung in die verschiedenen historischen Kunstepochen bekommen.

---

46 Andreas Mertin, Internet im Religionsunterricht. Göttingen 2.Aufl. 2001.
47 Inzwischen bieten zahlreiche Suchmaschinen eine spezielle Bildersuche an.

■ Art History – Kunstgeschichtliche Quellen im Netz

Unter der Adresse http://witcombe.sbc.edu/ARTHLinks.html findet man zunächst ein einfaches Textübersichtsblatt, das die Kunstgeschichte in verschiedene historische Kategorien gliedert. Chris Witcombe, amerikanischer Professor für Kunstgeschichte, hat hier die wichtigsten Links im Netz zusammengestellt, beginnend mit der so genannten vorgeschichtlichen Kunst bis zu Entwicklungen und Strömungen am Anfang des 21. Jahrhunderts.

Im Blick auf unser Beispiel Bertel Thorvaldsen muss man nur die ungefähren Rahmendaten wissen, um auf weiterführende Hinweise zu stoßen. Wenn man auf dem Textblatt das 19. Jahrhundert anklickt, dann findet man im Unterabschnitt »Skulptur des 19. Jahrhunderts« die Unterkategorie »Neoklassizistische Skulptur« und hier einen Link auf den Künstler. Klickt man ihn an, stößt man auf eine schöne englischsprachige Überblicksseite zum Skulpturenwerk von Thorvaldsen, die es ermöglicht, die Christusstatue in den größeren Werkkontext einzuordnen.

■ www.kunstunterricht.de

Auf der Suche nach grundlegenden Informationen zur Kunst, ihren Gattungen und Epochen, zu Künstlerinnen und Künstlern, zur Didaktik der Kunst oder auch zum Kunstunterricht mit dem Computer und seinen Voraussetzungen kann man im Internet bei www.kunstunterricht.de fündig werden.[48] Übersichtlich aufgebaut mit einem E-Mail-Forum gleich auf der ersten Seite kann man hier alles rund um den Kunstunterricht und seine Inhalte erfahren. Die Seite ist nicht nur für Kunstpädagogen interessant, sie bietet eine kleine Einführung in die Kunst überhaupt.

Im engeren Sinne ist www. kunstunterricht.de eine kunstpädagogische Datenbank, ähnlich wie das www.rpi-virtuell.net im religionspädagogischen Bereich. Wer auf der Startseite auf *Gattungen* klickt, bekommt eine Übersicht angeboten. Nach der Auswahl der Gattung wird dann eine Linkliste mit verschiedenen Beiträgen angeboten. Damit ist natürlich noch keine Systematik erzielt, das Ergebnis hängt von der Bereitschaft der Netzteilnutzerinnen und -nutzer ab, gefundene Seiten für die Aufnahme in die Datenbank zu melden. Aber man kann so auf einen sich erweiternden Pool an Links zur Kunst im Netz zugreifen. Den Überblick über die Seiten und die Anzahl der Einträge erhält man über den Menüpunkt *Übersicht*, mit dem man die ersten Schritte beginnen sollte.

Wer etwas über zeitgenössische Kunst erfahren will, klickt auf *Epochen* und dann auf *Heute* und es öffnet sich ein Fenster mit zahlreichen Links zu Gegenwartskünstlern und aktuellen Kunstereignissen. Dabei finden sich

---

48 www.kunstunterricht.de ist, wie das Impressum ausweist, eine Gemeinschaftsinitiative verschiedener Gruppen, die zugleich für einen bestimmten Qualitätsstandard bürgen: der Landesarbeitsgemeinschaft Neue Medien LAG, Medienreferat des Bundes Deutscher Kunsterzieher, InfoSCHUL-II-Projekt, Redaktion Kunst bei Lehrer-Online bei Schulen ans Netz e.V., KUNSTKOMM.T, dem Atelier für Kunst und Kommunikation, Arbeitsstelle Computergrafik und Ästhetische Erziehung, Hochschule für Bildende Künste Braunschweig HBK.

auch zahlreiche Einträge von Galerien, die ihre Künstler mit einigen Abbildungen ins Netz gestellt haben. Was man auf diese Weise natürlich noch nicht erhält, ist Qualitätssicherung, denn zunächst einmal werden hier nur Links gesammelt. Aber dadurch, dass die Links kommentiert werden können, trennt sich zum Teil hier schon die Spreu vom Weizen.

■ www.kunstwissen.de

Über 800 Seiten mit mindestens 41 Megabyte Datenmaterial zur Kunstgeschichte und zum Kunstwissen für den Unterricht am Immanuel-Kant-Gymnasium in Münster/Westfalen hat der Künstler und Kunstlehrer Klaus Tesching mit und für Schülerinnen und Schüler zusammengestellt. Wer unter der Adresse www.kunstwissen.de ins Internet geht, stößt auf eine übersichtliche Webseite, die komplexes Wissen zu den Themen Malerei, Skulptur und Architektur (und noch einiges mehr) enthält.

Unter dem Stichwort »Malerei« findet der Besucher zum Beispiel eine übersichtliche Tabelle von der Steinzeit bis zur Postmoderne, die die Kunstepochen gliedert und zu einzelnen Epochen und Künstlern weitere Hinweise bietet. Und da es aus Urheberrechtsgründen nicht möglich ist, zeitgenössische Kunst auf einer Schulhomepage wiederzugeben, hat die Seite gleich eine Schnittstelle zur Bildersuche bei Google eingebaut.

Eine leicht zu übersehende Leiste verweist auf der Startseite ferner auf Links zu Kunst-News, Galerien, Museen, Institutionen und zum Kunststellenmarkt.

Sehr empfehlenswert ist der Einstieg über die Grundlagen- und Grundfragen-Seiten, auf der erschöpfend über Kunst informiert wird. Deutlich von seinem Lehrer Joseph Beuys geprägt, erläutert Tesching, um was es bei »Kunst« eigentlich geht, mit welch engem Kunstbegriff oft gearbeitet wird und wie sich dieser erweitern lässt. Dazu findet man zahlreiche Texte und Stellungnahmen, die auch als Impulstexte eingesetzt werden können.

Auf der Startseite befindet sich schließlich noch der Link auf die Joseph-Beuys-Seite, die Tesching betreibt, auch hier findet sich eine Fülle an Informationen zu diesem wichtigen Künstler des 20. Jahrhunderts.

■ www.webmuseen.de

Eine äußerst hilfreiche Übersicht über das Ausstellungsangebot von Museen, sortiert nach Regionen. Hier findet man die Daten für mehr als 8000 Museen im gesamten deutschsprachigen Raum und deren aktuelle Ausstellungen. Auf Wunsch kann man sich wöchentlich Ausstellungstipps zumailen lassen. In den vergangenen Jahren entstand ein umfangreiches Ausstellungsarchiv sowie ein weit verzweigtes Netz von Querverweisen.

■ Museen rund um die Welt: WWW Virtual Library
Unter der Internetadresse http://www.icom.org/vlmp/world.html findet man
eine Linkliste zu Museen verschiedener Länder dieser Erde, soweit diese
nicht eigene Museumslisten haben.[49] Die deutsche Sektion findet man unter
der Adresse http://www.hco.hagen.de/museen.htm: Die Virtuelle Bücherei
versucht die Bündelung von museumsspezifischen Informationen sowie
einen Überblick über die Museumslandschaft im deutschsprachigen Raum.
Über eine Suchmaschine erschließen sich detaillierte Angaben von weit über
8500 Museen in Deutschland, Österreich und der Schweiz sowie von Tausen-
den Museen weltweit. Das Angebot auf der Haupteinstiegsseite ist in verschiedene Themenbereichen strukturiert. Einen zusammenfassenden Einblick
in die unterschiedlichen Arbeitsbereiche der VL Museen ermöglicht die
Inhaltsseite. Die verschiedenen Einzelrubriken werden von fachlich ausge-
wiesenen Redakteurinnen und -redakteuren gepflegt und betreut. Darüber
hinaus gehören Service- und Informationsangebote, beispielsweise Ausstel-
lungs- und Literaturrezensionen, Museumsforschung, Qualitätsmanagement
sowie die Web-Präsenz von Museen, ebenfalls zum Repertoire. In den
Museumsverzeichnissen werden ausgewählte Online-Angebote von Museen
nach qualitativen und sachbezogenen Kriterien dokumentiert.

■ www.theomag.de
Das Magazin für Theologie und Ästhetik stellt regelmäßig Verbindungen von
Kunst, Religion und Philosophie her. Ausgabe 5 ist den Online-Ressourcen
der Kunst gewidmet. Unter www.theomag.de/5/index.htm findet man vor
allem kurz kommentierte Links zu nationalen und internationalen Museen,
deutschen Kunstvereinen, einzelnen Kunstprojekten und Künstlern. Hinzu
kommt in jedem Heft die Rubrik *Im Labyrinth*, in der jeweils interessante
Internetadressen zur Netzkunst und Internetprojekten vorgestellt werden.

---

49 Spezielle Museumslisten gibt es für folgende Länder: Africa – Algeria – Antartica – Argentina
– Australia – Austria – Azerbaijan – Bahrain – Belgium – Bolivia – Brazil – Bulgaria – Cana-
da – Cayman Islands – Chile – China – Colombia – Costa Rica – Croatia – Cuba – Czech Repu-
blic – Denmark – Dominican Republic – Ecuador – Egypt – El Salvador – Estonia – Fiji – Fin-
land – France – Germany – Greece – Guatemala – Honduras – Hong Kong – Hungary –
Iceland – India – Ireland – Israel – Italy – Japan – Kenya – Korea (Republic of) – Kuwait –
Latin America – Lebanon – Luxembourg – Macau – Mexico – Malaysia – Morocco – Namibia
– Netherlands – New Zealand – Nicaragua – Norway – Panama – Paraguay – Peru – Poland –
Portugal – Puerto Rico – Romania – Russia – Singapore – Slovakia – Slovenia – South Africa
– Spain – Sweden – Switzerland – Taiwan – Thailand – Turkey – United Arab Emirates – Uni-
ted Kingdom – United States of America – Uruguay – Vatican City – Venezuela.

■ www.uni-leipzig.de/ru

Ein ambitiertes Projekt für den Umgang mit vor allem religiösen Bildern aus der Kunstgeschichte speziell im Unterricht des Faches Religion betreibt das Institut für Religionspädagogik der Universität Leipzig. Neben Kunstwerken zu bestimmten Themen[50] findet man einleitende Hinweise von Günter Lange zum Umgang mit Kunstwerken im Religionsunterricht und zahlreiche weitere Hilfestellungen. Die Autoren notieren zu ihren Intentionen: »Mit diesem Projekt wollen wir Studenten, Lehrer und Pfarrer an den Einsatz digitaler Bildmedien im Religionsunterricht heranführen.« Dabei liegt der Schwerpunkt – vielleicht nicht ganz unerwartet – bei Rembrandt und verwandten Künstlern, zeitgenössische Kunstwerke fehlen leider. Die Bilder sind mit kurzen Informationen versehen und in einer Auflösung aufrufbar, die eine gute Arbeit mit dem Material ermöglicht und auch Ausdrucke zulässt.

■ Die Artothek des rpi-virtuell

Das virtuelle religionspädagogische Institut im Internet hat ein Projekt zur kulturellen und ästhetischen Bildung im Religionsunterricht ausgearbeitet, das auf intuitive und kommunikative Art und Weise Schülerinnen und Schüler wie Lehrerinnen und Lehrer in die Kulturgeschichte der Kunst und ihrer Vorläufer einführt. Es handelt sich um ein einfaches dreidimensional anmutendes Museum, das seit Ende 2003 im Netz ist. Jeder Raum wird mit knappen Worten und weiterführender Literatur und Links vorgestellt, die wichtigsten Werke können in höherer Auflösung heruntergeladen werden. Eine Werkstatt des Museums bietet Lehrerinnen und Lehrern darüber hinaus an, eigene Museumsräume zu entwerfen und stellt dazu die notwendigen Dateien zur Verfügung. Ein Info-Raum leistet dazu den notwendigen Überblick, ein Museumswächterraum zeigt an, was jeweils neu ist, denn das Museum soll laufend um weitere Kunstwerke ergänzt werden. Da das Museum in Zusammenarbeit mit den Autoren dieses Buches entwickelt wurde, konnte viele Bilder, die im vorliegenden Buch nur als Zitate zur Verfügung stehen, in das Museum integriert werden. Viele Bilder des Museums werden zugleich durch dieses Buch erschlossen. Die Adresse des Museums lautet: http://www.rpi-virtuell.de/arbeitsbereiche/artothek/foyer.htm

---

50 Das Spektrum umfasst folgende Themen: Alter – Angst – Arbeit – Armut – Franz v. Assisi – Auferstehung – Apostel – David – Erzväter – Exodus – Frauen – Gebet – Rechtfertigung und Schuld – Gottesdarstellungen – Hiob – Geburt und Kindheit Jesu – Umwelt Jesu – Wunder Jesu – Johannes der Täufer – Josef – Jünger – Judentum – Kinder – Könige – Leid – Luther – Babylonisches Exil – Mose, Richter und Könige und ihre Propheten – Propheten – Passion (I) – Passion (II) – Passion (III) – Passion (IV) – Schöpfung und Urgeschichte – Sonstiges – Photos und Bilder (aus dem Internet).

IV

Mit Kunstwerken arbeiten I

Die im Folgenden vorgestellten thematischen Pfade wollen exemplarisch Linien ziehen von der frühen Kunstgeschichte bis in die zeitgenössische Kunst. Allzu oft lässt sich nämlich beobachten, dass im Unterricht entweder nur »alte« oder nur zeitgenössische Kunst eingesetzt wird, so als bestände Kultur nur aus einzelnen separierten Bausteinen. Künstler der Gegenwart setzen sich aber intensiv mit ihren jeweiligen Vorgängern auseinander, studieren deren künstlerische Arbeitsweise und führen sie in ihren Werken fort. Diese Form der fortwährenden Bezugnahme gehört zu den spannendsten Kapiteln der Kunst- und Kulturgeschichte.[1] Die thematischen Pfade leisten so auch einen Beitrag zum Verstehen von Kultur allgemein. Zugleich wollen wir mit ihnen zeigen, dass Kunst jeweils in größere zeitgenössische Debatten eingebunden ist, die auch Thema des Religions-, Ethik- oder Philosophieunterrichts sind.

Die Auswahl der thematischen Pfade war nicht ganz einfach. Verzichtet haben wir auf allzu nahe liegende, das heißt oftmals auch »ausgetretene« Pfade, also jene, zu denen Material und didaktische Hinweise in der pädagogischen Literatur oder den Zeitschriften zu den einzelnen Fächern reichlich zu finden sind. Das gilt natürlich für das einschlägige Thema *Christusbilder*, aber auch für *Abendmahl, Schöpfung* etc.[2] Andere thematische Pfade, die sich nahe gelegt hätten, etwa zum Thema *Gewalt*, setzen in der zeitgenössischen Kunst insbesondere das Medium Video voraus, was aber den Rahmen unseres Buches gesprengt hätte. Exemplarisch sind die Anregungen insofern, als sie die Unterrichtenden motivieren sollen, selbst nach entsprechenden Querverbindungen in der Kulturgeschichte zu suchen und diese mit den Schülerinnen und Schülern zu erarbeiten.

■ Auf das Thema *Kunst und Religion* bzw. *Religion in der Kunst* kann und soll schon deshalb nicht verzichtet werden, weil es eines der wichtigsten Themen der Kulturgeschichte ist und sich zudem gerade für einen diachronen Zugriff eignet. Statt aber ein spezifisches inhaltliches Thema zu

---

1 Exemplarisch seien etwa die Neu-Sichtungen der Kunstgeschichte durch Pablo Picasso genannt: Gemälde alter Meister (so etwa von Rembrandt, Velázquez, El Greco oder Poussin) wurden von ihm einer künstlerischen Befragung unterzogen und malerisch re- bzw. dekonstruiert. Auch in der zeitgenössischen Kunst findet sich diese Bezugnahme permanent: etwa wenn Friedemann Hahn sich auf Mathis Grünewald bezieht oder auf Vincent van Gogh. Picasso selbst ist in vielfältiger Hinsicht schon wieder Teil der künstlerischen Arbeit jüngerer Kollegen geworden. Auf Mike Bidlos Wieder-Holung der neueren Kunstgeschichte wurde ja schon hingewiesen (S. 83).

2 Einen guten Überblick über vorhandene Materialien zu einem Unterrichtsthema bietet Peter Wills religionspädagogisches Literatur- und Medienverzeichnis unter der Adresse: http://mitglied.lycos.de/PeterWill/index1.htm.

erarbeiten, möchten wir an dieser Stelle den problemgeschichtlichen Gehalt des Themas bedenken. In der neueren kulturellen Diskussion ist zudem die Frage der religiösen Zuwendung zu Bildern mit der Wahrheits- und Toleranzfrage verknüpft worden. Bilderskeptische Religionen scheinen intoleranter zu sein als bilderfreundliche. Das schien uns eine Betrachtung wert.

■ Der offensichtliche *Verlust des Menschen* in der bildenden Kunst hat Anfang der 50er-Jahre des 20. Jahrhunderts die kulturelle Öffentlichkeit Deutschlands fast gespalten und zu scharfen Kontroversen geführt. Der scheinbar drohende »Verlust der Mitte« (Hans Sedlmayr), die mit der Zuwendung zur Abstraktion verbundene Ablehnung gegenständlicher Positionen in der Kunst, das freie und unverbindliche Spiel der Formen – das alles ließ die Frage nach dem Menschenbild (in) der Kunst aufkommen. Am Anfang des 21. Jahrhunderts ist diese Frage immer noch virulent, sie hat zugleich aber auch einen globalen Aspekt bekommen.

■ Wenige Themen haben im Verlauf der Geschichte die Künstler selbst so sehr beschäftigt, wie das Verhältnis von Kunst und Leben. Dem Wunsch nach klarem Engagement stand die Einsicht entgegen, allzu oft nur Luxusgut der Reichen zu sein. Unter dem Stichwort *Re-Sozialisierung der Kunst* sollen verschiedene historische wie zeitgenössische Impulse zur Überwindung der empfundenen gesellschaftlichen Unverbindlichkeit der Kunst nachgezeichnet und erörtert werden.

■ Wer in einschlägigen Unterrichtsentwürfen zum Thema »Farbe« blättert, stößt vor allem auf allegorische und symbolische Auslegungen oder farbpsychologische Zuschreibungen. Gegenüber der gewohnten eher symbol-didaktischen Herangehensweise an das Thema soll der Pfad *Wieder-Entdeckung der Farbe* spezifischer den Eigensinn der Kunst betonen und aufzeigen, wie die Farbe in der Kunst selbst zu einem eigenständigen Thema (und nicht nur zu einem Mittel) wird, das aber letztlich nicht zum l'art pour l'art führt, sondern sich mit inhaltlichen Aussagen verbindet und existenzielle Implikationen hat.

Kunst und Religion / Religion in der Kunst

Das Verhältnis von Kunst und Religion und das Vorkommen von Religion in der Kunst gehört zu den am schwierigsten zu beurteilenden kulturellen Entwicklungen.[3] Ob etwa die Höhlenmalereien von Altamira in einen religiösen, kultischen oder magischen Kontext einzuordnen sind, ist weiterhin umstritten. Unbestreitbar gibt es aber eine Nähe von Bild und Religion in der Frühzeit der Menschheit. Aber es gibt auch seit mehr als 2.500 Jahren Strömungen, die sich von der Macht der Bilder in der Religion zu befreien trachten. Wir schlagen vor, das Thema anhand von vier Fragestellungen anzugehen.

---

3 Vgl. Kunst und Religion/Kunst und Christentum, S. 23ff. in diesem Band.

1. *Warum verwenden Religionen Bilder?*
   Erschließung eines Textes des Ägyptologen Jan Assmann über ägyptische Bilderfreundlichkeit/die Entscheidung des Moses gegen Bilder/die Existenz religiöser Objekte aus Israel
2. *Woran erkennt man religiöse Bilder?*
   Stellungnahme der Libri Carolini zum religiösen Gebrauch der Bilder/der von ihnen eingeführte Vergleich zweier als religiös beschriebener Werke
3. *Können Bilder theologische Erkenntnisse ausdrücken?*
   Haltung Martin Luthers zum didaktischen Gebrauch der Bilder/ein berühmtes Werk Lukas Cranachs, das versucht, reformatorische Erkenntnisse bildlich umzusetzen
4. *Haben Bilder heute noch religiöse Bedeutung?*
   Erschließung eines als religiös bezeichneten Werks der Gegenwartskunst/Diskussion über das Verhältnis von religiöser und ästhetischer Erfahrung heute

Der Anknüpfungspunkt für diese thematische Reihe im Unterricht der Fächer Religion, Ethik oder Philosophie ist weniger das Thema *Kunst und Religion* bzw. *Symbole und Zeichen* als vielmehr das Thema *Wahrheit*, denn das ist der Kern des Bilderproblems in der Religion wie in der Philosophie. Ist die Wahrheit bilderlos (wie es insbesondere die Philosophie nach der Aufklärung vertreten hat) und gefährden Bilder auf Grund ihrer Mehrdeutigkeit die Eindeutigkeit und Souveränität Gottes (wie es die jüdische Aufklärung in der Bibel vertritt[4])?

Warum verwenden Religionen Bilder?

Zwei Erkenntnisse soll dieser erste Schritt vermitteln:

- ■ Zum einen, dass die Frage der Bilder tief in das System einer Religion eingreift. Die Integration von Bildern hat weit reichende religiöse Folgen. Bilder machen Religionen übersetzbar und mehrdeutig, während Bilderlosigkeit immer auch mit einer gewissen Rigidität und dem Beharren auf einer Wahrheit verbunden ist.

- ■ Zum anderen, dass das Bilderverbot selbst die christlich-jüdische Religion nicht von Anfang an bestimmt hat (wie die Lektüre der Bibel nahe legen könnte), sondern erst späten Datums ist, nämlich Ausdruck einer Reaktion auf eine Krisenerfahrung eines bestimmten Teils des jüdischen Volkes im Exil. Davor waren Bilder in Israel durchaus verbreitet.

Der Ägyptologe Jan Assmann verweist darauf, dass zwei unterschiedliche Typen von Religion beschrieben werden können: eine bilderfreundliche, polytheistische, übersetzbare und eine bilderlose, monotheistische und an

---

4 Vgl. etwa die aufklärerische Polemik in Jesaja 44, 9ff.

einer Wahrheit orientierte. Gerade auch im Ethik- oder Philosophieunterricht (also außerhalb des Religionsunterrichts) ist die von Jan Assmann beschriebene »mosaische Unterscheidung« von Interesse, denn sie hat kulturelle Folgen bis in die Gegenwart und wird unter dem Stichwort »Bilderverbot und (totalitäre) Moderne« kontrovers diskutiert. Allerdings ist die mosaische Unterscheidung aller Wahrscheinlichkeit nach keine ursprünglich historische Entscheidung, sondern eng mit der Exilserfahrung verknüpft. Die biblische Archäologie konnte zeigen, dass es vor dem Exil zahlreiche religiöse Kultobjekte in Israel gegeben hat.[5]

Zur Erschließung:

Die Schülerinnen und Schüler sollten den Text von Jan Assmann in seinen zentralen Thesen nachvollziehen. Warum bedeuten Bilder gleichzeitig auch Mehrdeutigkeit und Übersetzbarkeit? Warum verbinden sich Wahrheitsfrage und Bilderlosigkeit? Die Berufung auf die mosaische Unterscheidung geht bis in die Gegenwart. Die Schülerinnen und Schüler sollten überlegen, wo das Bilderverbot heute noch erkennbar ist. Die Existenz religiöser Kultstatuen in Israel lässt danach fragen, welche Bedeutung das Bilderverbot im Alltag der Menschen hatte bzw. ob es nicht erst spät in der religiösen Kultur Israels entstanden ist und eine drastische Reaktion auf eine politische Krise darstellt.

Jan Assmann: Die Mosaische Unterscheidung

Ich möchte die Unterscheidung zwischen wahr und unwahr im Bereich der Religion die »Mosaische Unterscheidung« nennen, weil die Tradition sie mit Moses verbindet ... Der Raum, der durch diese Unterscheidung »getrennt oder gespalten« und dadurch zuallererst geschaffen wird, ist der Raum des jüdischchristlich-islamischen Monotheismus. Es handelt sich um einen geistigen oder kulturellen Raum, der durch diese Unterscheidung konstruiert und von Europäern nunmehr seit fast zwei Jahrtausenden bewohnt wird ...

[Die] gegenseitige Übersetzbarkeit der polytheistischen Gottheiten muss man als eine große kulturelle Leistung verbuchen. Im zweisprachigen Mesopotamien geht die Praxis der Übersetzung von Götternamen bis ins 3. Jahrtausend zurück und wird im Laufe des 2. Jahrtausends auf viele Sprachen und Völker des Alten Orients ausgedehnt. Wie verschieden die Kulturen, Sprachen und Sitten auch waren – die Religionen hatten immer eine gemeinsame Grundlage. Daher konnten sie als ein Medium interkultureller Übersetzbarkeit fungieren. Die Gottheiten waren international, weil sie kosmisch waren. Die verschiedenen Völker verehrten verschiedene Götter, aber niemand bestritt die Wirklichkeit fremder Götter und die Legitimität fremder Formen ihrer Verehrung ...

Daher war die Mosaische Unterscheidung etwas radikal Neues, das die Welt, in der sie getroffen wurde, erheblich veränderte. Der Raum, der durch diese Unterscheidung »getrennt oder gespalten« wurde, ist nicht einfach der Raum der Religion im Allgemeinen, sondern einer ganz bestimmten Art von Religion. Ich möchte diesen

---

5 Silvia Schroer, In Israel gab es Bilder. Nachrichten von darstellender Kunst im AT. Göttingen 1987.

neuen Religionstyp »Gegenreligion« nennen, weil er alles, was ihm vorausgeht und was außerhalb seiner liegt, als »Heidentum« ausgrenzt. Gegenreligionen fungieren nicht als Medium interkultureller Übersetzung; ganz im Gegenteil wirken sie als ein Medium interkultureller Verfremdung. Während der Polytheismus oder besser »Kosmotheismus« die verschiedenen Kulturen einander transparent und kompatibel machte, blockierte die neue Gegenreligion interkulturelle Übersetzbarkeit. Unwahre Götter kann man nicht übersetzen. ...

Die Mosaische Unterscheidung findet ihren Ausdruck in der Erzählung vom Auszug, griechisch: Exodus, der Kinder Israels aus Ägypten. So kam es, dass Ägypten zum Symbol des Ausgegrenzten, Verworfenen, religiös Unwahren und zum Inbegriff des »Heidentums« wurde. So wurde auch Ägyptens auffallendste Praxis, der Bildkult, zur furchtbarsten Sünde. Der Begriff des religiös Unwahren oder »Heidnischen« erhielt so eine gewisse inhaltliche Prägung, die ihm bis heute anhaftet und für die sich

Aschera-Statue

seit der Antike der Begriff »Idolatrie« (Götzendienst, Vergötzung) eingebürgert hat. ... Die Verehrung von Kultbildern wird zum exemplarischen Ausdruck von Irrtum und Lüge in dem neuen religiösen Raum, der durch die Unterscheidung von wahr und unwahr konstruiert wird. Polytheismus und Idolatrie werden als ein und dieselbe Form religiösen Irrtums verknüpft. Das zweite Gebot ist ein Kommentar des ersten:

1. Du sollst keine Götter haben neben mir.
2. Du sollst dir kein Bildnis machen.

Bilder sind automatisch »andere Götter«, denn der wahre Gott ist unabbildbar. Die Mosaische Unterscheidung wird im Raum der Bilder getroffen, und der Kampf der Gegenreligion wird gegen die Bilder geführt.

Jan Assmann, Moses der Ägypter. Entzifferung einer Gedächtnisspur. München 1998, S. 17ff.

Woran erkennt man religiöse Bilder?

Unbestritten waren Bilder im Judentum wie im Christentum nie. Auch wenn auf der Ebene des religiösen Alltags Bilder vermutlich immer eine Rolle gespielt haben, so waren sie doch seit der Zeit des Exils in der offiziellen Lehre verboten. Das hat auch das Christentum in den ersten Jahrhunderten geprägt. Zum ersten großen Konflikt um die Bilder kam es im Christentum im 8. Jahrhundert, als im byzantinischen Bilderstreit um die Legitimität der Ikonen gestritten wurde.

Und zum ersten Mal in der Geschichte tauchte im Rahmen dieser Auseinandersetzung die Idee auf, dass Kunstwerke nicht nach ihrem Inhalt, sondern nach der Qualität zu beurteilen sind. Denn als man sich am Hofe Karls des Großen mit dem byzantinischen Bilderstreit beschäftigen musste, wollte man beide Seiten – Bilderverehrer und Bilderstürmer – auf ihre Grenzen verweisen und betonte daher, dass es bei den Statuen und Bildern eigentlich gar nicht um Religion, sondern um Kunst und damit um künstlerische Ausdruckskraft gehe.

Die luzide Frage lautete: Woran kann man das Religiöse eines Werkes erkennen, an welchen Details macht es sich fest? Dazu entwarfen die Autoren ein kleines Gedankenexperiment, das deutlich machen sollte, dass die Bilderverehrer und Bilderstürmer in Wirklichkeit nicht die Bilder verehrten oder zerstörten, sondern dass ihre eigentliche Aktion den Inschriften galt, die diesen beigegeben waren. Denn wenn nur die Inschrift über Verehrung oder Zerstörung entschied, war den Verehrern oder Zerstörern das Werk selbst offensichtlich völlig gleich. Das aber erschien den aufgeklärten fränkischen Theologen absolut lächerlich. Kunst beurteilen hieß für sie, die künstlerische Qualität des betrachteten Objekts zu beurteilen.

> Zur Erschließung:
>
> Die Schülerinnen und Schüler sollten zunächst Umberto Ecos Beschreibung der Libri Carolini in den wesentlichen Aussagen erfassen. Was ist das Neue, das die Libri Carolini in die Diskussion einbringen und wogegen wenden sich ihre Autoren? Mit welchem Gedankenspiel wollen die Libri Carolini ihre Leser von der Richtigkeit der Argumentation überzeugen. Die Schülerinnen und Schüler sollten dann den Sachgehalt des Arguments der Libri Carolini am Beispiel der abgebildeten römischen Statue erörtern. Wen könnte die Statue darstellen, woran könnte man das feststellen und was bedeutet das für ihre Wahrnehmung? Bei der rechts abgebildeten Statue handelt es sich um Eirene mit dem Plutosknaben, um 58–60 n.Chr., Höhe 1,95 m, Marmor, Fundort Rom, Standort Paris, Louvre.

Umberto Eco: Über die Libri Carolini

»Das Werk hat seinen Ursprung im Konzil von Nicäa, das 787 gegen den bilderstürmerischen Rigorismus die Wiederverwendung der heiligen Bilder eingeführt hatte.

Die karolingischen Theologen widersetzten sich dieser Entscheidung nicht, sondern stellten eine Reihe scharfsinniger Überlegungen über das Wesen der Kunst und der Bilder an, um zu zeigen, dass, wenn es töricht ist, ein heiliges Bild zu verehren, es nicht weniger töricht ist, es als gefährlich zu vernichten, denn diese Bilder besitzen eine Eigenständigkeit, die sie an sich wertvoll macht. Sie sind *opeficia*, von weltlichen Künsten erzeugte Gegenstände, und dürfen keine mystische Funktion haben. Kein übernatürlicher Einfluss wirkt auf sie, kein Engel leitet die Hand des Künstlers.

Die Kunst ist neutral, sie kann als fromm oder als unfromm betrachtet werden; es kommt ganz darauf an, wer sie ausübt ... Im Bild ist nichts, was man anbeten oder verehren sollte, es nimmt durch das Können des Künstlers an Schönheit zu oder ab ... Das Bild ist nicht deshalb wertvoll, weil es einen Heiligen darstellt, sondern deshalb, weil es gut gearbeitet und aus kostbarem Material hergestellt ist.

Nehmen wir ... eine Darstellung der Jungfrau mit dem Kind: Es ist nur der unter die Statue geschriebene *titulus*, der sagt, dass es sich um ein religiöses Sujet handelt. Die Darstellung allein gibt nur eine Frau mit einem Kind in den Armen wieder, und

es könnte sich dabei ebenso gut um Venus, die Äneas trägt, oder um Alkmene mit Herkules oder auch um Andromache mit Astyanax handeln.

Zwei Darstellungen, von denen die eine die Jungfrau und die andere eine Göttin wiedergibt und die gleich in Figur, Farbe und Material sind, unterscheiden sich nur durch den Titel:
pari utraque sunt figura,
paribus coloribus,
paribusque factae materiis,
superscriptione tantum distant. *

Das ist eine außerordentlich klare Formulierung des Eigenwertes der Sprache der bildenden Kunst ... Die Ästhetik der *Libri Carolini* ist eine Ästhetik des unmittelbar Sichtbaren, und sie ist zugleich eine Ästhetik der Autonomie des Werkes der bildenden Kunst.«

Umberto Eco, Kunst und Schönheit im Mittelalter. München 1993, S. 158f.

* Beide sind sich in der Figur, in den Farben und im Bildträger zum Verwechseln ähnlich und unterscheiden sich nur in der Beischrift.

Können Bilder theologische Erkenntnisse ausdrücken?

Schon Gregor der Große (540–604) hatte die Bilder im Christentum damit gerechtfertigt, dass sie die Bibel der des Lesens Unkundigen seien. Als sich die Kirche verstärkt Rechenschaft über den Umgang mit Kunst geben musste, schrieb er im Oktober des Jahres 600 an den Bischof Serenus von Marseille, der gerade Heiligenbilder hatte zerstören lassen: »Was denen, die lesen können, die Bibel, das gewährt den Laien das Bild beim Anschauen, die als Unwissende in ihm sehen, was sie befolgen wollen, in ihm lesen, obwohl sie die Buchstaben nicht kennen, weshalb denn vorzüglich für das Volk das Bild als Lektion dient.« Kunst hat nicht die Funktion, die Worte der Prediger zu ersetzen, vielmehr wird ihr eine Funktion als Medium der Verstärkung des Wortes zugewiesen. Die Reformation hat diese didaktische Nutzung der Kunst zunächst eher noch verstärkt, indem sie Kunstwerke in die Bildpropaganda einbezog.

Als Paradefall der Nutzung der Kunst im Sinne der Reformation kann die Mitteltafel des Altarwerks der Stadtkirche von Weimar von Lukas Cranach d.Ä. und d.J. angesehen werden. Es ist ein Simultanbild, dessen Thema Gesetz und Evangelium Cranach der Ältere vorher schon in vielen Varianten bearbeitet hatte. Man sieht die Vertreibung aus dem Paradies, die Verkündung des Gesetzes durch Mose, die Schlange in der Wüste, die Verkündigung an die Hirten, die Kreuzigung Christi und zahlreiche weitere Details, teils mythologischer Herkunft. Das überragende Thema ist aber die Rechtfertigung, die Lukas Cranach unmittelbar auf sich selbst bezieht, denn der »Blutstrahl der Gnade« aus der Seitenwunde Christi trifft genau auf sein Haupt. (In der ikonographischen Tradition fingen Engel das Blut im Kelch auf, das dann über die Institution Kirche sakramental verwaltet wurde.) Das Bild ist mehr als die Illustration theologischer Lehre, es ist ein Bekenntnis zu einer theologischen Erkenntnis, wenn es auch künstlerisch nicht ganz zu überzeugen vermag.

Zur Erschließung:

Die Schülerinnen und Schüler sollten das Werk von Cranach zunächst in seiner Konstruktion und Zuordnung erschließen. Es umfasst Jahrtausende der Heilsgeschichte, vom Fall der Menschheit bis zu ihrer Rettung. Die Lektüre der Beschreibung von Friedrich Ohly verweist auf das Besondere dieses Kunstwerks. Es ist Kunstwerk und religiöses Selbstbekenntnis der Maler zugleich. Die Beschreibung sollte am Bild nachvollzogen werden. Der nahezu ungeheuerliche subjektive Anspruch des Künstlers sollte schließlich erörtert werden.

Lucas Cranach d.Ä. und d.J., Mitteltafel des Altarwerks der Stadtkirche zu Weimar 1555 (Gesetz und Evangelium)

Friedrich Ohly: Gesetz und Evangelium

»Cranach hat die Hände zum Gebet vor dem Gekreuzigten gefaltet ... Der Künstler vertraut auf keine Rechtfertigung aus seinen Werken, auch nicht aus seiner Kunst. Er stellt sich unter den Gekreuzigten, dem er so nahe ist, dass er seine Signatur auf den mit einem Schälmesser geglätteten Stamm unter den Füßen des Erlösers setzt: Hier stehe ich, mit Luther neben mir, im Glauben, der Maler Lucas Cranach, im Gebet vertrauend auf Gottes Gnade. Und das Gebet findet Erhörung. Das Blut aus Christi Füßen rinnt am glatten Stamm bis zu des Malers Signatur. Durch Kelch und Kirche unvermittelt, springt das Blut aus Christi Seitenwunde auf Cranachs Haupt ... Cranach hat den Platz des nackten Menschen, des Adam oder Jedermann eingenommen, der, von Johannes dem Täufer auf den Gekreuzigten gewiesen, im Glauben die Hände faltet und vom Gnadenstrahl des Bluts vom Kreuz getroffen wird ... [Der] nackte Mensch als Mensch vor Gott ist kein Abstraktum, keine Denkfigur, er ist immer eine Person mit eigenem Namen, eigenem Gewissen und mit eigener Entscheidung, wenn er sich unter das Kreuz stellt. Hier heißt er Lucas Cranach. Bei Cranach steht Moses stets vor einer Gruppe von Propheten. Hinter Luther als dem neuen Moses stehend, mag sich Cranach als Verkünder auch des lutherischen Glaubens mitverstanden haben.«

Friedrich Ohly, Gesetz und Evangelium, Münster 1985, S. 32.

Haben Bilder heute noch religiöse Bedeutung?

Niemand wird bestreiten, dass Kunstwerke religiös wahrgenommen werden können und einzelne Künstler mit ihren Werken weiterhin religiöse Bedeutungen verknüpfen. Aber wenn nach dem Kunstcharakter des Werks gefragt wird, dann spielt die religiöse Intention des Betrachters oder des Künstlers keine Rolle. Hier gelten autonome, das heißt vom Betriebssystem Kunst selbst bestimmte Regeln.

An einem Konfliktfall zwischen Kunst und Kirche aus den letzten Jahren soll der Frage nach der religiösen Bedeutung von Kunstwerken nachgegangen werden. Georg Baselitz' Geschenk für die Dorfkirche in Luttrum spaltete eine Gemeinde und provozierte heftige Debatten über die religiöse Bedeutung von Kunst. Beim *Tanz um das Kreuz* unterbricht ein Kunstwerk die gewohnte Weltwahrnehmung mittels einer 180° Drehung der Perspektive.

Georg Baselitz hat sich, wie sein Kollege Markus Lüpertz sagt, »ein auf dem Kopf stehendes Universum eröffnet«, er benutzt einen »Kunsttrick«, um »das Traditionelle bewusst begreifbar (zu) betreiben«. Baselitz prüft so die künstlerischen Gestaltungsmittel: »Programmatisch mache ich Bilder, ich male ja keinen Gegenstand ... Die Umkehrung des Motivs gab mir die Freiheit, mich mit malerischen Problemen auseinander zusetzen«. Auch beim *Tanz ums Kreuz* handelt es sich nicht um eine inhaltliche Auseinandersetzung mit Jesus Christus, sondern um die Beschäftigung mit spezifischen malerischen Problemen anhand eines »klassischen«, überlieferten Sujets, dem Christusbild.

Georg Baselitz, Tanz um das Kreuz, 314x210 cm, 1983

Baselitz hat das 314x210 cm große Bild 1983 geschaffen. Man sieht eine nimbusbekrönte blaue bärtige Figur, die am Kreuz hängt, während das Kreuz die Bildfläche in vier Farbzonen teilt. Die linke Bildhälfte wird von den Farben Blau und Grün dominiert, die rechte Bildhälfte wird aus Fleisch-Farben und einem hellen Blau gebildet. Auch Hände und Füße der Figur sind in unterschiedlichen Farben dargestellt. Das Kreuz selbst ist in einem kräftigen Grün gemalt. Insgesamt erhält man so den Eindruck von Flächenmalerei, und die durch Kreuz und Nimbus indizierte Ikonographie dient dabei (lediglich) als Organisationsprinzip.

Zur Erschließung:
Die Schülerinnen und Schüler sollen so weit wie möglich Informationen zum Künstler und zu seiner Arbeitsweise sammeln. Das geht z.B. über das Internet. Dann sollten sie das Bild erschließen und den in ihm ausgelegten Spuren folgen.

Inwiefern handelt es sich um ein Christusbild und inwiefern nicht? Und weshalb kann Baselitz in einem Interview sagen: »Dies ist nur ein Bild, das ist kein Christus.«
Wenn Baselitz Recht hat, was hat das für Folgen für die Wahrnehmung des Bildes?

Weiterführende Impulse

Ausgehend von den bisherigen vier Schritten lassen sich nun verschiedene Möglichkeiten denken, das Thema *Kunst und Religion* bzw. *Kunst und Kirche* zu vertiefen. Im Folgenden möchten wir stichwortartig einige Anregungen geben.

- Man könnte in einem Wahrnehmungsexperiment der Veränderung eines Objektes in unterschiedlichen Kontexten nachgehen. Dazu könnte man nacheinander ein Museum und eine Kirche besuchen. Man könnte sich fragen: Wie nehmen wir Altarbilder an den jeweiligen Orten wahr? Wie lesen wir jeweils die vorhandenen Kunstwerke? Und welche Fragen stellen wir uns? Eine weiterführende Frage wäre: Darf man in einem Museum vor einem Altarbild beten?[6]
- Da inzwischen zahlreiche Kirchengemeinden auch zeitgenössische Kunst ausstellen, legt sich der Besuch einer derartigen kirchlichen Ausstellung nahe. Die Schülerinnen und Schüler sollten sich vorab über das Thema informieren und sich selbst die Frage stellen, wie sie als Veranstalter vorgehen würden. Was wären ihre Auswahlkriterien? Woran würden sie sich orientieren: an der Kunst der Werke, an der Religion?
- Die Schülerinnen und Schüler könnten eine virtuelle (oder auch reale) Ausstellung zusammenstellen unter dem Titel: Religiöse Kunst heute – gibt es das? Dazu müssten sie sich fragen, was für sie selbst religiöse Kunst ist. Man könnte einen örtlichen Galeristen als Berater einladen.
- Ein mögliches Thema sind auch die Ikonen aus der orthodoxen Tradition. Allerdings muss dabei bedacht werden, dass die orthodoxe Theologie den Kunstcharakter von Ikonen im westlichen Sinne bestreitet. Aber über die Religiosität der Ikonen (Was macht sie dazu? Woran erkennt man das?) kann diskutiert werden.

Der (un)sichtbare Mensch

Wer die Geschichte der Bilder bzw. die Kunstgeschichte bis weit in das 19. Jahrhundert überblickt, trifft vor allem auf Darstellungen des Menschen. An ihm schulten die Künstler ihr Können, stritten über die Möglichkeiten der Darstellung und suchten nach dem treffendsten Menschenbild. Für die abendländische Kunst war dabei vor allem das Christusbild ein Maßstab. Er

---

6 Die Frage hat einen historischen Anlass: Es wird erzählt, dass eine ältere Frau nach der Versetzung eines Altarbildes aus einer Kirche in ein Museum nun regelmäßig ins Museum ging, um vor dem Bild zu beten. Nach kontroverser Diskussion wurde ihr das von der Museumsleitung verboten.

war der wahre Mensch und damit das wahre Menschenbild. Aber auch um diese Art des wahren Menschenbildes wurde natürlich gestritten: Sah es wie ein einfacher Mensch, wie ein Bauer aus (keine Hoheit noch Gestalt nach Jesaja 53) oder war es der schönste Mann, der je gelebt hatte? Das jedenfalls war der Streit zwischen Donatello und Brunelleschi 1409/10 in Florenz, als sie jeweils ein Kruzifix zu gestalten hatten. Einen elementaren Schritt weiter ging knapp 100 Jahr später Albrecht Dürer, als er ein Selbstbildnis als Christusbild entwarf. Hier tritt das mit der Renaissance sich ausbildende Selbstbewusstsein ins Bild. Mit dem ausgehenden 19. Jahrhundert ändert sich die Situation drastisch. Die Künstler entdeckten andere Bildwelten, sie blickten ins Innere des Menschen, auf sein Wahrnehmungsvermögen und seine Im- wie Expressionen. Nach dem 2. Weltkrieg hat der Verlust des Menschen in der bildenden Kunst die kulturelle Öffentlichkeit Deutschlands fast gespalten und zu scharfen Kontroversen geführt. Der scheinbar drohende »Verlust der Mitte« (Hans Sedlmayr), die mit der Zuwendung zur Abstraktion verbundene Ablehnung gegenständlicher Positionen in der Kunst, das freie und unverbindliche Spiel der Formen – das alles ließ die Frage nach dem Menschenbild (in) der Kunst aufkommen. Am Anfang des 21. Jahrhunderts ist diese Frage immer noch virulent, sie hat zugleich aber auch einen globalen Aspekt bekommen. Anknüpfungspunkt des Themas im Unterricht ist die Anthropologie, das Menschenbild oder auch das Christusbild. Wir schlagen für die Erarbeitung folgende vier Schritte vor:

1. *Der dargestellte Mensch*
   Vergleich eines Mumienporträts mit einer Christusikone

2. *Der selbstbewusste Mensch*
   Albrecht Dürers Selbstbildnis

3. *Der zerstörte Mensch*
   Francis Bacons Studien zu Velázquez *Papst Innozenz X*

4. *Der unsichtbare Mensch*
   Jeff Walls Darstellung des Invisible Man

Der dargestellte Mensch

Drei Menschenbilder über nahezu 1700 Jahre bilden den Kern der Erschließung, beginnend mit einem Mumienporträt von der Wende vom 3. zum 4. Jahrhundert n.Chr. über die wohl berühmteste frühe Christusikone des 6./7. Jahrhunderts bis zu einem zeitgenössischen Kunstwerk der *documenta* 11.

Die Mumienporträts erlauben uns einen Blick auf die Malerei der ersten Jahrhunderte n.Chr., die ansonsten weitgehend verloren ist. Im ersten Jahrhundert n.Chr. entwickelte sich der Brauch, statt der bis dahin üblichen dreidimensionalen Maske den Mumien gemalte Porträts aufzulegen. Anders als bei der sonstigen Malerei haben uns die klimatischen Bedingungen Ägyptens diese Porträts erhalten. Wir erhalten so einen Einblick in die hohe Qualität der Porträtmalerei jener Zeit mit individuellen Zügen. Es ging in ihnen »um die Erhaltung der irdischen Erscheinung des Menschen in seiner einmaligen, unverwechselbaren Gestalt: um greifbare Manifestation seiner Existenz« (Hilde Zaloscer).

Die Mumienporträts waren neben dem Götterbild und dem Kaiserbild *das* Vorbild für die Christusikonen.[7] Die abgebildete Ikone aus dem Sinai reproduziert vermutlich ein berühmtes Vorbild. Sie gilt als Meisterwerk der Ikonenmalerei (»Vergleichbares findet sich erst wieder in der Ölmalerei der Neuzeit«, schreibt Hans Belting).

Luc Tymans Arbeit, die auf der *documenta* 11 gezeigt wurde, ist ein Bild *nach* dem Menschenbild, denn es kommentiert schon die gesamte Geschichte der Menschenbild-Malerei. Bewusst fahl und ausgebleicht, spielt das Werk mit unserem kollektiven Bildgedächtnis. Verständlich wird es erst in der Tradition einer Jahrhunderte langen Auseinandersetzung um das rechte Bild des Menschen.

Mumienbild 32,5 cm hoch, Tempera auf Holz, um 300

Christusikone, 84,5x44, 3 cm, Enkaustik, 6. Jh.

Luc Tyman, ohne Titel, documenta 11

---

7 Vgl. dazu Hans Belting, Bild und Kult: Eine Geschichte des Bildes vor dem Zeitalter der Kunst. München 1990, S. 92ff.

114

Zur Erschließung:

Die Schülerinnen und Schüler sollen sich Bild für Bild vornehmen und nach den oben beschriebenen fünf Schritten der Annäherung[8] aufschlüsseln. Wie viel Individualität ist beim einzelnen Bild erkennbar? Wie direkt ist der Betrachter in das Geschehen mit einbezogen? Was sagt es aus, wenn angesichts des Todes, der doch alle gleich macht, Individualität betont wird? Welche Beziehung besteht zwischen den Mumienporträts und dem herrschaftlichen Christus der Ikone? Welchen Kommentar gibt der zeitgenössische Künstler mit seinem Werk zur Porträtgeschichte des Menschen ab?

Der selbstbewusste Mensch

Das Christusbild war – neben den Marienbildern – über ein Jahrtausend *das* leitende porträthafte Menschenbild überhaupt. Es war der Maßstab schlechthin, so dass allenfalls darüber gestritten wurde, *wie* es richtig auszusehen habe. Im berühmten Streit zwischen Brunelleschi und Donatello etwa wurde um das Christusbild zwischen idealer und realistischer Darstellung gerungen.[9] Umso bemerkenswerter ist es daher, dass zu Beginn der Neuzeit ein Künstler in Deutschland das am Christusbild ausgearbeitete Schema aufgreift und für sein Selbstporträt nutzt. Generell gilt das 16. Jahrhundert als die Blütezeit des Porträts:

Die berühmten Porträts dieser Zeit-Bilder von Raffael, Leonardo da Vinci, Tizian, Dürer oder Hans Holbein dem Jüngeren – überliefern ein neues, durch die Entwicklung der Wissenschaften, durch Philosophie und Literatur geprägtes Bewusstsein. Ihre Inszenierung der Persönlichkeit, die vom Modell beabsichtigt war und vom Künstler mit den Mitteln seiner Bildsprache umgesetzt wurde, entspricht den Forderungen, die noch heute an ein Porträt gestellt werden: Abgebildet wird ein Mensch mit allen typischen Merkmalen seines Aussehens und seines Charakters zu einem bestimmten Zeitpunkt seines Lebens, damit sein Bild den Zeitgenossen und der Nachwelt über seinen Tod hinaus erhalten bleibe. Wesenszüge wie Machtbewusstsein und Selbstdarstellung, aber auch Melancholie und Selbstreflexion lassen sich an diesen Gesichtern ablesen.[10]

---

8 Vgl. den Abschnitt *Mit Kunst unterrichten*, S. 89ff.
9 Vgl. A. Mertin, Der Zauber der Bilder, http://www.amertin.de/aufsatz/schoen.htm.
10 Brockhaus, Art. Porträt: Inszenierung der Persönlichkeit.

Das Dürer-Selbstporträt geht darüber noch weit hinaus, indem der Künstler ganz selbstbewusst und kunstgeschichtlich für diese Zeit einzigartig hier in der *Imitatio Christi*, der Nachfolge Christi, auftritt.[11] Man kann dies so deuten, dass der Künstler auf seine von Gott gegebene Begabung verweist, wahrscheinlich drückt es aber das in der Renaissance aufkommende Gefühl des Künstlers als *alter deus*, als zweitem Schöpfer, aus.

Albrecht Dürer, Selbstbildnis, 1500, 67x49 cm, Öl auf Lindenholz, München – Alte Pinakothek: »Ich AD aus Nürnberg bildete mich so nach in unvergänglichen Farben im Alter von 28 Jahren.« [Text auf dem Bild rechts oben]

Zur Erschließung:
Die Schülerinnen und Schüler sollen sich das Bild erschließen und sich über den Künstler informieren. Inwiefern kann man sagen, dass der Künstler hier für sein Selbstporträt auf Christusbilder zurückgegriffen hat? Und was bedeutet es wohl, wenn der Künstler sich nicht nur in der Nachfolge Christi sieht, sondern sich wie Christus malt? Was drückt Albrecht Dürer mit der Inschrift auf dem Bild aus?

Der zerstörte Mensch

Im 20. Jahrhundert ist – nach der Blüte menschlichen Selbstbewusstseins im 19. Jahrhunderts – der Mensch sich selbst in einem Maße fraglich geworden, dass wenig von seiner ursprünglich beanspruchten Größe und Zentralstellung – für die die Porträtmalerei ja auch ein unmittelbarer bildlicher Ausdruck war – übrig geblieben ist. Mit den beiden Weltkriegen und dem anschließenden Kalten Krieg scheint das »Projekt Menschwerdung« gescheitert zu sein. Auch und gerade die über Jahrhunderte geltenden Autoritäten und Institutionen sind samt ihren Repräsentanten fraglich geworden.

Der englische Maler Francis Bacon (1909–1992) gehört sicher zu den Ausnahmegestalten in der Kunst des 20. Jahrhunderts. Mit einer Konsequenz sondergleichen ist er der Zerstörung des Menschenbildes in diesem Jahrhundert nachgegangen und hat ihr wie kein anderer Ausdruck verliehen. Bacon kann als der vielleicht letzte, mit Sicherheit aber als der radikalste Porträtist der Kunstgeschichte bezeichnet werden. Sein gesamtes Schaffen über hat er (neben vielen Studien zu Kreuzigungen) Porträts gemalt, die das ganze Elend und die Zerrissenheit des heutigen Menschen geradezu physisch herausschreien. Zu seinen beeindruckendsten und aufsehenerregendsten Werken gehört dabei die Studie nach dem Papstporträt von Velázquez.

11 Erst das 20. Jahrhundert hat mit James Ensor und Josef Beuys wieder Künstlerpersönlichkeiten, die die Christusidentifikation auf ihre Weise umgesetzt haben. Vgl. Rombold/Schwebel, Christus in der Kunst des 20. Jahrhunderts. Freiburg 1983.

116

Velázquez gilt als einer der herausragenden Porträtisten des Barock, der mit seinen Werken zugleich für die Würde des Menschen eintrat. Zwischen dem Porträt des Papstes Innozenz X., das er 1650 malte, und der Studie nach Velázquez, die Francis Bacon 1953 anfertigte, liegen 300 Jahre. Von Anfang an zeigte sich Bacon von dem Bild von Velázquez tief beeindruckt (obwohl er es real nie gesehen hat) und gibt ihm nun eine Neufassung, die all das Entsetzen über den Menschen und seine Institutionen in ein Bild fasst. Die Intensität des Bildes in Form und Inhalt ist erschreckend, der oberste Vertreter der Kirche schreit in namenlosem Entsetzen.

Francis Bacon, Studie nach dem Porträt Papst Innozenz X. von Velázquez, 1953, Öl auf Leinwand, 153x118 cm

Diego Velázquez, Papst Innozenz X., 1650, Öl auf Leinwand, 141x119 cm

Zur Erschließung:
Die Schülerinnen und Schüler sollen sich über beide Künstler informieren[12] und dann die Bilder im Gegenüber erschließen. Was hat Francis Bacon von Velázquez aufgenommen, was hat er verändert und was ist neu auf seinem Bild? Kann man dem Bild eine inhaltliche Aussage entnehmen?

Der unsichtbare Mensch

Unabhängig von der Zerstörung des Menschenbildes im 20. Jahrhundert bleibt die Frage bestehen, ob unser je vorhandenes Bild des Menschen überhaupt *den* Menschen wiedergibt oder ob große Teile der Menschheit in unserem alltäglichen Menschenbild einfach unsichtbar bleiben.

---

12 Im Internet gibt es unter der Adresse http://www.francis-bacon.cx eine umfassende Bildergalerie über das Werk von Francis Bacon, die auch zentrale Texte (auf Englisch) enthält. Zu Velázquez findet man ebenfalls eine Fülle von Internetadressen.

Ich bin ein wirklicher Mensch, aus Fleisch und Knochen, aus Nerven und Flüssigkeit – und man könnte vielleicht sogar sagen, dass ich Verstand habe. Aber trotzdem bin ich unsichtbar – weil man mich einfach nicht sehen will. Wer sich mir nähert, sieht nur meine Umgebung, sich selbst oder die Produkte seiner Phantasie – ja, alles sieht er, alles, nur mich nicht.

So lauten die einleitenden Worte des 1952 erschienenen Romans *Der unsichtbare Mann* des afroamerikanischen Schriftstellers Ralph Waldo Ellison (1914–1994), auf den sich der kanadischer Medienkünstler und Fotograf Jeff Wall (*1946) mit seiner gleichnamigen Arbeit bezieht. Der Roman – eine Pflichtlektüre an amerikanischen Universitäten – erzählt vom Leben eines jungen schwarzen Amerikaners, der sich – wie er einleitend sagt – für unsichtbar hält, weil seine Geschichte aus den Projektionen derer besteht, die ihn ansehen.

Jeff Walls Bild zeigt nun nicht die Geschichte des unsichtbaren Mannes, sondern er zeigt dessen Kellerwohnung zum Zeitpunkt der Erzählung, jenen finalen Zufluchtsort des Protagonisten, in den er sich schließlich zurückzieht, um mit Hilfe von 1369 Glühlampen jene Helligkeit zu erzeugen, die ihm die Gewissheit seiner eigenen Existenz gibt. Walls Bild ist keine rein gestellte Szene, sondern ein sorgsam computerbearbeitetes Foto. Seine Fotoarbeiten gelten als wichtige Beiträge zur Diskussion um Realitätsabbildung und Schaffung virtueller Welten. Jeff Wall hebt aber stets den Kunstcharakter seiner Werke hervor.

Jeff Wall, The Invisible Man, computerbearbeitetes Foto, documenta 11

Zur Erschließung:
In Amerika ist der Roman kulturelles Allgemeingut. In Deutschland sollte man sich darum bemühen, den Schülerinnen und Schüler wenigstens den Inhalt zu paraphrasieren, denn die paradigmatische Erzählung vom unsichtbaren schwarzen Mann ist im Bild vorausgesetzt. In einem zweiten Schritt sollten die Schülerinnen und Schüler das Bild studieren und Details zusammentragen. Was auf den ersten Blick noch normal aussieht, erweist sich als zunehmend paradox. Wenn das ein zutreffend in Szene gesetztes Menschenbild ist, was besagt es dann über den blinden Fleck unseres Menschenbildes und welche Menschen können bei uns als »unsichtbar« im Sinne des Bildes gelten?

Ralph Waldo Ellison: Der unsichtbare Mann

Meine Höhle ist warm und voller Licht. Ja, *voller* Licht. Ich glaube nicht, dass es in ganz New York, den Broadway eingeschlossen, einen helleren Ort gibt. Das gilt auch für das Empire State Building in einer Traumnacht für jeden Fotografen. Das ist bewusste Täuschung. Die zwei genannten Orte sind das Dunkelste unserer ganzen Zivilisation – Verzeihung, unserer ganzen *Kultur* (ein bedeutsamer Unterschied, wie ich gehört habe) –, vielleicht klingt das wie Schwindel oder Widerspruch, aber so (durch Widerspruch, meine ich) bewegt sich die Welt: nicht wie ein Pfeil, sondern wie ein Bumerang. (Man hüte sich vor denen, die von der Spiralbewegung der Geschichte reden. Sie bereiten bestimmt einen Bumerang vor. Man habe einen Stahlhelm zur Hand.) Ich weiß Bescheid; mir ist so mancher Bumerang über den Kopf geflogen, dass ich heute die Dunkelheit des Lichtes sehe. Und ich liebe das Licht. Vielleicht klingt es seltsam, dass ein Unsichtbarer Licht braucht, sich nach Licht sehnt und Licht liebt. Aber vielleicht kommt das daher, weil ich unsichtbar *bin*. Licht bestätigt meine Realität, gebiert meine Gestalt. Ein schönes Mädchen erzählte mir einmal von einem immer wiederkehrenden Albtraum, in dem sie in der Mitte eines großen, dunklen Zimmers lag und fühlte, wie sich ihr Gesicht immer weiter ausdehnte, bis es den ganzen Raum füllte, eine formlose Masse wurde, während ihre Augen als gallige Gallerte den Kamin hinaufliefen. Genau so geht es mir. Ohne Licht bin ich nicht nur unsichtbar, sondern auch gestaltlos. Und wer sich seiner Gestalt nicht bewusst ist, lebt einen Tod. Nachdem ich etwa zwanzig Jahre existiert hatte, wurde ich erst lebendig, als ich meine Unsichtbarkeit entdeckte. Deshalb führe ich meinen Kampf gegen die Licht- und Kraftwerke. Der tiefere Grund aber ist: er lässt mich meine Vitalität fühlen. Ich bekämpfe sie auch, weil sie mir so viel Geld abnahmen, bis ich endlich lernte, mich zu schützen. In meiner Höhle im Kellergeschoss brennen genau eintausenddreihundertneunundsechzig Lampen.

Ralph Ellison, Der unsichtbare Mann, Reinbek 1998, S. 10f.

Weiterführende Impulse

Ergänzend zum bisher vorgestellten Material lassen sich nun weitere Impulse zur Bearbeitung des Menschenbildes in der Kunst und in der Wissenschaft anschließen. Denkbar wäre Folgendes:

- Es scheint, als habe die Fotografie als Kunstform inzwischen einiges von dem aufgenommen und fortgeführt, was bisher in der traditionellen Kunstgeschichte von der Porträtmalerei gestaltet worden ist. Künstler wie Thomas Ruff haben mit ihren Porträtfotos bewusst an die Tradition der Porträtbilder angeknüpft. Schülerinnen und Schüler könnten verschiedenen Tendenzen der Porträtfotografie in der aktuellen Kunst nachgehen.
- Am Beispiel eines Kataloges einer zeitgenössischen Kunstausstellung wie etwa der *documenta* oder einer der großen Biennalen könnte überprüft werden, inwieweit in der Ausstellungen »Menschenbilder« vorkommen und wie sie gestaltet sind. Welche Schlussfolgerungen kann man aus der Tatsache und der Art des Vorkommens und der Gestaltung für die Gegenwart ziehen? Sind Bilder Spiegel ihrer jeweiligen Zeit?
- Ergänzend zur Diskussion des Menschenbildes in der bildenden Kunst könnte die Diskussion des Menschenbildes in der Anthropologie, der Soziologie und vor

allem der Philosophie und Theologie des 20. Jahrhunderts herangezogen werden. Inwiefern lassen sich wechselseitige Beeinflussungen feststellen bzw. inwiefern reagieren Wissenschaft und Kunst auf dieselben gesellschaftlichen Prozesse?

– Auch zu diesem Thema könnten die Schülerinnen und Schüler eine virtuelle (oder auch reale) Ausstellung zusammenstellen unter dem Titel: Der Mensch in der Kunst – Porträtbilder in der Geschichte und der Gegenwart. Ergänzt werden könnte eine derartige Ausstellung durch Werke und Fotos, die die Schülerinnen und Schüler selbst erstellt haben.

– Ein interessantes Thema ist schließlich neben dem Menschen *im* Bild, der Mensch *vor* dem Bild. Studien haben gezeigt, dass Politiker und Wirtschaftsführer sich gern vor ausgesuchten bedeutenden Kunstwerken interviewen lassen. Welches Bild soll damit vermittelt werden, welches Menschenbild wird dadurch ausgedrückt und welche Werke würden die Schülerinnen und Schüler selbst als Hintergrund für eine öffentlichkeitswirksame Befragung aussuchen?

Re-Sozialisierung des Ästhetischen

Lernen und Lehren bedeutet eine Gratwanderung zwischen Reflexion und Praxis. Die Auffassung, dass wir für das Leben lernen, ist so plausibel wie fragwürdig. Eine ähnliche Fragestellung gibt es in Bezug auf den Sinn von Kunst. Liegt ihre soziale Bedeutung darin, indirekt aufzuklären, also unser kritisches Bewusstsein zu schulen, oder sollte sie korrigierend in die Wirklichkeit eingreifen? Ist Kunst ein Test- oder der Ernstfall? Erste Versuche der Resozialisierung ästhetisch errungener Freiheit sind die Künstlerkolonien der frühen Moderne, in denen alternative Lebensformen erprobt wurden. Am *Bauhaus* zielten Künstler dagegen auf die demokratische Durchgestaltung der modernen Lebenswelt. Beides, die radikale Negation kultureller Standards und der Wille zur Formung gesellschaftlicher Realität, sind Beispiele für eine sozialästhetische Utopie. Im zeitgenössischen Kunstdiskurs spielen Utopien nur noch eine untergeordnete Rolle, gleichwohl sind soziale Fragen von großem Interesse. Es geht dabei um den jeweiligen Sinn von unterschiedlichen Praktiken und um Möglichkeiten freier Interventionen in einer sich kulturell zunehmend vernetzenden Welt.

Das Aufgreifen sozialer Fragestellungen in der Kunst ist meist motiviert durch den inflationären Gebrauch einer Tradition gewordenen Formensprache. Gegen unseren Hang, Kunst zu ästhetisieren, ist es der Versuch, Erfahrungen der Gegenwart erneut künstlerisch geltend zu machen. Ein kulturell verengter Blick auf Kunst kann allerdings nur durch ästhetische Interventionen, also im Medium der Kunst, wirklich gebrochen werden, wie dies die postmoderne Kunst beispielhaft vor Augen führt. Im Folgenden konkretisieren wir in vier Schritten verschiedene Möglichkeiten einer Kunst, die ihren Sitz im Leben manifestiert:

1. *Wie kann Kunst Stellung beziehen?*
   Francisco de Goyas Gemälde Die Erschießung der Aufständischen

2. *Kritik der Tradition oder: Wann wird das Erhabene lächerlich?*
   Louis Muellers Newman-Zitat gegen eine formelhafte Moderne

3. *Wie kann Kunst eine Stadt verändern?*
   Beuys' soziale Intervention der 7000 Eichen

4. *Wie tritt Leben in die Kunst?*
   Das Tote Haus ur von Gregor Schneider

Wie kann Kunst Stellung beziehen?

Das Gemälde der Erschießung vom 3. Mai 1808 hat die größte Berühmtheit erlangt, und es ist dennoch ein Werk, das alles andere als eine glorreiche Erhebung feiert: Ein französisches Peloton erschießt eine Gruppe der spanischen Aufständischen vom 2. Mai 1808. [Im] Zentrum lenkt ein weiß gekleideter Mensch mit hochgerissenen Armen alle Aufmerksamkeit auf sich. Der grauenvolle Vorgang findet in ihm die zentrale Aussage: das einer erbarmungslosen Kriegsmaschinerie ausgelieferte Opfer, das mit seinen Gesten (aber auch mit den Stigmata an seinen Händen) die Züge eines christlichen Märtyrers trägt. *Jürg Meyer zur Capellen*

Francisco de Goya, Die Erschießung der Aufständischen vom 3. Mai 1808, 1814, Museo del Prado, Madrid

Der Künstler Goya klagt als Aufklärer den Krieg und seine Folgen an und nimmt Partei für die Opfer. Gleichwohl zeigt er keinen »positiven« Helden »so wie es in wie es in den großen Historiengemälden der napoleonischen Zeit üblich war und sicherlich von offizieller Seite auch von ihm erwartet wurde.« Üblich war es, die Gefangenen bei der Erschießung zu fesseln und ihnen die Augen zu verbinden. Goyas politische Bilderfindung liegt darin, der Hauptfigur einen letzten Gestus gerade nicht zu versagen. Während der Mann in die Knie geht, reißt er die Arme nach oben. In dieser Geste kommen Entsetzen und Klage zum Ausdruck, aber auch Ergebung und Beschwörung. Die Geste – ein alter Orantengestus – wird so zum »sprechenden Bild«, zur Pathosformel. Der Gestus auf Goyas Bild wurde verschieden gedeutet und galt bald als »schmähliche

Edouard Manet, Die Erschießung Kaiser Maximilians von Mexiko, Öl auf Leinwand, 1867, Kunsthalle Mannheim

Ergebung vor dem Feind« (Martin Warnke). Edouard Manet hat in seiner Darstellung *Die Erschießung Kaiser Maximilians von Mexiko* (1867) Goyas Bild aufgegriffen. Welche politischen und ästhetischen Gründe könnte es für die »fehlende« Geste des Kaisers geben? Warum kann ein Bild Macht und Ohnmacht zugleich demonstrieren?

Zur Erschließung:

Politik hat sich immer symbolischer und ästhetischer Mittel bedient, um Positionen und Machtverhältnisse, Ansprüche und Erfolge anschaulich zu vermitteln. Künstler beobachten und bearbeiteten ihrerseits politische Geschichte. Der Maler Francisco José de Goya y Lucientes (1746–1828) war Hofmaler unter dem spanischen König Karl IV. In seiner Malerei und Druckgrafik reflektiert er kritisch soziale, kirchliche und politische Missstände seiner Zeit. Die Schülerinnen und Schüler sollen die möglichen politischen Dimensionen der Bilderfindung von Goya benennen und so die spezifische »Macht« seines Bildes herausarbeiten. Dabei sollte es auch um den Begriff der politischen Ikonographie in der Tradierung von Bildern und Gesten gehen. Goya wird häufig als Moralist bezeichnet. Warum? Was ist der historische Kontext von Goyas Gemälde? Gesten werden auch als »Universalsprache« bezeichnet. Was beinhaltet diese Aussage? Was könnte mit einer »Sakralisierung« elementarer Gesten durch Bilder gemeint sein? Im Internet gibt es eine interaktive Werkanalyse zu Goyas Gemälde (www.learn-line.nrw.de/angebote/goya/). In seinen Radierungen *Desastres de la Guerra* beschreibt Goya die Gräuel des Krieges. Blätter aus dieser Folge sollten in das Gespräch einbezogen werden.

Kritik der Tradition oder: Wann wird das Erhabene lächerlich?

Louis Mueller, Newman 1/8 scale, Öl auf Papier, 1992

In einem Gemälde von Barnett Newman tritt die Comicfigur Bugs Bunny auf, lehnt sich lässig an den Rand der schwarzen Fläche und knabbert an einer Mohrrübe. Der Hase hat eine Wand zur Seite geschoben und grinst uns frech an. Die Überdimensionalität eines im Original mehrere Meter messenden Leinwandbildes schrumpft zusammen auf einen Maßstab von 1:8. An Stelle des für Newman typischen einheitlichen Farbauftrag hat Mueller mit Öl auf Papier gearbeitet: Die räumliche Dynamik verklebt und der »Klang« der Farben »verstummt«. Was wir wahrnehmen, sind keine reinen Farbräume, sondern ein eher schäbig wirkender Hintergrund in einem Comicstrip. Die Provokation, die von diesem Bildzitat ausgeht, ist von nachhaltiger Wirkung. Die »Angst« oder der Schauer, die man angesichts der monumentalen Bilderscheinungen Newmans empfinden mag, erscheinen auf einen Schlag lächerlich. Zwar arbeiten auch Newmans Bilder mit der Ent-Täuschung des Betrachters, sie entsteht aber angesichts der Erhabenheit des Bildes. Das Arbeiten mit dem Faszinosum der reinen Farbe entlarvt der Bild-Witz als autoritäre Strategie, als pseudoreligiöse Pose einer auf Verehrung zielenden (Herrschafts-) Kunst. Sie bestätigt den Satz: »Vom Erhabenen zum Lächerlichen ist nur ein Schritt.«

Zur Erschließung:

Louis Mueller geht in ihrer Kunst von einer zur Tradition gewordene Avantgarde-Kunst aus. Durch ihre ironische Bearbeitung nimmt sie (historische) Distanz ein und ermöglicht uns einen befreiten Blick darauf. Man sollte deshalb zunächst ein Bild von Newman »im Original« bearbeiten. Z.B. stellen wir im Kapitel zur Wiederentdeckung der Farbe (S. 132) eines vor. Die Schülerinnen und Schüler sollten herausfinden, was mit den kulturell vertrauten Bildern geschieht. Die Schülerinnen und Schüler sollten überlegen, inwiefern Maßstab (scale) eine ästhetische und eine soziale Bewertung ist. Es sollte deutlich werden, dass Traditionen nur sichtbar werden, wenn auch die Muster ihrer Wahrnehmung befragt werden. Das Bild von Mueller verwendet Newmans Bild als Hintergrund. Inwiefern verliert das Bild von Newman damit seine Wirkung? Wie hängen der Maßstab und meine Bewertung einer Situation zusammen? Welchen »Wert« haben beide? Inwiefern sind auch Muellers Kunstwerke ihrerseits »autoritär«? Sie unterlaufen ebenfalls unsere Unterscheidung zwischen Hoch- und Populärkultur, ein Verfahren, das die Kunst der Popart erstmals thematisiert. Zum Vergleich sollten weitere Kunstwerke dieser Kunstrichtung herangezogen werden.

Wie kann Kunst eine Stadt verändern?

Auf der *documenta* 7 nahm der Künstler Joseph Beuys mit einem Projekt teil, das er mit *7000 Eichen – Stadtverwaldung* statt »Stadtverwaltung« betitelte. Am 16. März 1982 pflanzte er den ersten von 7000 Bäumen: eine Eiche, mittig vor den klassizistischen Säulenportikus des Fridericianums platziert. Daneben setzte er eine von 7000 Basaltstelen, die er in den Wochen zuvor auf dem Friedrichsplatz abladen und zu einem riesigen Steinkeil hatte aufrichten lassen. Beide Aktionen wurden dokumentiert und öffentlich inszeniert. Es wurde ein Koordinationsbüro gebildet und innerhalb von fünf Jahren pflanzten Bürgerinnen und Bürger mithilfe des kommunalen Gartenamtes in der Stadt Kassel weitere 6999 Bäume. Häufig hört man die Forderung, öffentliche Gelder mögen lieber in soziale Einrichtungen fließen, anstatt Kultur zu fördern und damit bloße Imagepflege zu betreiben. Beuys entlarvt dieses Argument als Ausdruck sozialer Faulheit, indem er den Betrachter auf den notwendigen (individuellen) Impuls verweist, ohne den sich eine Gesellschaft nicht entwickelt. Indem dieser Anstoß als »Kunstaktion«, d.h. als freie

Intervention, vorgetragen wird, hat er soziale »Bedeutung«. Beuys' Anliegen ist es, durch künstlerische Aktionen die sozialen und kreativen Kompetenzen des Menschen sichtbar zu machen und ihre Umsetzung in der Gesellschaft anzustoßen. In seiner Kunst arbeitet er mit elementaren Materialien wie Fett, Filz, Stein und Metall, deren energetische Eigenschaften – Wärme, Kälte, Ausdehnung – verbindend oder isolierend wirken, also in einem erweiterten Verständnis soziale Dimensionen entfalten können. Von da aus entwickelte er die Idee der »sozialen Plastik«, eine Kunstform, die sich nicht als abgeschlossenes Werk manifestiert, sondern als soziale Intervention, durch die sich unser Verständnis von Gemeinschaft langfristig verändern soll. In der Aktion der 7000 Eichen wird die wechselseitige Abhängigkeit von Natur und Kultur sichtbar und es kommt es zu einer Einsicht in das Wesen des Gemeinsinns. Heute gilt der Gedanke der ökologischen und sozialen Nachhaltigkeit in der Politik und Wirtschaft als selbstverständliche Handlungsmaxime.

Beuys beim Pflanzen der ersten
Eiche, 16. März 1982

Zur Erschließung:
Joseph Beuys (1921–1986) lehrte an der Düsseldorfer Kunstakademie und gehörte zur Fluxusbewegung. Der Mensch als kreatives und offenes Wesen stand im Zentrum seiner Kunst. Die Schülerinnen und Schüler sollten die Idee eines »erweiterten Kunstbegriffes« verstehen. Sie sollten die ästhetischen und die sozialen Dimensionen des Projekts unterscheiden und in Beziehung setzen. Welche Rolle spielen die 7000 Basaltstelen, die Beuys zu einem Berg aufschichtete? Was meint der Begriff »soziale Plastik«? Was ist die eigentliche künstlerische Aktion und was beinhaltet die soziale Intervention? Lassen sich Kultur und Natur in Beuys' Aktion genau voneinander trennen? Ist Kunst für Beuys Ausdruck der »Kultur« oder der »Natur« (des Menschen)? Kultur wird häufig mit einem wissenschaftlichen Weltbild, Natur mit einem mythischen Weltbild gleichgesetzt. Inwiefern spielen in Beuys' Aktion Mythos und Wissenschaft eine Rolle? Die Aktion der 7000 Eichen hat über Kassel und Deutschland hinaus eine Fortsetzung erfahren. Im Internet (http://www.diacenter.org/ltproj/7000/7000. html) finden sich weitergehende Informationen.

Wie tritt Leben in die Kunst?

Seit mehr als 15 Jahren baut der Künstler Gregor Schneider sein Elternhaus in Rheydt, von ihm *Haus ur* genannt, Schritt für Schritt nach. Er setzt Wände vor Wände und baut Räume in Räume ein. Der ursprüngliche, alltägliche Eindruck der Architektur verändert sich nur unmerklich. Einzelne Räume werden von ihm schallisoliert oder mit Bleiwänden von der Außenwelt abgegrenzt. Die Räumlichkeiten sind eng und beklemmend. Ein dunkel gefliester Fußboden, abgeschabte Ecken, die Raufasertapete beschädigt über einer lieblos gestrichenen Sockelleiste mit Farbspritzern. Die Räume sind leer wie vor einem Einzug oder nach dem (gewaltsamen) Verlassen. Schneider verdoppelt eine Lebenswelt, die nicht mehr bewohnt wird. Für den deutschen Beitrag *Totes Haus ur* zur Biennale in Venedig 1999 kleidete der Künstler den zur Zeit des Nationalsozialismus errichteten Pavillon mit Räumen aus dem *Haus ur* von innen aus. Dem Pathos der NS-Architektur setzte er damit die Innenansicht eines kleinbürgerlichen deutschen Wohnhauses entgegen: Das Haus des Einzelnen und die nationale Repräsentation in öffentlichen Gebäude wurden zu Innen- und Außenansicht einer kollektiven Identität. In Schneiders Arbeit scheint das Haus als Synonym für Leben und Heimat auf, aber auch als Metapher für soziale Isolierung oder die Vertreibung von Menschen. Die Enge des Hauses wird zum Sinnbild für die Enge der Lebenswelt und der Haltung seiner ehemaligen Bewohner. Indem Schneider ein normales Haus von innen nahezu identisch nachbaut, schafft er Realkunst. Leben und

Gregor Schneider, Haus ur

Kunst werden nur scheinbar ununterscheidbar, tatsächlich wird erfahrbar, wie sich beide ausschließen. Im Nachbauen und im Nachgehen erschließt sich das ehemals Lebendige ästhetisch – und erweist sich als (vielleicht immer schon) Totes. So entsteht ein Bild für unseren Versuch, zu verstehen, was »tot« bedeutet. Wir wissen, dass es den Tod gibt und auch, dass es Totes gibt. Dennoch verstehen wir nur schwer, was es heißt, dass es das »gibt«.

Zur Erschließung:

Zu erarbeiten wäre das paradoxe Moment in der künstlerischen Praxis im Unterschied zur alltäglichen Praxis: Ein Haus wird nicht erbaut, sondern nachgebaut, Schritt für Schritt rückgebaut. Es sollte deutlich werden, wie persönliche und kollektive Geschichte mit Repräsentation zusammenhängen. Ästhetische Vergegenwärtigung sollte als Technik des Erinnerns verständlich werden. Inwiefern thematisiert das Kunstwerk von Gregor Schneider im Kontext der Biennale eine kollektive Erinnerung/Geschichte? Welche Bedeutung hat das (Zu-)Haus für die

Befindlichkeit eines Menschen? Welche Rolle spielt Sesshaftigkeit in unterschiedlichen Kulturen und in der Geschichte? Leben und Tod bedingen einander. Inwiefern unterscheidet sich diese Definition von unseren Erfahrungen? Wie erfahren wir das Leben und den Tod in der ästhetischen Differenz? Welche widersprüchlichen Erfahrungen – positive oder negative – fallen uns ein? Gibt es Strategien, um sie sichtbar zu machen?

Weiterführende Impulse

Ausgehend von den bisherigen vier Schritten lassen sich nun verschiedene Möglichkeiten denken, das Thema »Resozialisierung des Ästhetischen« weiter zu bearbeiten.

– Gibt es im Leben der Schülerinnen und Schüler Bereiche und Themen, die zwar eine große Rolle spielen, im Alltag ihrer Schule aber keinen sichtbaren Ausdruck finden. Wie könnten soziale Probleme, tagespolitische Ereignisse oder persönliche Interessen wie Musik, Sport und Mode im Unterricht Gestalt finden? Denkbar sind Exkursionen in außerschulische Einrichtungen; nicht nur Besuche im Gericht oder im Bundestag, sondern vielleicht auch der Besuch in einem Tonstudio, in der Redaktion einer Modezeitschrift oder im Theater. Vorab sollte klar sein, welche Fragen man an die Menschen hat, die dort arbeiten, und wie man den Besuch nachher in der Schule plastisch werden lassen kann.
– Im Gegenzug kann auch die eigene Schule zum Gegenstand einer sozialästhetischen Intervention werden. Gibt es Räume in der Schule, die durch Bepflanzung, Bemalung oder Möblierung – oder vielleicht auch einfach durch Freiräumen – neu in den Blick kommen und so eine andere Nutzung erfahren? Eine Möglichkeit, die Strukturen in einer Schule zu befragen, könnte es sein, verschiedene Fächer für eine Zeit lang gemeinsam zu unterrichten: Ethik und Religion oder auch Philosophie und Mathematik.
– Schließlich könnte man fragen, welchen Sinn (und Wert) die Trennung von Schule und freier Zeit generell hat. Auf der einen Seite institutionalisiertes Lernen, auf der anderen Seite Zeit, die man persönlich gestalten kann. Wie werden diese zwei Welten erlebt – als voneinander getrennt oder aufeinander bezogen? In einer Umfrage könnte man Mitschüler und Lehrer bitten, ihr Verhältnis zur Arbeit und zur Freizeit zu beschreiben. Verändert sich dabei ihre Einstellung zum Leben? Wenn sie diesen Einstellungswechsel mit der Unterscheidung zwischen »Kunst und Leben« und der Unterscheidung zwischen »Kunst und Alltag« vergleichen, wo sehen sie Analogien, wo kommt es vielleicht zu Umkehrverhältnissen? Auf der *documenta* 11 hat der Künstler Ben Kinmont Bürger befragt, ob sie ihr Leben, ihre berufliche und private Tätigkeit als Kunstform betrachten. Diese Befragung könnten Schülerinnen und Schüler fortsetzen.

Die Wieder-Entdeckung der Farbe

Wer in die Schulbücher der Fächer Ethik, Philosophie oder Religion blickt, wird feststellen, dass sie – wenn sie denn Kunst aufgreifen – vor allem inhaltlichen Darstellungen den Vorzug geben. In der Geschichte von Philosophie und Religion war das nicht immer so. Wie Umberto Eco in dem auf S. 129 abgedruckten Exkurs über die mittelalterliche Freude an der Farbe und dem Licht schreibt, galt einmal der Sinnlichkeit der Farben und des Lichts das allerhöchste Interesse. Mit der Unterrichtseinheit über die Wiederentdeckung der Farbe möchten wir an diese Tradition – die von der säkularen und der modernen Kunst ja konsequent fortgeführt wurde – wieder anknüpfen. Anknüpfungspunkt könnte im Fach Ethik z.B. die Unterrichtseinheit *Wahrheit und Erkenntnis* sein:

Im Bemühen, uns in der Welt orientieren und mit anderen Menschen umgehen zu können, sind wir auf unsere Sinne angewiesen. Aus deren Signalen verwendbare Informationen zu entnehmen und diese auf die Wirklichkeit anzuwenden, ist Ergebnis eines Lernprozesses und überdies fehleranfällig. Wir nehmen nur wahr, wofür wir Sinnesorgane besitzen. Notwendige Begrenzung unserer Wahrnehmungsfähigkeit.[13]

Im Fach Religion wird an dem erschlossenen Kunstwerk von Pontormo ein möglicher Einsatzort sinnfällig. Denkbar wäre aber auch das Thema *Symboldidaktik/Zeichenkunde*. Wir schlagen im Folgenden vor, sich in vier Schritten dem Thema *Farbe, Licht, Farbgestaltung* zu nähern:

1. *Welche Bedeutung hatte Farbe für mittelalterliche Menschen?*
   Erschließung eines Textes von Umberto Eco über die Freude an der Farbe im Mittelalter.

2. *Kann Farbe ein religiöses Thema sein?*
   An einem Werk von Jacopo Pontormo studieren, wie Farbe zu einem eigenen Thema in einem religiösen Bild wird.

3. *Wie persönlich kann Farbe werden?*
   In der Auseinandersetzung mit Barnett Newmans *Who's afraid of Yellow, Red and Blue* existenzielle Herausforderungen durch die Farbgestaltung eines Werkes kennen lernen.

4. *Sprechen Farben eine »andere« Sprache?*
   Am Beispiel einer Installation von Thomas Huber Farben als besondere Sprachform wahrnehmen.

---

13 Hessische Lehrpläne Ethik.

Welche Bedeutung hatte Farbe für mittelalterliche Menschen?

In gotischen Kathedralen können wir noch heute die farbigen Fenster sehen, durch die Lichtreflexe auf Wände und Gegenstände fallen und das Innere des Kirchenschiff gefärbt erscheinen lassen. Von der Komplexität der mittelalterlichen Farbenskala haben wir Kenntnis durch die Buchillustrationen. Auf dem Blatt aus der Bamberger Apokalypse vom Anfang des 11. Jahrhunderts werden Himmel, Erde und Unterwelt durch Farbflächen unterschieden: der göttliche Bereich in Purpur und Violett, der Begegnungs- und Erscheinungsbereich in Gold und der irdische Bereich in bräunlichem Grau. Zur mittelalterlichen Malerei gehört das Wissen um die Kostbarkeit der Materialien, aus denen Farben gefertigt wurden.

Umberto Eco verweist auf die theologische und philosophische Diskussion von Farbe und Licht im Mittelalter. Er unterscheidet qualitative und quantitative Ästhetik. Während die Schönheit der Proportionen messbar ist, berechnet und daraufhin in der Architektur umgesetzt werden kann, erscheinen Farben »unmittelbar« und »ungeteilt«, jede Farbe hat also ihre eigene Qualität: eine bestimmte Leuchtkraft und Ausstrahlung. So erklärt Eco, dass die mittelalterliche Ästhetik die Vermittlung der Farben nicht über Hell- und Dunkelwerte suchte, sondern eher Kontraste forcierte, um jede Farbe in ihrer Besonderheit herauszustellen. Die »Kostbarkeit« der Farben wurde teils noch gesteigert, indem sie vor einem Goldhintergrund aufgetragen wurden. Kolorierungen standen daher ursprünglich noch nicht im Vordergrund und wurden erst später bewusst eingesetztes Stilmittel. Auf Bildern des Mittelalters gibt es deshalb keine Schatten. Diese elementare Auffassung der Farben findet sich auch in den Naturbeschreibungen der mittelalterlichen Literatur.

> **Zur Erschließung:**
>
> Umberto Eco hat sich wissenschaftlich intensiv mit dem Mittelalter auseinander gesetzt. Im abgedruckten Text beschreibt er die Haltung mittelalterlicher Theologen zum Licht und zu den Farben. Mit Schülern kann man den Text erschließen und seine zentralen Thesen benennen. Was könnte Eco mit dem Gegensatz von Proportionsschönheit und »unmittelbarer Schönheit« meinen? Was sind Elementarfarben und warum kommt ihnen eine besondere Bedeutung zu? Wie hängt die Kostbarkeit der Farbe mit dem mittelalterlichen Weltbild zusammen? Die Schülerinnen und Schüler sollten im Internet Bilder der Reichenauer Malerschule suchen und sie mit Ecos Beschreibungen vergleichen. Aus dem Stundenbuch des Herzogs von Berry können Bilder gesucht und ihre Farben beschrieben werden. Hängen die Monatsbilder mit der Farbgebung zusammen? (Hier hilft ein Symbollexikon.)

Umberto Eco: Die mittelalterliche Freude an Farbe und Licht

Bamberger Apokalypse, Reichenauer Malerschule, Anf. 11. Jh., Stephansstift Bamberg

Im Zusammenhang mit dem Sinn für Farben (bei Edelsteinen, Stoffen, Blumen, Licht usw.) manifestiert das Mittelalter indessen eine außerordentliche Empfänglichkeit für die sinnlich wahrnehmbaren Aspekte der Realität. Der Sinn für Proportionen beginnt als Thema theoretischer Abhandlungen und wird erst nach und nach auf das Terrain praxisbezogener Aussagen und von Vorschriften für das Hervorbringen von Kunst übertragen; die Empfänglichkeit für Farbe und Licht ist hingegen eine Gegebenheit, ist spontane Reaktivität, die typisch mittelalterlich ist und die sich erst im Nachhinein als wissenschaftliches Interesse artikuliert und in der metaphysischen Spekulation systematisiert wird ... Zudem empfindet man ... die Schönheit der Farbe überall als eine einfache, unmittelbar wahrnehmbare, ungeteilte Schönheit, die im Gegensatz zur Proportions-Schönheit nicht auf einem Verhältnis oder einer Beziehung beruht.

Unmittelbarkeit und Einfachheit sind also die Merkmale der mittelalterlichen Farbensensibilität. Die bildende Kunst dieser Zeit kennt nicht den Kolorismus späterer Jahrhunderte; sie arbeitet mit Elementarfarben, mit abgegrenzten und den Zwischentönen feindlichen Farbflächen, mit dem Nebeneinander schreiender Farbkontraste, die Licht aus dem Zusammenklang des Ganzen generieren, anstatt sich einem Licht auszuliefern, das sie in Chiaroscuro[14] einhüllen oder die Farben über die Grenzen der Figur hinaussickern lassen würde.

Auch in der Literatur sind die Farbbestimmungen eindeutig, präzise: Gras ist grün, Blut rot, Milch weiß. Es gibt Superlative für jede Farbe ..., und eine bestimmte Farbe hat viele Abstufungen; keine Farbe aber stirbt in Schattenbereichen. Die mittelalterliche Miniatur zeigt sehr klar diese Freude an unvermischten Farben, diesen festlichen Sinn für das Nebeneinander lebhafter Farbtöne. Das gilt nicht nur für die reifste Periode der flämischen und burgundischen Miniatur (man denke an die *Tres riches heures du Duc de Berry*)[15], sondern auch für frühere Werke, etwa die Miniaturen der Reichenau aus dem 11. Jahrhundert, in denen »durch das Legen von seltsam kalten und hellen Tönen wie lila, meergrün, sandgelb oder bläulich-weiß über den Glanz des Goldes Farbeffekte erzielt werden, bei denen das Licht von den Gegenständen auszustrahlen scheint« (Nordenfalk 1957, S. 205).

Umberto Eco: Kunst und Schönheit im Mittelalter. München 1993, S. 68f.

14 Gestaltungsmittel, bei dem der Gegensatz von Hell und Dunkel Komposition und Bildwirkung bestimmt.
15 Stundenbücher des Herzogs von Berry (um 1400).

Im 16. Jahrhundert knüpften Künstler an die Farbensensibilität des Mittelalters vor dem Hintergrund einer neuen Ebene der Naturerfahrung an. Besondere Farben dienten dazu, religiöse Geschehnisse so darzustellen, dass sie dem irdischem Begreifen entzogen schienen.

Jacopo Pontormo,
Die Kreuzabnahme, Öl auf Holz,
1526/1527, Capella Caponi,
Florenz

Das Gemälde von Jacopo Pontormo, das 1525 vom Bankier der päpstlichen Schatzkammer Lodovico Capponi in Auftrag gegeben wurde, ist ein Beispiel dieser neuen »Entdeckung« der Farbe. Es wurde zunächst als *Grablegung* Jesu gedeutet, auf Grund des Hochformats dagegen bald als *Kreuzabnahme* bezeichnet, wobei kein Kreuz den Bildaufbau bestimmt, sondern eine Traube von Menschen, die ohne perspektivische Anhaltspunkte scheinbar im Raum schweben, getragen durch die zirkuläre Dynamik ihrer Körper. Die mehrfache Lesbarkeit resultiert jedoch nicht allein aus der Verkehrung klassischer Bildprinzipien, sondern vor allem aus der intensiven Farbigkeit, die bis dahin nur einer *Auferstehung* oder *Himmelfahrt* zukam.

Das Bild wirke, schreibt Giorgio Vasari, als hätte Pontormo »ohne Schatten gemalt«. Die Körper existierten überhaupt nur als Erscheinungen der Farben. Nur mühsam könne man sich vom farbigen Gesamteindruck lösen, um die Szene zu »lesen«. Die zeitgenössische Kritik an Pontormos Malerei betrifft seinen unzeitgemäßen Rückgriff auf eine mittelalterliche Ästhetik: die Verwendung von elementaren Farben, die die Personen nicht natürlich modulieren, seine Farbkomposition, die keine klare Leserichtung und Gewichtung von Haupt- und Nebenfiguren erkennen lässt, und schließlich den Widerspruch zwischen Thema und Kolorit: Die Wiedergabe einer Passionsszene in leuchtenden Farben. Diesen relativ eigensprachlichen Umgang mit Farbe bezeichnen wir heute als *abstrakt*.

Die artifizielle Farbigkeit vermittelt uns ein Gefühl von der Entrücktheit der Menschen, vom nicht greifbaren Übergang zwischen Leben und Tod. Über die Farbe verbinden sich drei Passionsszenen zu einem inneren Drama der Bewegung: die Kreuzabnahme, die Grablegung und die Auferstehung.

So wird im Bild ein Vorstellungs-Raum für den subjektiven Verweisungskontext geschaffen, in den das Bild sich selbst und uns stellt: das Heilsgeschehen. Pontormos komplizierte Kompositionen, seine transparente Farbigkeit und die Subjektivierung religiöser Themen machen ihn zu einem der eigenwilligsten Manieristen und zugleich zu einem Vorläufer der Moderne.

Zur Erschließung:

Zu Lebzeiten von Jacopo Pontormo (1494–1557) war die klassische Kunst der Renaissance mit den Meisterwerken von Michelangelo und Raffael fast zu einem Mythos geworden und man suchte nach neuen, unverbrauchten Ausdrucksmitteln. Das Gedankengut der Reformation nahm immer mehr Raum im öffentlichen Bewusstsein ein. Durch naturwissenschaftliche Erkenntnisse wie die Entdeckung der Planetenbewegung durch Kopernikus war das geschlossene Weltbild nachhaltig in Frage gestellt.

Der Farbauftrag und seine Wirkung und die Haltung, Mimik und Gestik der Personen sollten getrennt voneinander erfasst und beschrieben werden. Es sollte verständlich werden, dass die Farbe nicht kolorierend eingesetzt wird, also Schmuck- oder Kennzeichnungsfunktion hat, sondern eine eigene thematische Aussage macht.

Inwiefern trägt die Farbe zu einer irrealen Erscheinung des religiösen Themas bei? Welche mögliche Erkenntnis liegt im sichtbaren Widerspruch zwischen Thema und Farbe mit Blick auf die Qualität religiöser Erfahrung? Die Öffnung der traditionellen ikonographischen Grenzen hat Auswirkungen auf unsere Identifikation des Inhalts. Inwiefern »vollziehen« wir dabei selbst die Verwandlung der Heils-Geschichte in ein Heils-Geschehen? In Florenz wirkten zu Beginn des 16. Jahrhunderts die Bußpredigten des Dominikaners Girolamo Savonarola nach, der 1498 als Häretiker gehängt und verbrannt worden war. Man weiß, dass sich Pontormo mit seiner Lehre beschäftigt hat. Die Schülerinnen und Schüler könnten sich über Savonarola informieren und nach Bezügen zur Malerei von Pontormo suchen.

Wie persönlich kann Farbe werden?

Farben appellieren stark an die Emotionen des Menschen. Sie faszinieren uns, sie ziehen uns in ihren Sog und sie können auch überwältigen. Die moderne Malerei hat erstmals versucht, dieses existenzielle Moment klar von der konkreten Farberscheinung zu unterscheiden. *Konkret* sind dynamische und thermische Eigenschaften: Farben erscheinen dicht oder transparent, mehr oder weniger ausgedehnt, mehr oder weniger um- oder entgrenzt, warm oder kalt, nah oder fern. Die Ideen, Empfindungen und Assoziationen, die wir mit diesen konkreten Eigenschaften der Farben verbinden, sind dagegen *abstrakt*. Farben rufen Gefühle und Stimmungen hervor, sie lösen in uns einen bestimmten »Widerklang« aus, wie Kandinsky es umschrieben hat. Nach 1945 haben Künstler versucht, diese abstrakten Qualitäten der Farbe, ihr sinnliches (Überwältigungs-) Potenzial, konkret erfahrbar zu machen, d.h. für die Reflexion zu erschließen. Zu den bedeutenden Vertretern der internationalen Farbfeldmalerei zählt der amerikanische Künstler Barnett Newman. Wir stellen hier ein Bild aus seiner Serie *Who's Afraid of Red, Yellow and Blue?* vor.

Rot und Gelb bilden jeweils eine quadratische Fläche aus, die über einen schulterbreiten Steg zu einem über sechs Meter breiten Rechteck zusammengefügt sind. Das Bildfeld ist also streng geometrisch gegliedert, man kann es genau auseinander nehmen. Dieser Symmetrie folgt die Farbgebung jedoch gerade nicht. Quantitative und qualitative Analyse stehen im Widerspruch zueinander. Die drei Farben ergeben kein harmonisches Beziehungsgefüge, sie stehen in keiner plausiblen Relation zueinander, sondern entwickeln eine je eigene Dynamik. Besonders Rot und Gelb scheinen sich körperlich in den Raum auszudehnen und bekommen nach und nach eine fast bedrohliche Präsenz – ein Eindruck, den Newman noch forciert, in dem er einen bestimmten Betrachterabstand vom Bild festlegt, sodass die Bildgrenzen außerhalb des Blickfeldes liegen.

Newman hat die Wirkung seiner nicht hierarchischen (non-relationalen) Malerei selbst mit der Erfahrung des Erhabenen verglichen. Das Gefühl des Erhabenen bekommen wir angesichts einer (Natur-)Erscheinung, die uns sinnlich zu übersteigen droht, deren Reflexion uns jedoch mit unserer Freiheit konfrontiert. Newmans Bild konfrontiert uns gezielt mit einem visuellen Geschehen, das sich von seiner sichtbaren Ordnung löst. In der Betrachtung erfahren wir dabei das existenzielle Hin und Her zwischen Bedrohung und Bewältigung.

Barnett Newman, Who's Afraid of Red, Yellow and Blue IV, 1969–70,
Neue Nationalgalerie, Berlin

Zur Erschließung:

Barnett Newman (1905–1970) gehört zu den bedeutendsten Vertretern der amerikanischen Farbfeldmalerei. Die Schülerinnen und Schüler sollen die Wirkung des Bildes zunächst in all ihren Facetten beschreiben und in einem zweiten Schritt formal analysieren. Anschließend soll der (existenzielle) Konflikt erörtert werden, der über den Titel angedeutet wird. Es sollte deutlich werden, dass Farbfeldmalerei die subjektive Erfahrbarkeit von Ordnungsstrukturen in Auseinandersetzung mit Farbe und Komposition thematisiert. Welche Rolle spielt Zeit in dem Gemälde von Newman? Welche Rolle spielt Angst? Was könnte Newman mit dem Satz »I want to make the viewer present« meinen?

Unterscheidet sich die Erfahrung, die man angesichts eines überwältigenden, vielleicht bedrohlichen Naturereignisses macht, von der ästhetischen Erfahrung vor einem Bild, und wenn ja, wie und warum? Bei einem Besuch in der Neuen Nationalgalerie in Berlin könnte man das Bild vor Ort studieren und Newmans Ideen überprüfen. Um die von Newman intendierten Prozesse der Selbstwahrnehmung in Gang zu setzen, ist es notwendig, vor seinen Bildern in einem bestimmten Abstand zu stehen. Wie sinnvoll sind solche Rezeptionsvorgaben?

Sprechen Farben eine »andere« Sprache?

Der Philosoph Ludwig Wittgenstein schreibt zum Verhältnis von Farbe und Sprache:

Die Farbe ist nicht sprachfähig. Unsere Farbbezeichnungen sind nur ein grobes Klassifizierungssystem. Schwerer wiegt, dass wir gar keine Bezeichnungen für die Farbrelationen habe. Wir können nicht nur dieses bestimmte Blau nicht bezeichnen, sondern wir können auch seine Beziehung zum daneben stehenden Rot nicht beschreiben. Wir müssen Metaphern erfinden.

Mithilfe der Installation *Das Bild/Die Menschheit* von Thomas Huber soll der Frage nach dem Verhältnis von Sprache und Farbe nachgegangen werden.

Thomas Huber, Das Bild / Die Menschheit,
1998/1999, Mixed Media

Zur Erschließung:

Wir sehen zunächst ein Objekt aus monochromfarbigen Wänden mit Türen, die in ein dunkles Inneres führen, das verborgen bleibt. Auf den Wänden stehen in schwarzen Buchstaben Sätze, die definieren, was ein Bild ist: *ist Vorbild* steht auf dem gelben Teil der Wand, *ist Übereinkunft* auf dem blauen. Links werden Identifikationsmöglichkeiten angesprochen, rechts geht es um den kommunikativen Stellenwert. Beide Botschaften stehen nebeneinander. Zwar gehen wir davon aus, dass sie etwas bedeuten, zunächst bleiben es aber Thesen an einer Wand. Wir sind es gewohnt, Texte von links nach rechts und von oben nach unten zu erschließen, ohne diese Anordnung zu reflektieren. In der Installation wird die Lesung durch die farbige Kennzeichnung der beiden Wände irritiert: Der Satzumbruch ist am Hochformat orientiert, auf Punktierungen und Groß- und Kleinschreibung wurde verzichtet. Die Schrift ist »plakatiert«. So entsteht das Angebot einer offeneren Lesart: Wir erproben, die Sätze zu parallelisieren, Worte überkreuz oder auch jedes für sich zu lesen, wir sprechen sie anders. Hängt der Sinn des Geschriebenen vielleicht mit den Farben zusammen? Gelb drängt als Farbe stärker nach vorn, während Blau Entfernung vermittelt. Soll die Signalwirkung des Gelb den Vorbildcharakter von Bildern charakterisieren und das tiefe Blau ihre weltumspannende Dimension verdeutlichen? Für einen Moment wird die Farbe zum alleinigen Träger für den Sinn. Sie wird für uns zur Metapher. Blau und Gelb erscheinen nun als offene Felder für vielfältige Assoziationen und Gedanken darüber, wie Farbe und Form, Bild und Text, Ich und die Anderen und die Erkenntnis von uns selbst und von der Welt zusammenhängen könnten. Stellvertretend für uns gehen Figuren in dem durch Farben und Texte gekennzeichneten Welt-Gebäude ein und aus. Sie können jedoch weder die Sätze lesen, die hoch und in großen Lettern angebracht sind, noch das gesamte Bild ermessen. Sie »leben« darin.

Weiterführende Impulse

Ausgehend von den bisherigen vier Erarbeitungsschritten lässt sich die Beschäftigung mit dem Thema »Farbe« noch weiter vertiefen:

- Den Schülerinnen und Schülern werden vier Farben vorgegeben: Gold, Rot, Blau und Grün. Sie sollen Gruppen bilden und sich je eine Farbe aussuchen. Zu dieser Farbe sollen sie mindestens zehn Gemälde aus der Kunstgeschichte suchen (Internetadressen dazu finden sich auf S. 98ff.). Die Farbe soll auf dem jeweiligen Gemälde dominant sein. Die gefundenen Bilder sollen nach ihrem Eindruck verglichen werden. Anschließend sollen die Schülerinnen und Schüler in einem Symbollexikon[16] ihre jeweilige Farbe nachschlagen und die gefundene Farbdeutung mit ihrem Eindruck vergleichen.
- Mit Hilfe eines Computerprogramms können die Schülerinnen und Schüler Farbwerte von Kunstwerken manipulieren. Dadurch wird die Bildaussage massiv verfälscht bzw. verändert. So können die Schülerinnen und Schüler z.B. Barnett Newmans bereits besprochenes und bearbeitetes Bild *Who's Afraid of Red, Yellow and Blue IV* einscannen und invertieren, Farben austauschen oder intensivieren. Dabei ergeben sich interessante Effekte, die auch auf die Interpretation des Bildes Auswirkungen haben.
- Auf S. 161f. wird ein Werk des Berliner Künstlers Günter Scharein erörtert, der ein ursprünglich gegenständliches Bild der frühen Neuzeit auf seine Farbwerte zurückgeführt hat. Es könnte im Kontext der Beschäftigung mit der Farbe aufgegriffen und analysiert werden.
- Auf Seite 168 ist ein Foto von einer Installation in der Martinskirche Kassel mit einem Kunstwerk der Künstlerin Nicola Stäglich zu sehen, in dem Licht und Farbe eine besondere Rolle spielen. Sie hat die Empore der Kirche mit einem fluoreszierenden Band versehen, das den Gesamteindruck der Kirche und die Orientierung des Blicks gravierend verändert.[17] Diese Veränderung könnte im Unterricht diskutiert werden.

---

16 Denkbar wäre etwa: Sachs/Badstübner/Neumann, Erklärendes Wörterbuch zur christlichen Kunst. Hanau o.J., aber auch jedes andere Lexikon zur Ikonografie.

17 Weitere Abbildungen dieser Arbeit finden sich im Internet unter folgender Adresse: http://www.amertin.de/ausstellung/kassel2/staeglich/staeglich.htm.

V

Mit Kunstwerken arbeiten II

Die folgenden Unterrichtsimpulse setzen die vorstehenden Einheiten fort, nur dass sie nicht in jedem Falle einen kunstgeschichtlichen Querschnitt durch ein Thema bieten, sondern den Akzent vor allem auf bestimmte Fragestellungen zeitgenössischer Kunst legen oder Fragen des Unterrichts an zeitgenössische Kunst herantragen. Dabei sind die vorgestellten Impulse nicht zum sklavischen Nachahmen gedacht, sie bieten vielmehr Anregungen zur Weiterarbeit und zeigen, inwieweit Umgang mit zeitgenössischer wie klassischer Kunst im Unterricht der Fächer Religion, Ethik oder Philosophie möglich ist. Oftmals ergeben sich Chancen zum Einsatz bildender Kunst gerade bei solchen Themen, bei denen zunächst ein ästhetischer Zugang unwahrscheinlich erscheint. Die Gegenüberstellung von Ethik und Ästhetik, die immer noch bei vielen Überlegungen nachwirkt, ist jedenfalls mit der Kunst der Moderne und Postmoderne obsolet geworden. Ausgangspunkt bei der Auswahl der folgenden Themenvorschläge war jedes Mal die Frage: Womit haben es Religionsunterricht, Ethikunterricht oder Philosophieunterricht in einem elementaren Sinne zu tun? Was treibt sie an und womit sollten sie sich beschäftigen?

Für die Arbeit im Unterricht schlagen wir Auseinandersetzungen mit bildender Kunst zu folgenden Themenkomplexen vor:

- Verklärung des Gewöhnlichen
  Man kann die künstlerische Abstraktion und die Entdeckung des ganz Alltäglichen als die beiden großen bestimmenden Bewegungen der Kunst des 20. Jahrhunderts beschreiben. Letzterem geht der erste Unterrichtsimpuls nach und versucht zugleich, ihn religiösen bzw. religionsphilosophischen Begriffen und Bewegungen zu parallelisieren und damit für die Schülerinnen und Schüler einsichtig zu machen.

- Abstraktion und Natur
  Ausgehend von der abstrahierenden Darstellung der Natur, die exemplarisch Piet Mondrian vollzogen hat, soll in diesem Unterrichtsimpuls dem Vorkommen und Nachdenken über die Natur in der zeitgenössischen Kunst an verschiedenen Beispielen nachgespürt werden.

- Intensitäten – oder: Die Besinnung auf das Wesentliche
  Sich ganz intensiv auf das Elementare und die Elemente einzulassen, sich ihnen auszusetzen oder sie zu kontrastieren gehört zu den bestimmenden Motiven im Werk der vorgestellten Künstlerinnen und Künstler.

▨ Künstlerbefragung am Beispiel der Kreuzigung
Mit dem Isenheimer Altar von Mathis Grünewald begegnen wir einem der
wirkungsmächtigsten Kunstwerke der abendländischen Kunstgeschichte.
Der Unterrichtsimpuls spürt der bis in die Gegenwart reichenden Wir-
kungsgeschichte dieses Werkes am Beispiel verschiedener zeitgenössischer
Kunstwerke nach, die sich explizit auf Grünewald beziehen.

▨ Kunst und Kirchenraum: Ein-Bruch im Leib Christi
Dieses Thema haben wir deshalb gewählt, weil im Zuge der zunehmenden
kirchenpädagogischen Bemühungen der Raum der Kirche verstärkt in das
Blickfeld des Religionsunterrichts tritt. Hier kann zeitgenössische Kunst
völlig neue Perspektiven eröffnen, die weniger mit Erläuterung und Einfühlung, als vielmehr in einem elementaren Sinne mit »Erfahrung« zu tun
haben.

▨ Zachor: Erinnere Dich!
Der Vergegenwärtigung des nationalsozialistischen Schreckens und damit
dem Kampf gegen die grassierende Verdrängung der Geschehnisse der
jüngeren deutschen Geschichte dient die Auseinandersetzung mit einigen
zeitgenössischen Kunstwerken im abschließenden Impuls.

Verklärung des Gewöhnlichen

Das 20. Jahrhundert hat wie kein anderes Jahrhundert in der Kunst das Alltägliche entdeckt und hervorgehoben. Wie im ersten Teil dieses Buches
schon unter Verweis auf Marcel Duchamps *Ready mades* gezeigt wurde,[1]
wurden ganz normale Gegenstände des Alltags, ein Urinoir, ein Fahrrad-Rad
und ein Flaschentrockner, ohne Eingriff in ihre Erscheinungsform zu Kunstwerken erklärt.

Wir möchten zeigen, wie gerade diese Entdeckung des Alltäglichen eine
religiöse Bewegung nachvollzieht, die theologisch vielleicht erstmalig Martin Luther präzise beschrieben hat und die man als die »Verklärung des
Gewöhnlichen« bezeichnen kann. Der Kunstphilosoph Arthur C. Danto hat
diesem kunsthistorischen Vorgang eine (polemische) Studie gewidmet.
Jedenfalls bleibt mit und gegen Danto festzuhalten, dass man die Entdeckung des Gewöhnlichen in der Kunst des 20. Jahrhunderts *auch* lesen kann
als einen

Kommentar zu einer Theorie, die mindestens so alt ist wie der Heilige Augustinus
und die ihrerseits vielleicht die ästhetische Umformung einer wesentlich christlichen
Lehre ist, dass der Geringste unter uns – vielleicht gerade der Geringste unter uns –
in heiliger Gnade erstrahlt.[2]

---

1 Siehe oben Seite 14.
2 Arthur C. Danto, Die Verklärung des Gewöhnlichen. Eine Philosophie der Kunst (1981).
  Frankfurt/M. 1991, S. 10.

Dass eine Plakatabrisswand, eine Suppendose, ein Mercedes Benz eben nicht einfach banal, sondern durchaus der Betrachtung wert sind, macht diese Kunst eindringlich deutlich. Zugleich verändert sie die Wahrnehmung des Alltags: Nach der Verklärung des Alltäglichen erscheint auch das außerästhetisch Alltägliche in einem neuen Licht.

Wir schlagen vor, sich in diesem Sinne der Verklärung des Gewöhnlichen in der und durch die Kunst in vier Schritten zu nähern:

1. Gibt es eine christliche Struktur moderner Kunst?
   Zu dieser Frage werden zwei theoretische Texte bearbeitet.

2. *Eat Art oder: Was bleibt? (Nach-Tisch)*
   Daniel Spoerris Dichtungen in Prosa

3. *Den Dingen auf den Grund gehen*
   Olaf Metzels Installation in St. Erpho, Münster

4. *Die Entdeckung der ganz konkreten Alltäglichkeit*
   Duane Hansons Putzfrau

Gibt es eine christliche Struktur moderner Kunst?

Dass der modernen Kunst eine »christliche Struktur« unterstellt wird, muss den überraschen, der mit dem Gedanken der neuzeitlichen Emanzipation der Künste aus der Vorherrschaft der Kirche aufgewachsen ist. Moderne Kunst, autonome Kunst zumal, ist das *totaliter aliter* zur Religion. Dennoch gibt es Gründe, zumindest auf parallele »Haltungen« hinzuweisen, auf Grundströmungen in der Kunst der Moderne, die auf ihre Weise das umsetzen, was man als »christliche Ästhetik« bezeichnen könnte. In diesem Sinne hat der Kunstphilosoph Hannes Böhringer einmal eine grobe Typologie der modernen Kunstbewegungen entworfen. Man könne zwei Richtungen benennen: eine, die immer erhabenere und abstraktere Formen entwickle, und eine, die sich immer mehr den banalen, übersehenen, trivialen Gegenständen zuwende. Und es sei nicht unplausibel, die eine Bewegung als »religionsphilosophische« und die andere als »christliche« zu bezeichnen.

Martin Luther hatte in seiner Auslegung des Magnifikats der Maria (Lukas 1,46ff.) eine ähnliche Beschreibung vorgelegt und auf Gottes eigene Sicht, sozusagen »Gottes Ästhetik« in dieser Frage verwiesen, die sich nicht um konventionelle Regeln kümmert, sondern auf die unscheinbaren und niedrigen Menschen und Dinge blickt.[3] Und der Theologe Edgar Thaidigsmann hebt dementsprechend hervor: »An Gottes Wahrnehmen der menschlichen Wirklichkeit, an seiner Sehkraft und Sehschärfe aber wird die Art und Weise des menschlichen Wahrnehmens offenbar.« Und: »Das Sehen der Menschen in

---

3 Martin Luther, Das Magnifikat, verdeutscht und ausgelegt WA 7, S. 544-604.

ihrem alltäglichen gesellschaftlichen Lebenszusammenhang ist nach Luther gegenläufig zum entdeckenden und schöpferischen Sehen Gottes«.[4]

Zur Erschließung:

Die Schülerinnen und Schüler sollen die Textauszüge von Böhringer und Luther zunächst sorgfältig zur Kenntnis nehmen und in ihrer Argumentation erschließen. Wichtig dürfte dabei der Hinweis sein, dass Böhringer die Kunst nicht als im eigentlichen Sinne christlich bezeichnet, sondern einen eher metaphorischen Gebrauch vorschlägt, um zwei elementare Wege der Kunst in der Moderne zu beschreiben. Die Schülerinnen und Schüler sollten überlegen, inwiefern dieser Vorschlag erhellend ist für das Verständnis der Kunst und der Bewegung, die sich in ihr im 20. Jahrhundert abzeichnet. Klären sollten sie auch, inwiefern der Text von Martin Luther zur Argumentation von Böhringer passt.

Hannes Böhringer: Künstlerphilosophentheologen

Philosophisch ist ihr Versuch, das Reich des Sichtbaren und Gegenständlichen zu transzendieren, um zur Ideenschau zu gelangen, ihr Aufstieg zur großen Abstraktion und deren Erhabenheit von Malevitsch bis Newman, ihr Hang zum Konzeptuellen, sich bis zur Entmaterialisierung zu vergeistigen, während die christliche Struktur der modernen Kunst immer wieder dazu führt, dieses Jenseitige und Erhabene, die unbestimmte Fülle des göttlichen Logos gerade in seinem Herabstieg und seiner Durchdringung mit dem ihm ganz und gar Inadäquaten, dem Gewöhnlichen, Alltäglichen, Ordinären, Materiellen, Gegenständlichen, Trivialen, Kriminellen, Simplen sichtbar zu machen, wie es etwa von Dada, Fluxus oder der Pop art unternommen wurde. Hierzu gehört auch die Tradition der modernen Kunst, in der Kunst immer wieder auf Können, Kunst und Kunstfertigkeit, auf Vollkommenheit und Perfektion zu verzichten ...

Während der philosophische Weg mehr auf Exklusivität, Esoterik, Stil als Mittel zur sozialen Abgrenzung hinführt, bedeutet die christliche Komponente eher Inklusion von Publikum, Materialien und Themen. Nichts kann von vornherein aus dem Blickwinkel des Künstlers als Material oder als Subjekt ausgeschlossen werden.[5]

Dieser kunstphilosophischen Beschreibung entsprechen nun ganz überraschend Überlegungen des Reformators Martin Luther in seiner Auslegung des Lobgesangs der Maria, des so genannten Magnifikats:

Das erfahren wir täglich, wie jedermann nur über sich, zur Ehre, zur Gewalt, zum Reichtum, zur Kunst, zu gutem Leben und allem, was groß und hoch ist, sich bemüht. Und wo solche Leute sind, denen hängt jedermann an, da läuft man hinzu, da dient man gern, da will jedermann sein und der Höhe teilhaftig werden ...

---

4 Edgar Thaidigsmann, Gottes schöpferisches Sehen. Elemente einer theologischen Sehschule im Anschluss an Luthers Auslegung des Magnifikat. NZSTh 29, 1987, S. 19–38, hier S. 19 und 22.
5 Hannes Böhringer, Künstlerphilosophentheologen, in: Philosophen-Künstler, hg. von G.-J. Lischka. Berlin 1986, S. 7–28; hier S. 22f.

Wiederum in die Tiefe will niemand sehen. Wo Armut, Schmach, Not, Jammer und Angst ist, da wendet jedermann die Augen ab. Und wo solche Leute sind, da läuft jedermann davon, da flieht, da scheut, da lässt man sie und denkt niemand, ihnen zu helfen, beizustehen und zu machen, dass sie auch etwas sind.[6]

Eat-Art. Oder: Was bleibt? (Nach-Tisch)

Abfall – Rückstände, Nebenprodukte oder Altstoffe, die bei Produktion, Konsum und Energiegewinnung entstehen. Nach dem Kreislaufwirtschaftsgesetz sind Abfälle bewegliche Sachen, deren sich der Besitzer entledigen will oder deren ordnungsgemäße Beseitigung für die Wahrung des Wohls der Allgemeinheit, v.a. der Umwelt, notwendig ist.

So erklärt der Brockhaus (Auflage von 2002), was die Gruppe der *Nouveaux Réalistes* seit Beginn der 60er-Jahre zu Kunst gemacht hat. Der Münchner Professor für Kunstpädagogik Thomas Zacharias hat die Genese und die Leistung der Nouveaux Réalistes so beschrieben:

Der Eingriff des Künstlers in die Realität wählt aus, führt allenfalls Regie und zeigt den gelenkten Zufall. Das Kunstobjekt ist die Brücke, die von einer funktionalen zu einer poetischen Wahrnehmung in die Wirklichkeit zurückführt. Man kann die Gegenstände im Museum vergessen, wenn sich die Plakatwand draußen als Bild zeigt. Wie in ethnographischen Sammlungen, im staubfreien Einheitswohnzimmer oder im unaufgeräumten Kinderzimmer, zu dem der Hochsprache nur das Wort »Saustall« eingefallen ist, erzählen die Dinge über die Leute, die damit umgegangen sind. Wie die Sachen gerade daliegen, wie sie nach dem Essen auf dem Tisch herumstehen, so fixierte sie Daniel Spoerri (geb. 1930) auf der Platte und drehte sie als Fallenbild senkrecht an die Wand. Der Zufall geht in die Falle: Die Situation wird ausgewählt (oder inszeniert) und der Augenblick bestimmt, an dem das Ensemble aus dem Leben heraus sich in der Welt der Anschauungsobjekte aufrichtet. Ging unter Spoerris Regie Material durch den Mund in den Bauch, dann fand Kunst = Leben als Eat Art statt.[7]

Daniel Spoerri, Dichtungen in Prosa, Assemblage, 1970

Was also andere im Sinne der Beschreibung des Brockhaus ordnungsgemäß für die Wahrung des Wohls der Allgemeinheit beseitigen wollen, wird von Spoerri auf Dauer fixiert und konserviert.

---

6 M. Luther, Das Magnifikat, verdeutscht und ausgelegt. WA 7, 544-604.
7 Thomas Zacharias, Blick der Moderne: Einführung in ihre Kunst. München/Zürich 1984. S. 367.

Den Dingen auf den Grund gehen

In der Architektur unterscheidet man zwischen tragenden und nicht tragenden Wänden. Welche Mauern tragen und welche nicht, ist meist durch »Blendwerk«, also skulpturalen Fassadenschmuck, farbigen Putz oder Wandmalereien verdeckt. In einem übertragenen Sinn berührt diese Unterscheidung eine erkenntnistheoretische Frage. Können wir die tragenden Strukturen der Wirklichkeit erkennen oder nur die Art und Weise, *wie* etwas gegeben ist, wie es

uns also erscheint? Welche Schichten müssen wir abtragen um auf den Grund einer Sache zu gelangen? Oder gibt jede Ebene eine bestimmte Wahrheit zu erkennen? Worauf gründet unser Wissen von den Dingen und was lassen wir als Gründe gelten? Der künstlerische Eingriff in der Taufkapelle von St. Erpho spielt mit dieser doppelten Bedeutung des Grundes: als Zugrundeliegendes und zu Grunde Gelegtes. Olaf Metzel hat Stellen im Stuck skizziert und dann eingeschlagen bis zu den Bogenansätzen in der Ziegelmauer. Dabei arbeitete er aber nicht nur wie ein Restaurator, indem er alte Schichten freilegte, sondern auch neu gestaltend: Geometrische Formen, darunter ein überlebensgroßes Kreuz,

Olaf Metzel, Installation
Taufkapelle St. Erpho, 1987

erscheinen als Negative im weißen Putz. Der Künstler erläutert seine Intention so:

Wichtig war mir vor allem, dass in einem Sakralraum in Funktion Eingriffe geschehen durften, einen Andachtsraum, den man gewohnt ist, zu verändern durch dreieckige, provisorisch wirkende Grundformen.

Beitrag zur Ausstellung Skulptur Projekte in Münster 1987

Die Inversion von Innen- und Außenraum verdeutlicht nicht zuletzt die Struktur der Gebetssituation als wechselseitiges Sprechen zwischen dem Menschen und Gott. In der Wahrnehmung des Hin und Her von Leerstelle und Figur erhält der vertraute Raum eine veränderte Dynamik, mit der auch die Gestalt gewordene christliche Tradition neu erfahrbar wird.

Die Schülerinnen und Schüler sollen die Ebenen der Inversion – von Tragen und Lasten, von Figur und Grund und von »Bedeutung haben« und »Bedeutung geben« – unterscheiden und zueinander in Verbindung setzen. Welche Rolle spielt die Marienfigur vor dem Kreuz in der künstlerischen Inszenierung? Inwiefern greift die temporäre Installation, die mit der Renovierung der Kirche 1989 entfernt wurde, die Spannung des »Schon« und »Noch-nicht« der christlichen Existenz auf? Gibt es strukturelle Analogien zwischen dem Begriff der Erscheinung in der Parusielehre und in der modernen Ästhetik?

Die Entdeckung der ganz konkreten Alltäglichkeit

Als Individuum ist jeder Mensch eine freie Persönlichkeit mit einer unverwechselbaren Leiblichkeit und in einer konkreten Zeitlichkeit. Von Personen sprechen wir dagegen, wenn wir Menschen in ihrem Selbst- und Weltverhältnis betrachten, sie also in ihrem sozialen Umfeld und in ihrer gesellschaftlichen Rolle erleben. Beides lässt sich nicht voneinander trennen und beschreibt doch zwei ganz verschiedene Erkenntniswege, sich (selbst) als Menschen zu begegnen und zu verstehen.

Der Bildhauer und Objektkünstler Duane Hanson »reproduziert« Menschen, denen er begegnet, in einem wirklichkeitsgetreuen Maßstab und in einer für sie jeweils (rollen-)typischen Bewegung oder Haltung. So entstehen individuelle Porträts wie das einer »Putzfrau«, die zeigen, wie uns der unsichtbare Alltag förmlich auf den Leib und ins Gesicht geschrieben ist. Wir blicken auf diese Frau wie in einen Spiegel und erkennen und empfinden die Einzigartigkeit in dem, was die ganz konkrete Alltäglichkeit eines jeden Menschen ausmacht. Hansons Kunst gehört in den Kontext der realistischen Bestrebungen der 60er Jahre.

Duane Hanson, Putzfrau, 1976, Kunststoff mit Ölfarbe bemalt

Hanson vertritt als einer der wichtigsten Objektkünstler den amerikanischen Hyperrealismus. In seinen Arbeiten sind Menschen in sozialtypischen Situationen wiedergegeben. Als Prototyp dient ein lebendes Modell, wie auch bei Segal; jedoch ist Hanson im Unterschied zu diesem am negativen Ergebnis der Gipsabformung interessiert. Dieses Verfahren gewährleistet die Beibehaltung sämtlicher Details, aller typenspezifischen und individuellen Merkmale des Modells. Die danach aus Polyester, Harz und Talg gegossene und mit Fiberglas verstärkte Positivform wird mit mehreren Schichten Ölfarbe bemalt und mit echten Requisiten (Kleider, Perücke etc.) versehen. Hanson verwischt also die Grenze zwischen Kunst und Wirklichkeit. Dadurch erzielt er die beabsichtigte Irritation und Schockwirkung. Anders als im Ambiente eines trivialen Wachsfigurenkabinetts ist der Betrachter dieser Wirkung unvorbereitet ausgesetzt.[8]

> Zur Erschließung:
>
> Die Schülerinnen und Schüler sollen beschreiben, wie es ist, so »hautnah« mit der körperlichen Realität eines Menschen konfrontiert zu werden. Welche Bedeutung hat es, dass Hanson die Frau, scheinbar ohne dass sie es selbst bemerkt, in einer bestimmten Situation porträtiert hat? Was für einen Augenblick wählt er? Inwiefern kommt es für den Betrachter in einem Museum zu einer künstlich gesteigerten Erfahrung von Begegnung und Distanznahme in einem?

Weiterführende Impulse

Eine Fülle von Kunstwerken und Kunstbewegungen seit der Pop Art der 60er-Jahre des 20. Jahrhunderts setzen sich mit Phänomenen des Alltags auseinander. So könnte das bisher Erarbeitete an den spezifischen Fragestellungen dieser Bewegungen vertieft werden:

- Künstler wie Tom Wesselmann oder Roy Lichtenstein haben in ihren Werken die Werbe- und Warenwelt oder auch die Comic-Kultur in den Vordergrund gestellt. Hier ließe sich in der Betrachtung ausgewählter Werke ein Blick auf die Alltagskultur der 50er- und 60er-Jahre werfen.
- Wesentlich ironischer und irritierender ist die Arbeit des Künstlers Jeff Koons, der in seinen Werken bis weit über die Schmerzgrenze des Kitsches geht (und so z.B. den Pop-Sänger Michael Jackson mit seinem Affen Bubbles als überdimensionale weißgoldene Porzellan-Nippesfigur darstellt). Auch hier liegt eine Auseinandersetzung mit Alltäglichkeit vor, nur dass in diesem Falle die alltägliche Verklärung von Personen und Gegenständen noch einmal hervorgehoben und damit gebrochen wird.
- Im Rahmen eines Unterrichtsgesprächs könnte erörtert werden, ob nicht die gesamte Reliquien-Kultur des Mittelalters, vor allem aber auch die fürstlichen Wunderkammern der Renaissance, in den Bereich der Verklärung des Gewöhnlichen gehören.[9] Dazu könnten die Schülerinnen und Schüler im Lexikon unter *Reliquiare* und *Reliquien* nachschlagen.
- Wer dem ursprünglichen Kontext des religiösen Gebrauchs des Wortes »Verklärung« nachgehen möchte (Markus 9,2f. par.), kann dies vielleicht am besten anhand von Raffaels Verklärung Jesu (1518–20) aus der Sammlung des Vatikans,[10] die schon fast moderne Züge in der Gestaltung trägt.

---

8 Text aus dem Sammlungskatalog der Staatsgalerie Stuttgart, Stuttgart 1982.
9 Vgl. dazu auch Martin Luthers ironische Kritik der Reliquienkultur, im Internet zu finden unter http://www.theomag.de/19/lut1.htm.
10 Abbildung unter: http://gallery.euroweb.hu/html/r/raphael/5roma/5/10trans.html.

Abstraktion und Natur

Die grundlegende Blickänderung auf die Welt und uns selbst, die die Kunst des 20. Jahrhunderts ermöglicht hat, kann man mit dem Kunsthistoriker Werner Hofmann als Einstellungswechsel »von der Nachahmung zu Erfindung der Wirklichkeit«[11] umschreiben. Der Weg einer Entfernung vom Naturvorbild führte über eine schrittweise Reduktion von natürlichen Merkmalen, die die Künstler der frühen Moderne unter dem Stilbegriff der Abstraktion gefasst haben.

Der Philosoph Gottlieb Alexander Baumgarten hat in diesem Sinne die Abstraktion im Denken als »Wirklichkeitsverlust« bezeichnet. Der Reduktion in der Darstellung entspricht in der Wahrnehmung jedoch ein spezifischer Gewinn: Mit der Konzentration auf charakteristische Strukturen wird Raum für neue Zusammenhänge geschaffen, Raum für eine neue Sichtweise und schließlich sogar Raum für eine neue Schöpfung jenseits der vertrauten.

Als »Abstraktion und Einfühlung«[12] hat deshalb der Kunsthistoriker Wilhelm Worringer den Versuch charakterisiert, mit dem Künstler zu ganz verschiedenen Zeiten durch Beschränkung auf bestimmte Formen und Farben und durch strukturelle Vereinfachungen ihres Gegebenseins eine ganz spezifische Erfahrung der Wirklichkeit von Dingen, Situationen und Empfindungen erschließen wollten.

Wir schlagen vor, sich dem Verhältnis von Natur und Abstraktion in (der Wahrnehmung) der modernen und zeitgenössischen Kunst in vier Schritten zu nähern:

1. *Was ist Natur?*
   Zu dieser Frage sollen zwei Baum-Darstellungen von Piet Mondrian verglichen werden.

2. *Was erkennen wir wirklich?*
   Diese Frage wirft ein Bild von Sigmar Polke auf. Ausgehend vom Bild könnte man unterschiedlich darauf antworten.

3. *Lebens-Zusammenhänge*
   Welche Lebensdimensionen eine Erkenntnis haben kann, macht eine Arbeit von Timm Ulrichs erfahrbar.

4. *Das freie Spiel der Kräfte*
   Das Kunst-Karussell von Ulf Rollof

---

11 Werner Hofmann, Von der Nachahmung zur Erfindung der Wirklichkeit. Köln 1970.
12 Wilhelm Worringer, Abstraktion und Einfühlung. Ein Beitrag zur Stilpsychologie (München 1908). 2. Aufl. München 1981.

Der niederländische Maler Piet Mondrian (1872–1944) gehört zu den Künstlern der klassischen Moderne, die die Entwicklung zur gegenstandlosen Malerei maßgeblich vorangetrieben haben. Sein Abstraktionsverfahren einer schrittweisen Entfernung vom Gegenstand hin zu seiner reinen Flächenorganisation von Formen und Farben kann man gut an seiner Serie zum Thema »Baum« sehen, die er 1908 begann.[13]

Ein einzelner Baum ohne Blätter, dessen Äste weit in die Horizontale ragen, steht am Rande eines angedeuteten Ackers. Es ist die relativ detailgetreue Darstellung einer Landschaft. Irritierend sind die Farben: ein roter Baum in einer blauen Landschaft. Möglich, dass Mondrian einen bestimmten Baum vor Augen hatte, im roten Abendlicht einer klaren Winterdämmerung – möglich. Das Bild *Der rote Baum* (1908) macht die Aura eines Baumes sichtbar, seine vertikale Präsenz in einer Ebene, seinen individuellen Wuchs, die eigenwillige Dynamik der Verästelungen. Es zeigt nicht alle Einzelheiten, sondern visualisiert die Attribute, die wir an der Erscheinung eines Baumes wahrnehmen und empfinden könnten.

In dem zweiten Gemälde *Blühender Apfelbaum*, vier Jahre später, erscheint alles um ein Vielfaches reduzierter. Gäbe es nicht den Titel, so würde die Deutung des gezeigten Motivs schwer fallen. Was innerhalb des Rechteckes zu sehen ist, ist ein konzentriertes Spiel von horizontalen und vertikalen Elementen, die mit schwarzen und rosafarbenen Feldern kontrastieren und interagieren. Zur Mitte hin verdichten sich die Elemente und es entsteht die »Zeichnung« eines Baumes – genauer: das Lineament einer gewachsenen Gestalt. Zu sehen ist damit weniger als in der Natur und zugleich mehr als nur Natur.

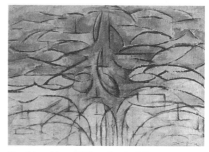

Piet Mondrian, Der rote Baum, 1908, Öl auf Leinwand

Piet Mondrian, Blühender Apfelbaum, 1912, Öl auf Leinwand, Gemeentemuseum Den Haag

13 Serge Lemoine, Mondrian und De Stijl. Genf 1988, S. 11f.

Zur Erschließung:

Die Schülerinnen und Schüler sollen die beiden Gemälde von Piet Mondrian genau betrachten, zunächst getrennt und anschließend vergleichend beschreiben. Welche bildnerischen Merkmale (Format, Strichführung, Perspektive, Farben) lassen sich auseinander ableiten und welche Elemente sind im Bild *Blühender Apfelbaum* neu? Welche Grade der Abstraktion lassen sich bestimmen und was geben sie (vom Baum) zu erkennen? Welche Bedeutung hat dies für unser Verständnis von der »Natur« einer Sache? Offenbar gibt es den Baum an sich und den Baum, wie er uns erscheint, nicht unabhängig voneinander?

Was erkennen wir wirklich?

Die Bilder des Malers Sigmar Polke (1941) sind gekennzeichnet

durch einen unerschöpflichen Ideenreichtum, ein komplexes Bewusstsein für die Kunstgeschichte sowie für die eigene Geschichtlichkeit als Mensch und Künstler, die Lust am Experiment und durch handwerkliches Können. Sehr früh schon setzte sich Polke mit der gesellschaftlichen Wirklichkeit auseinander, wobei er sich einer mehr oder minder verschlüsselten Ironie bediente.[...] Er formulierte eine ganz eigenständige Bildsprache, die im Spiel mit Widersprüchen und Klischeevorstellungen zu humorvollen Kommentaren und Bilderrätseln führte und das humanistische und kulturkritische Ethos verdeutlicht, das die Arbeit Sigmar Polkes immer noch begleitet.[14]

Siegmar Polke, Die drei Lügen der Malerei, Kunstharz auf Polyestergewebe, 1994, Galerie Michael Werner, Köln

Das hier vorgestellte Bild aus einer Reihe zum Thema *Die drei Lügen der Malerei* zeigt zwei emblematische Landschaftsmotive, scheinbar herausgelöst aus einem größeren Zusammenhang: ein Baumskelett und einen Hügel. Den Bildgrund bildet ein gemalter Keilrahmen, dessen gemalte Holzleisten die Motive zerteilen. So entsteht der Eindruck einer rätselhaften Schwebe der Darstellung. Weder die Motive noch die Motivverzählung lassen sich sinnvoll zusammensetzen – weil von Lügen die Rede ist? Warum wird das Bild mit einer Stoffbanderole dekoriert? Wessen Handabdruck sehen wir, den vom Künstler?

Polkes Bild ruft Klischees über die Lesbarkeit von Kunst auf: Kunst als vollkommenere Natur (Mimesis), Kunst als Hervorbringung von Authentizität (Ausdruck) und Kunst als Überbietung des Faktischen (Erfindung). Aber auch Klischees über die Unlesbarkeit der modernen Kunst: das Bild als Tapete, als bedeutungsloses Formenspiel. Ist Polkes Malerei auch nur ein Klischee? Wie kann sie dann aber ihre eigene Lügenhaftigkeit thematisieren?

14 Polke ist Mitbegründer des *kapitalistischen Realismus*, einer ironischen Variante des *sozialistischen Realismus*, die eine kritische Haltung gegenüber der Warenwelt einnimmt (Begleittext zur Ausstellung *Die drei Lügen der Malerei*, Bundeskunsthalle 1984).

Zur Erschließung:

Die Schülerinnen und Schüler sollen die Elemente des Bilderrätsels zusammentragen und beschreiben, wie Polke die Darstellungsarten und damit wortwörtlich »bildlich« die Ebenen wechselt. Welche Konsequenz hat dies für die Deutung der Motive und den Bildzusammenhang? In welcher Weise führt Polkes Bild falsche Vorstellungen einer »wirklichkeitsgetreuen« Malerei ad absurdum?

Lebens-Zusammenhänge

Abgesehen von einigen Naturwaldreservaten gibt es in Deutschland nur noch »den nach waldbaulichen Grundsätzen angelegten Wald«. Der »Wirtschaftswald« dient zur

Sicherung der natürlichen Lebensgrundlagen und der Erholung der Bevölkerung [...] Speicherung, Reinigung und Abflussverteilung des Wassers, Filterung und Verbesserung der Luft, Dämpfung von Lärm. Der Wald schützt den Boden vor Erosion und dämmt im Hochgebirge die Lawinengefahr ein; daher werden dort seit langem Schutzwälder angelegt. Der Wald mindert die Klimaextreme und die Windgeschwindigkeit; er trägt zur Bewahrung des biologischen Gleichgewichts bei und ist eines der wichtigsten Elemente der Landschaft. In den letzten Jahren wurden die Waldfunktionen durch das Waldsterben beeinträchtigt. Oberstes Ziel im wirtschaftlich genutzten Wald ist bei voller Erhaltung der Nachhaltigkeit meist höchstmögliche Produktivität und Rentabilität der Holzerzeugung. Zu den Nebennutzungen gehören u.a. Jagd, Gewinnung von Harzen, Flechtmaterial, Gerbstoffen sowie von Pilzen und Beeren (Forstwirtschaft).

Timm Ulrichs, Die natürliche Herstellung eines Axt-Stieles, 1972 – 1983, Karl Ernst Osthaus-Museum, Hagen

Der Mensch hat von jeher die Grundlagen seines Lebens nicht nur genutzt, sondern auch ausgebeutet. Dem Verdacht einer interessegeleiteten Haltung gegenüber der Schöpfung kann man – auch in der Rede von der ökologischen Verantwortung – nicht entkommen. Als eine Assemblage am »lebenden Material« hat der Künstler Timm Ulrichs diese Technik-Verstrickung zu einem Bild gefroren. 1972 hat er eine Axt über eine kleine Eiche gestülpt. »Was daraus geworden ist – die eingewachsene Axt, der abgestorbene, strangulierte Baum – zeigt das Bild, wo die fertige Axt in einen Klotz geschlagen ist.«[15] Im Bild von der *natürlichen Herstellung eines Axt-Stieles* wird dieser Lebens-Zusammenhang so abstrahiert, dass seine Logik schonungslos vor unseren Augen liegt.

---

15 Timm Ulrichs in: Hans Gercke (Hg.), Der Baum in Mythologie, Kunstgeschichte und Gegenwartskunst. Heidelberg 1986, S. 412.

Zur Erschließung:

Die Schülerinnen und Schüler sollen die Assemblage in ihre Bestandteile zerlegen und analysieren, welche formalen und inhaltlichen Zusammenhänge durch die Verknüpfung von »Axt/Herstellung«, »Baum/Stiel« und »natürlich/Herstellung« etc. gestiftet, begründet und befragt werden. Wie gelingt es Ulrich, dass der Betrachter jedes für sich und zugleich nur in einem Zusammenhang existierend wahrnimmt? Inwiefern schafft er damit eine darstellerische Abstraktion des Zitats von Leonardo da Vinci: »Die Wälder werden Kinder gebären, die die Ursache ihres Todes sein werden. – Den Stiel der Axt.« (Prophezeiungen)

Das freie Spiel der Kräfte

Es gibt Künstler, denen es gelingt, eine neue Geographie zu schaffen: imaginäre Welten, deren Existenz durch die tatsächliche Landkarte und durch die wirklichen politischen Achsen berechtigt ist, die aber gleichzeitig unser Verständnis eben dieser verändern. Häufig geht es darum, das scheinbar selbstverständliche Bild von der Welt zu verändern, eine neue Art zu finden, ihre Umrisse zu zeichnen.[16]

Die Arbeiten des schwedischen Künstlers Ulf Rollof spielen mit Versatzstücken aus Natur und Technik und verwickeln beide in ein freies Spiel der Kräfte. So platzierte Rollof auf einem frei stehenden Rondell vor dem Regierungsgebäude in Riga, wo zu Sowjetzeiten eine Lenin-Statue stand, ein sternförmiges Karussell aus rot gefärbten Fichtenbäumen. Die Installation *Merry-go-round* setzt unzählige Assoziationen frei: Der rote Stern, das politische Symbol des Kommunismus, das Sternbild als Schicksalsfigur, das Zusammenkommen von Sternsuchern und Heilsgeschehen unter dem (heidnischen) Tannenbaum in der christlichen Weihnachtstradition – alles wird Teil eines sich immer schneller

Merry-go-round, RIGA FIR TREE Project, 1995, 460x900x900 cm, 5 Fichten rot bemalt, Bienenwachs, Paraffin, Stahl und Holz, Rondell vor dem Regierungsgebäude in Riga, Konstruktion von Ivars Mailitis

drehenden Karussells der Geschichte, das seinerseits für den schönen Schwindel von Kindheitsträumen steht. In das unschuldige Spiel der Bedeutungen mischt sich Unbehagen: Die Fichten sind rot gefärbt: rot wie das Blut der Revolutionsopfer, rot wie die vom sauren Regen abgetöteten Bäume im Riesengebirge bei Riga? Das Karussell erscheint nun auch als eine hybride Mischung aus maschinellem Regelwerk und archaischem Weltenkreislauf.

16 Daniel Birnbaum/Ulf Rollof, Geographie der Zerstörung und Hoffnung, in: Ausstellungskatalog Ostsee-Biennale 1996, Bekannt(-)Machung. Kunsthalle Rostock 1996. S. 174.

Zur Erschließung:

Die Schülerinnen und Schüler sollen zunächst die Installation als Skulptur beschreiben und die verschiedenen politischen, kulturellen und ästhetischen Momente, die daran aufscheinen, zusammentragen. Was ändert sich für die Wahrnehmung des Ortes, wenn dort anstatt einer politischen Persönlichkeit ein »Kunstspielzeug« steht? Das Schlagwort vom »freien Spiel der Kräfte« stammt von einer Gruppe französischer Wirtschaftswissenschaftler aus dem 18. Jahrhundert und wird bis heute – vor allem in der Wirtschaft – als Wendung gebraucht, um einen Vorgang zu charakterisieren, der (scheinbar) ohne Steuerung von außen in eine Balance kommt. Inwiefern schafft Rollofs Installation ein abstraktes Bild der darin formulierten naturphilosophischen These?

Weiterführende Impulse

Die vielleicht überraschende Verbindung von Abstraktion und Natur lässt sich an anderen z.T. spektakulären Projekten weiter verfolgen:

- *Running fence* war ein Landschafts-Projekt des Ehepaars Christo, das nach vierjähriger Vorarbeit 1976 in Kalifornien realisiert wurde. Der laufende Zaun erstreckte sich über 39 Kilometer quer durch das Land und endete im Pazifik. (5,5 m hoch, 39,4 km lang, 200 664 qm Nylongewebe, 145 km Stahlkabel, 2 050 Stahlpfähle mit jeweils 9 cm Durchmesser und 6,40 m Länge) . Der Zaun diente dabei nicht der Abgrenzung und Einzäunung, nicht dem Schutz oder der Inbesitznahme, sondern er sollte »das natürliche Licht in seiner ständigen Veränderung reflektieren«. Von dieser Aktion gibt es ein Video, das man zur Bearbeitung heranziehen könnte. Auch andere Arbeiten des Ehepaars (Die verhüllte Küste 1969 in Sydney, Umsäumte Inseln 1983 in Florida, Verhüllter Reichstag, Berlin 1996, Verhüllte Bäume 1998 in Riehen/Basel) könnten zur Erörterung herangezogen werden.

- In einem historischen Rückgriff könnte auf Caspar David Friedrichs *Der Mönch und das Meer* Bezug genommen werden, ein Werk, in dem nach der Meinung des Kunsthistorikers Robert Rosenblum die Abstraktion und die Moderne ihren Anfang genommen hat.[17] Ein Schüler Friedrichs, Carl Gustav Carus, beschrieb den Eindruck so: » ... dass der Mensch, hinschauend auf das große Ganze einer herrlichen Natur, seiner eigenen Kleinheit bewusst wird, und, indem er alles unmittelbar in Gott fühlt, selbst in dieses Unendliche eingeht.«[18] Auch hier können wieder andere Arbeiten von Friedrich (z.B. *Die gescheiterte Hoffnung [Das Eismeer]*) in die Überlegungen einbezogen werden. Mit Caspar David Friedrich ist zugleich eine Schnittstelle zur Frage simultaner Entwicklungen im Bereich der Religion gegeben (Subjektivierung, Intensivierung etc.).

---

17 Vgl. Robert Rosenblum, Die moderne Kunst und die Tradition der Romantik. München 1981.
18 Carl Gustav Carus zit. nach Rombold/Schwebel, Christus in der Kunst des 20. Jahrhunderts. Freiburg 1983, S. 10.

Intensitäten – oder:
Die Besinnung auf das Wesentliche

Intensität umschreibt das Lexikon als »Stärke, Wirksamkeit, Eindringlichkeit«, intensiv als »gründlich und auf die betreffende Sache konzentriert.« Auch im Bereich der zeitgenössischen bildenden Künste gibt es viele Vertreter, die auf Intensitäten in ganz unterschiedlichen Formen setzen. Häufig geht es dabei um die Reduktion auf das Elementare, sei es auf elementare Stoffe der Natur, auf bestimmte Naturereignisse, archaische Umgangsformen mit und in der Natur oder auch den Natur-Kultur-Gegensatz grundsätzlich.

Immer gibt es dabei auch eine auffällige Nähe zur Religion und zur Religionsphilosophie, sei es im Blick auf die Mystik, sei es bezüglich der Erfahrung des Erhabenen, sei es die explizit oder auch quasi religiöse Beschreibung des Umgangs mit dem Elementaren oder seien es »bloß« sich aufdrängende religiöse Deutungsmuster. In vielen ihrer Erscheinungsformen hat es Religion(sphilosophie) eben auch mit der notwendigen Reduktion auf das Elementare und Einfache (jedoch nicht Banale), aber auch mit einer gesteigert-intensiven Begegnung mit der Natur zu tun.

Im Folgenden haben wir vier verschiedene, aber doch auch verwandte Beispiele zusammengetragen, in denen Künstlerinnen und Künstler den Vorgang der Konzentration auf das Wesentliche exemplarisch vor Augen führen. Wir unterstellen dabei nicht, dass die Künstlerinnen und Künstler aus religiösen Motiven handeln (auch wenn der eine oder andere von ihnen sich explizit auf religiöse Traditionen bezieht), sondern stellen fest, dass Religion und Kunst an dieser Stelle offensichtlich auf einer gemeinsamen Wahrheitssuche sind. Für den Unterricht – sei es in Religion, Ethik oder Philosophie – geht es um »eine Erweiterung des Bewusstseins, die wieder auf das Ganze der Welt und auf die Beziehung aller ihrer Teile zueinander zielt«.

1. *Die Natur der Stoffe*
   Wolfgang Laibs Pollenfelder, Reishäuser und Bienenwachsobjekte

2. *Land-Art mit Blitzschlag*
   Walter de Marias Lightning Field

3. *Was unsere Grenzen übersteigt*
   Hannsjörg Voths Himmelstreppe

4. *Ton, Erde, Eisen, Stahl*
   Die Arbeiten von Madeleine Dietz

Wolfgang Laib: Die Natur der Stoffe

Die Natur ist Ausgangspunkt für das Werk von Wolfgang Laib, aus ihr sucht er sich die Motive für seine Kunst:

Wolfgang Laib, Blütenpollen,
Foto 1977

Wolfgang Laib, Reishaus

Ihr entstammen nicht nur alle Stoffe, die er verwendet. Er lebt und arbeitet auch eingefügt in ihren Jahreslauf: mit Hochzeiten der Arbeit, wenn Löwenzahn, Haselnuss oder Kiefern blühen, und mit Zeiten der Ruhe im Winter, wenn er im Atelier den Marmor für einen Milchstein poliert. So konzentriert der Künstler sein Werk auf wenige, auserwählte Stoffe: Blütenstaub, Milch, Bienenwachs, Marmor, Reis und Siegellack. Aus jeder Materialwahl entspringt eine Werkfamilie, die sich langsam, aber stetig entfaltet: 1975 entstehen die ersten Milchsteine, 1977 sammelt Wolfgang Laib den ersten Blütenstaub, 1983 arbeitet er erstmals mit Reis und 1987 mit Bienenwachs. Es scheint, als müsse er erst jedes Material in eingehender Wesensbetrachtung befragen, um ihm die Form zuzumessen, die er dann in Variationen immer wieder neu ausprägt. Deshalb schließt Wolfgang Laib auch keine seiner Werkgruppen endgültig ab. Sie bestehen gleichwertig und gleichgewichtig nebeneinander.[19]

Bei Laib ist so der künstlerische Prozess als solcher schon durch den Rekurs auf das Elementare und Intensive charakterisiert. Ausgangspunkt des Schaffens von Wolfgang Laib ist eine ganzheitliche Vorstellung der Welt, das macht seine Arbeiten zu einem idealen Gegenstand des Unterrichts:

Aus der Erkenntnis heraus, dass unser verstandesgeleitetes empirisch-praktisches Verhältnis zur Welt, das mit der Renaissance begann, nicht mehr nur zur Erschöpfung der Natur, sondern auch zu einem gefährlichen Verlust des Sinns für umfassendere Zusammenhänge geführt hat, setzt er sich für eine Umkehr ein. Er strebt eine Erweiterung des Bewusstseins an, die wieder auf das Ganze der Welt und auf die Beziehung aller ihrer Teile zueinander zielt.[20]

Zur Erschließung:

Die Schülerinnen und Schüler müssen zunächst einmal den »Naturgehalt« der Werke Laibs imaginieren. Was bedeutet es, wenn ein Künstler zunächst einmal ganze Gläser mit Blütenpollen füllen muss, bevor er sein Kunst-Feld streuen kann. Welche sinnlichen Erfahrungen vermittelt ein Tetraeder aus Bienenwachs? Was für Eindrücke gehen vom Reishaus aus? Die oben zitierten Umschreibungen der Überlegungen des Künstlers können zur Erschließung der Kunstobjekte herangezogen werden.

19 http://www.ifa.de/a/a1/kunst/da1laib.htm.
20 Aus: Kosmische Bilder in der Kunst des 20. Jahrhunderts. Kunsthalle Baden-Baden, 1983/84.

Walter de Maria: The Lightning Field

Mit dem Elementaren der Natur in einem ganz anderen Sinne, nämlich ihren Elementargewalten, die der Mensch dennoch in einem gewissen Grade steuern kann, setzt sich Walter de Maria in *The Lightning Field* auseinander. Das Werk, entstanden 1977, liegt auf einer menschenleeren Hochebene im Westen von New Mexico (USA) in einer Höhe von 2195 m. Es wurde erbaut und wird unterhalten vom Dia Center for the Arts, New York.[21]

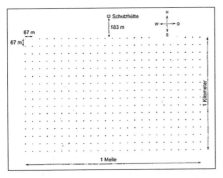

400 Rohre mit massiver, angeschweißter Spitze aus poliertem Edelstahl sind senkrecht auf einem Feld von 1 Kilometer mal einer Meile montiert. Die Rohre haben einen kreisförmigen Querschnitt von ungefähr 5 cm Durchmesser. Die Höhen der Stangen liegen zwischen 4,6 m und 8,15 m, um die Unebenheiten des Geländes auszugleichen, sodass die Spitzen der Rohre eine horizontale Ebene ergeben. Von Mai bis Oktober können exklusiv auf maximal sechs Personen begrenzte Gruppen über Nacht das *Lightning Field* erfahren. Je nach Wetterlage schlagen – nicht vorausberechenbar und jedes Mal anders – Blitze in das *Lightning Field* ein. Und dennoch kann, wie Walter de Maria zu Recht hervorhebt, »keine Fotografie, keine Reihe von Fotografien oder keine andere Bildaufzeichnung *The Lightning Field* vollständig darstellen«.

Walter de Maria, Lightning Field, 1977

Zur Erschließung:

Es ist schwer, die Dimensionen des Lightning Field auch nur annähernd zu imaginieren. Die Schülerinnen und Schüler sollten daher zunächst eine Fläche in Augenschein nehmen, die in etwa der Größe des Kunstobjekts entspricht. Dann sollten sie überlegen, warum das Feld die Blitze anzieht und inwiefern in dieser Gestaltung der Natur eine konkrete Aussage des Künstlers enthalten ist. Allgemein wird gesagt, dass die Grundhaltung der Land-Art-Künstler eine zivilisationskritische ist. Inwiefern trifft das für dieses Kunst-Objekt zu?

21 http://www.diacenter.org/ltproj/lf/index.html.

Hannsjörg Voth: Die Himmelstreppe

»Ich möchte im wahrsten Sinne des Wortes etwas begreifbar machen, was eigentlich nicht begreifbar ist, was unsere Grenzen übersteigt ... Dem Verlangen, über die eigene Beschränkung hinauszuwachsen, will ich eine Form geben«, schreibt Hannsjörg Voth zu seiner Arbeit. Aus einfachen Lehmziegeln hat er mit den Methoden der Einheimischen versucht ein mythisches Bild wieder aufzugreifen, den »Traum des Aufstiegs«, den Wunsch nach Höhe und Weite, nach Überwindung der Grenzen, die der menschlichen Natur gesetzt sind. Einsam und weithin sichtbar steht eine Treppe in der Landschaft und macht die Grenzüberwindung nicht unbedingt möglicher, aber sie erinnert neu und alt zugleich an den archaisch-menschlichen Drang danach. Aus dem Konzept:

Hannsjörg Voth,
Himmelstreppe,
1985–1987 in
Marokko in der
Marha-Ebene

Im Süden Marokkos will ich ein Lehmbauwerk in Form eines Dreiecks errichten. In Marokko ist die Tradition der Lehmbauweise ungebrochen, deshalb werden ortsansässige Handwerker die *Himmelstreppe* bauen. Das Dreieck, dessen langer Schenkel 23 Meter misst, hat eine Höhe von 16 Metern. Die Hypotenuse beträgt 28 Meter. Die 52 Treppenstufen führen zu einer Plattform, die 4 Meter unterhalb der Spitze des Bauwerkes liegt. Von dieser Ebene aus erreicht man zwei untereinanderliegende Räume. Nach der Fertigstellung der *Himmelstreppe* möchte ich im unteren Raum einige Monate wohnen und während dieser Zeit für den oberen Raum ein aus zwei Flügeln bestehendes Objekt anfertigen. Die Flügel haben ein Federkleid aus handgeschmiedeten Messern. Die Spannweite beträgt 3,50 Meter. Die Spitzen berühren die seitlichen Raumwände. Der Raum zwischen den Flügeln bleibt so ausgespart, dass sich ein Mensch einfügen kann.

Zur Erschließung:

Die Schülerinnen und Schüler sollen spontan Eindrücke äußern. Zu erwarten ist, dass sie sowohl auf den Kontext (Wüste, Himmel) wie auf das scheinbare Alter des Objekts reagieren (Vergleich mit den Pyramiden). Eine Erörterung der möglichen Funktion dieses Objekts kann sich anschließen. Welche Verschiebungen für die Deutung ergeben sich aus der Tatsache, dass das Objekt aus dem Jahr 1980 stammt? Wir gehen bei modernen Objekten immer von ihrer Zweckorientiertheit aus. Eine weitere Verschiebung der Deutungen erfolgt, wenn die Schülerinnen und Schüler erfahren, dass es sich um ein Kunstwerk, und zwar das eines europäischen Künstlers, handelt. Warum baut ein zeitgenössischer europäischer Künstler in der Wüste ein Objekt, das uns an altägyptische Pyramiden erinnert? Welche Unterschiede lassen sich zwischen den Pyramiden und der *Himmelstreppe* feststellen? Welche Informationen sind nur dem Konzept, nicht aber dem Werk zu entnehmen und inwiefern verändern sie die Wahrnehmung? Schließlich sollen die mythischen Elemente und Anspielungen (Daedalus-Ikarus-Mythos, Jakobs Traum von der Himmelsleiter) zusammengetragen und erörtert werden.

Madeleine Dietz: Erde und Stahl

Als wesentliche Materialien bestimmen Erde und Stahl die Arbeiten von Madeleine Dietz. Zu ihren Materialien und zu den dabei in Gang gesetzten Prozessen sagt Madeleine Dietz:

- Erde ist mein Material, ist mein Werkstoff, in unerschöpflicher Menge überall zu finden. Erde ist das Symbol des Lebens. Erde in Verbindung mit Wasser ist formbar, ausstreichbar, trocknet aus, bildet Risse. Sie bricht in Stücke. Sonne, die die Erde vertrocknen lässt, gleichzeitig lebensnotwendiges Licht spendet.
- Stahlplatten, Stahlmulden, Stahlkuben, Mittel zum Zudecken, Abdecken, Abgrenzen, Verschließen, Bewahren, Schützen. Stahl, in technoid wirkender Form, scheinbar unvergänglich.
- Hingehen, niederknien, suchen, wegräumen, freilegen, öffnen, hineingeben, verschließen, abdecken, abgrenzen, weggehen.
- Formbarkeit und Starre, Chaos und Ordnung, künstliche und natürliche Form- und Materialstruktur, thematische Gestaltwerdung und Auflösung.
- Erde ist Natur, ausgeliefert dem Menschen als ihrem Zerstörer oder Hüter. Nur durch mechanische Einwirkung oder durch Nässe verändert sich die Form. Das Ab- oder Herausbrechen einzelner Stücke ist Konzept meiner Arbeit, die Fragilität beabsichtigt.

In ihren zentralen Werken kombiniert Madeleine Dietz Stahl mit natürlich getrockneten und gebrochenen Erdstücken. Dem organischen Stoff Erde stellt sie so den industriell hergestellten Werkstoff Stahl gegenüber. Die dabei zum Ausdruck kommende Spannung der Materialien wird in weiteren Polaritäten von Innen und Außen, Positiv und Negativ aufgenommen. In der Geschichte der Mythologien spielt der Gegensatz von Natur und Zivilisation eine besondere Rolle. In der Bibel ist Kain

Madeleine Dietz, Getrocknete Erde, Stahl, 2002

Ahnvater aller zivilisatorischen Errungenschaften: Er baute die erste Stadt, ist der Ahnvater der Nomaden und der Erz- und Eisenschmiede!

Madeleine Dietz, Altarumbau, Martinskirche Kassel, 1997, getrocknete Erde, Stahl

155

Zur Erschließung:

Für die Bearbeitung im Unterricht haben wir zwei Kunstwerke ausgesucht, die beide Erde und Stahl in strenger Formbildung kontrastieren. Die Schülerinnen und Schüler können am ersten Beispiel Stahl und Erde als analoge und doch gegensätzliche Gestaltungselemente der Künstlerin kennen lernen. Das zweite Beispiel lässt deutende Rückbezüge auf biblische Altäre ebenso zu, wie den Bezug auf den Kontrast von Natürlichkeit und Künstlichkeit in der Geschichte der Menschheit. Die Beschreibung der Künstlerin kann dabei miteinbezogen werden.

Weiterführende Impulse

Natürlich dient alle Kunst der Selbstbe*sinn*ung der Menschen, die sie betrachten und mit ihr umgehen.[22] Dennoch tritt dieser sinnliche Aspekt nicht überall so in den Vordergrund wie auf den hier vorgestellten Kunstwerken. Für die weitere Arbeit wäre zunächst vor allem fächerübergreifender Unterricht und Projektarbeit denkbar. Alle vier Künstler und ihre Kunstwerke bieten sehr gute Anknüpfungspunkte für die ergänzende Zusammenarbeit mit anderen schulischen Fächern.

- So kann im Blick auf die Arbeiten von Wolfgang Laib in einem fächerübergreifenden Projekt von Religion/Ethik/Philosophie mit Biologie und Kunst selbst einmal versucht werden, eine Spurensuche unter dem Aspekt der intensiven Naturerfahrung durchzuführen. Wie schwer/leicht ist es, Pollen zu sammeln, welche Pflanzen eignen sich und welche Pollen ergeben welche Farbeffekte?
- Im Blick auf das *Lightning Field* von Walter de Maria kann in Zusammenarbeit mit dem Physik-Unterricht nach den Voraussetzungen dieses künstlerischen Experiments gefragt werden. Es können auch in ergänzender Zusammenarbeit mit dem Kunstunterricht Fotoserien mit Blitzen erstellt werden. Religionswissenschaftlich kann der mythologischen Deutung von Blitz und Donner nachgegangen werden.
- Die *Himmelstreppe* von Hannsjörg Voth lädt natürlich zunächst dazu ein, reale Bauwerke in dieser Bauart zu betrachten und ihre Geschichte zu erarbeiten. Hier bietet sich die Zusammenarbeit mit dem Erdkundeunterricht an, der ja in verschiedenen Aspekten z.B. den Naturfaktoren in ihrer Bedeutung für den Menschen nachgeht.
- Die Kunstwerke von Madeleine Dietz, die das Gegenüber von Natur und Zivilisation, aber auch die gestaltbaren und bearbeitbaren Elemente thematisieren, können im Bereich der Fächer Geschichte und Chemie unter dem Aspekt der menschlichen Aneignung der Fähigkeiten zur Eisen- und Stahlbearbeitung bearbeitet werden. Darüber hinaus kann auch im Bereich des Faches Erdkunde der Nutzung des Eisens zur Erdbearbeitung nachgegangen werden. Nicht zuletzt gibt es viele Mythen, die das Verhältnis von Ton, Erde, Eisen, Stahl behandeln.

---

22 Vgl. dazu auch den Abschnitt *Sinnlichkeit und Reflexion*, S. 76ff.

Es gibt Bilder, die machen einem das Betrachten schwer. Bilder etwa, bei denen eine solche Fülle an Details versammelt ist, dass das Auge von einem zum anderen irrt, ohne dass es sich irgendwo im Bild festhalten kann. Oder Bilder, bei denen so eindeutig ein bestimmtes Motiv im Vordergrund steht, dass es alles andere auf dem Bild in den Hintergrund drängt. Oder auch Bilder, die uns so bekannt sind, dass wir schon gar nicht mehr hinschauen, wenn sie wieder einmal ins Blickfeld geraten. In all diesen Fällen brauchen wir künstlerische Seh-Hilfen, die unsere Wahrnehmung leiten, umlenken oder verfremden, die uns das Bild wieder neu sehen lassen.

Zu den Werken, die dringend einer derartigen Seh-Korrektur bedürfen, gehört der so genannte Isenheimer Altar, der heute in Colmar steht und der Mathis Grünewald zugeschrieben wird. In allen möglichen Kontexten tauchen Bilder dieses monumentalen Altarwerks auf, seine Tafelbilder sind zu einem Steinbruch für diverse Funktionalisierungen bis hin zu Reklamebildern geworden. Im Regelfall steht dabei die direkte Bezugnahme auf die Heilsgeschichte bzw. die Heiligenlegenden im Vordergrund, besprochen wird der gepeinigte Christus, der Finger des Johannes, die Aureole des Auferstandenen, die Versuchung des hl. Antonius usw. Gerühmt wird die Fähigkeit des Künstlers, das Leiden Christi für die zeitgenössischen Betrachter zu vergegenwärtigen. Aber wie malt Grünewald eigentlich? Wie setzt er die theologische Aussage jenseits der planen Abbildlichkeit ästhetisch um? Mit anderen Worten, was gibt es eigentlich auf dem Bild zu *sehen* – und in welcher Beziehung steht es zu unserer Lebenswelt des 21. Jahrhunderts?

Einige Künstler der Gegenwart sind diesen Fragen nachgegangen, sie haben der künstlerischen wie inhaltlichen Arbeit Grünewalds nachgespürt. Zu den Ergebnissen dieser Spurensuche gehören Werke von Francis Bacon, Friedemann Hahn und Günter Scharein, von denen im Folgenden die Rede sein soll. Wir schlagen vor, sich in diesem Sinne der Verklärung des Gewöhnlichen in der und durch die Kunst in vier Schritten zu nähern:

1. Der *Isenheimer Altar* des Mathis Grünewald
2. Die *Kreuzigungen* des Francis Bacon
3. Der *Christus* nach Grünewald von Friedemann Hahn
4. Die *hommage an meister mathis* von Günter Scharein

Der Isenheimer Altar des Mathis Grünewald

Der heute im Musée d'Unterlinden in Colmar aufgestellte Wandelaltar aus dem Antoniterkloster in Isenheim im Elsass, den wir unter dem vereinfachenden Bezeichnung *Isenheimer Altar* kennen, ist in seiner Genese nicht vollständig erschlossen. Vor allem das »Rätsel Grünewald«, das sich an der wahren Identität des *Mathis Gothart Nithart* festmacht, spaltet die Forscher immer noch in verschiedene Lager. Wer aber immer auch der Urheber ist, sein Werk jedenfalls spiegelt die Zeit des Umbruchs vom Mittelalter zur Neuzeit. Der Isenheimer Altar wurde zwischen 1512 und 1516 geschaffen und zeigt neben der Kreuzigung die Grablegung und die beiden Heiligen Sebastian und Antonius auf der ersten Seite, die Verkündigung, das Engelskonzert, die Geburt und die Auferstehung auf der zweiten Seite sowie Szenen aus dem Leben des heiligen Antonius auf der dritten Seite.

Mathis Grünewald, Isenheimer Altar, Öl auf Holz, 269 x 590 cm, 1512 – 1516

Dieses Bild ist eine Montage, es existiert nicht in dieser Form. Montiert wurde der Mittelteil der ersten Altaransicht (Die Kreuzigung) mit den aufgeklappten Seitenteilen der zweiten Altaransicht (Verkündigung und Auferstehung). Die Größenangaben entsprechen denen des aufgeklappten Altarbildes in der zweiten Ansicht.

Die Spannweite des Werkes dokumentiert auf der einen Seite der sterbende Christus, der mit einem aus Todesangst verzerrten Gesicht schwer vom Kreuz hängt. Die Kreuzigungsszene ist in das fahle Licht einer Sonnenfinsternis getaucht. Der Jünger Johannes hat die in Ohnmacht fallende Gottesmutter aufgefangen. Der Täufer Johannes weist auf den toten Christus. Durch die verschiedenen Einzelzüge der Leidtragenden, die der geschlossene Zustand des Altars zeigt, wird dieser zu einem bildhaften Aufruf an das Mitgefühl und an das Gewissen der gläubigen Menschen. Der auferstehende Christus sprengt den Steinsarkophag; er steigt aus dem Bahrtuch empor und verwandelt sich in stilles Schweben. (MS Encarta)

In der Kürze der normalerweise zur Verfügung stehenden Zeit lässt sich der Isenheimer Altar natürlich nicht erschließen. Der Unterricht muss sich deshalb auf wesentliche Momente konzentrieren. Wir haben im Blick auf die späteren Schritte eine etwas ungewöhnliche Zusammenstellung vorgenommen, nämlich Ankündigung, Kreuzigung und Auferstehung auf einem Bild zusammen montiert.

Zur Erschließung:

Die Schülerinnen und Schüler sollen sich zunächst über das Werk des Mathis Grünewald informieren und dann die Abbildung mit der neuen Zusammenstellung betrachten. Was fällt auf, was ist ungewöhnlich und erklärungsbedürftig? Inwiefern kann dieser leidende Christus eine Identifikationsfigur für die leidenden Kranken im Kloster in Isenheim sein? Was erfahren wir über die Räume, in denen sich die drei Szenen abspielen, wie gestaltet und inszeniert der Künstler sie? Wie agieren die beteiligten Personen?

Die Kreuzigungen des Francis Bacon

Für den englischen Maler Francis Bacon gehört die Beschäftigung mit dem Thema *Kreuzigung* zu den entscheidenden Elementen seines Schaffens. Mit den *Drei Studien für Figuren am Fuße einer Kreuzigung* aus dem Jahre 1944 wurde Bacon bekannt und berühmt. In der Literatur wird immer darauf verwiesen, dass Bacon als nicht religiöser Mensch nicht beabsichtigt habe, der Religion Ausdruck zu verleihen:

Francis Bacon, Drei Studien für Figuren am Fuße einer Kreuzigung, 1944, Öl und Pastell auf Hartfaserplatte, jede Tafel 97x74 cm

Laufe der letzten hundert Jahre haben sich viele Maler und Schriftsteller mit dem Thema der Kreuzigung befasst, aber nicht aus religiösen Gründen und auch nicht im christlichen Kontext. Das Motiv wurde verwendet, um geistigen und transzendentalen Anschauungen Ausdruck zu geben oder, wie bei Picasso, dem Schmerz und der Todesangst. Bacon spricht vom Kreuz als *Gerüst*, an dem man seine *Gefühle über das menschliche Verhalten oder die Beschaffenheit des Lebens* hängen kann. Diese Gefühle sind sehr individuell, voller persönlicher Assoziationen und Empfindungen, und Bacon hat sogar erklärt, das Malen der Kreuzigung sei der Schöpfung eines Selbstbildnisses verwandt.[23]

---

23 Dawn Ades, Bacons Bilderwelt, in: Francis Bacon, Katalog der Staatsgalerie Stuttgart und der Nationalgalerie Berlin. London 1985, S. 8-23, hier S. 19.

Man wird dieser Argumentation nur bedingt folgen können,[24] denn alles, was Bacon nennt, beschreibt ja elementar religiöse Vorgänge. Bacon schafft keine Neubearbeitung der Grünewald'schen Kreuzigung, so wie etwa Picasso Velázquez neu bearbeitet hat, vielmehr schafft er eigenständige Bilder vom Verlust des Menschlichen im 20. Jahrhundert.[25]

Zur Erschließung:

Das Triptychon gehört in seiner ganzen Rätselhaftigkeit sicher zu den eindrücklichsten des 20. Jahrhunderts. Die Schülerinnen und Schüler sollten sich dem Bild aussetzen und es analysieren. Nach Möglichkeit sollten sie es auch zu den anderen Kreuzigungsbildern von Bacon in Beziehung setzen.[26] Schließlich sollten sie es mit dem Werk von Grünewald vergleichen.

Der Christus nach Grünewald von Friedemann Hahn

In immer neuen Anläufen hat sich der Künstler Friedemann Hahn mit der künstlerischen Arbeit von Mathis Grünewald auseinander gesetzt. Sie interessiert ihn, wegen der »unverkennbaren Aufgipfelung von Affekten«, die sich bei Grünewald zeigt. »Insbesondere wurde die erzählerische Affektion des Grünewald-Bildes in rein malerische Stimmungen überführt und purifiziert.«[27] Hahns hier vorgestellte Arbeit zu Grünewald ist ein Altarbild für eine Kirche. Es fasst seine bisherige Beschäftigung mit Mathis Grünewald zusammen und gibt ihr neue Akzente.

Auf der Mitteltafel befindet sich das eher schmale Kreuz mit dem Corpus des Gekreuzigten, der vor dem nachtblauen Hintergrund goldgelb aufleuchtet. Sein Blick ist nicht gesenkt, sondern zielt fragend unmittelbar auf den Betrachter. Die beiden Flügel links und rechts, ein wenig vom Mittelteil abgehängt, zeigen die Hände des Gekreuzigten, ins Nichts greifend, eine Metapher, die die Verlassenheit des Gekreuzigten präzise ins Bild bringt ... Dunkelblau- und Rotflächen im Hintergrund fahren den Umrissen der Figurengruppe des Grünewaldschen Bildes nach, verhüllen sie gleichsam ... und geben

Friedemann Hahn, Kreuzigung, 1994, Öl auf Leinwand, 3-teilig, 250x344 cm

24 Es gehört zu den kunsthistorischen Stereotypen aus der Befreiungsgeschichte der Kunst von der Religion, dass weiterhin unverdrossen behauptet wird, ein Bild habe gegen jeden Augenschein mit Religion nichts zu tun. Autonomie, darauf muss jedoch hingewiesen werden, hat die Kunst erst dann erreicht, wenn sie aus souveräner Entscheidung sich dennoch wieder zur Religion äußert, sonst bleibt sie in negativer Abhängigkeit befangen.

25 Vgl. den Unterrichtsimpuls *Der (un)sichtbare Mensch* in diesem Buch, S. 117.

26 Vgl. dazu http://www.francis-bacon.cx .

27 August Heuser, Der abwesende Gott, in: Friedemann Hahn, Kreuzigung. Wehr-Öflingen 1994.

damit der Statik des Kreuzes eine Bewegung und umfangen dieses. Wie ein großer Blutschwall dringt dem Gekreuzigten Rot aus der rechten Seitenwunde. Eine rote Gegenspur läuft von links oben über den oberen Teil des Bildes, bis sie sich auf der rechten Bildtafel breit ergießt. Schließlich werden diese beiden roten Farbbahnen noch durch eine dritte von oben ins Mittelbild eindringende weiter ergänzt. Die Rot-flächen sind auch als Fahnen zu lesen, die an den zerrissenen Vorhang des Tempels erinnern. Das Nachtblau ..., das die roten Farbbahnen durchweht, ist schließlich ebenfalls im Kontext der Leidensgeschichte zu verstehen. Es verweist auf die tiefe Todesnacht und Verzweiflung des Leidens und Sterbens Jesu.[28]

> Zur Erschließung:
>
> Die Schülerinnen und Schüler sollen das Bild zunächst sorgfältig erschließen und dabei vor allem auf die malerische Arbeit schauen. Was ist besonders an diesem Werk, was fällt gegenüber vertrauten Kreuzigungsbildern auf, was knüpft an sie an? Dann sollte eine Abbildung der Kreuzigung des Isenheimer Altars herangezogen werden, um zu sehen, *wie* Hahn »die erzählerische Affektion des Grünewald-Bildes in rein malerische Stimmungen überführt und purifiziert«.

Günter Schareins »hommage an meister mathis«

Ein anderer Künstler, der sich mit dem Isenheimer Altar auseinander gesetzt hat, ist Günter Scharein. Seine Arbeit ist knapp 5 Meter breit und 2 Meter hoch. Das Mittelteil ist von einem kräftigen Blau erfüllt; nach oben hin dunkler werdend und fast ins Schwarze übergehend, wird es zum Boden hin immer lichter und leichter und geht schließlich in ein warmes Gelbrot über, das sich zu den Rändern hin verstärkt. Tritt man näher vor das Bild, wird deutlich, dass sich die Farbgebung in feinste gegeneinander gesetzte Farb-linien auflöst. Obwohl auf dem Bild nichts Figuratives zu entdecken ist, ist das Bild nicht leer, es ist narrativ, denn die Farbstruktur erzeugt die Andeu-tung eines vor den Augen ablaufenden Geschehens. Die Seitenteile erhöhen die Dramatik und bringen das ganze Werk in ein schwebendes Gleichge-wicht. Auf der linken Seite wird ein bis ins Schwarze reichendes Blau durch ein kräftiges Rot mit irisierenden Einschlägen aus gelber Farbe ergänzt, das sich nach unten verdünnt und nach oben fast die gesamte Breite ausfüllt. Der rechte Seitenteil scheint zunächst die Bewegung des linken in einer anderen Farbvariante zu wiederholen. Im Gegenüber beider Seitenteile wird aber deutlich, dass links das Rot wie ein Blitz auf die Erde strömt, während rechts das lichte Gelb der Erde sich entzieht und aus dem Bild nach oben entschwindet. Günter Scharein hat die Verkündigung, die Kreuzigung und die Auferstehung des Herrn des Isenheimer Altars, die dort auf verschiede-nen Ansichten sind, in einem Bild zusammengestellt. Die konkreten Bildin-halte scheinen ganz zurückzutreten, sie sind aber als Zitate im Kopf des Betrachters vorausgesetzt. Auf der linken Seite sehen wir die Verkündigung,

28 Ebenda.

wobei die farbliche Dynamik nicht dem verkündigenden Engel, sondern dem auffälligen roten Vorhang und der Struktur der Kapelle im Hintergrund entnommen ist. Auf der rechten Seite hat der Künstler die Aureole des Auferstehenden nach rechts gerückt und so die Vorlage dramatisiert. Was das Bild darüber hinaus leistet, ist die Vergegenwärtigung der künstlerischen Arbeit des Mathis Grünewald:

Schareins Bild spricht nicht die Menge einer Gemeinde an, sondern den einzelnen, denjenigen, der mit sich und dem Bild allein sein will. Auch dieser Zug zur Individualisierung ist ein Charakteristikum der spezifischen Religiosität in der Kunst unserer Zeit. Daraus, dass er sich nicht mehr als unmittelbarer Teilnehmer innerhalb der Szenen des Heilsgeschehens imaginieren kann, ist zu erklären, dass der Künstler das Bild in seiner Auseinandersetzung mit dem Isenheimer Altar defiguriert.

Günter Scharein, hommage an meister mathis, Triptychon, 1983/5, Öl/Hartschaumplatte, 205 x 500 cm

Eberhard Roters

Zur Erschließung:

Für die Schülerinnen und Schüler ist es vermutlich nicht auf den ersten Blick möglich, den Zusammenhang zwischen dem Isenheimer Altar und der Arbeit von Günter Scharein wahrzunehmen. Erst ein genaues Studium, erst die Meditation der Farbbewegung und Vergleiche mit dem Bild von Grünewald führen zu einer vertieften Auseinandersetzung mit der Arbeit *beider* Künstler. Das Zitat von Eberhard Roters kann vielleicht dazu helfen, in der Arbeit von Scharein auch einen Ausdruck gewandelter Religiosität in der Moderne zu sehen.

Weiterführende Impulse

Das Thema Kreuzigung ist auch jenseits der Auseinandersetzung mit dem Werk von Mathis Grünewald und auch nach dem Ende der Bildgeschichte Gottes in der Kunst (Wolfgang Schöne) nicht zu Ende. Es gibt eine Fülle von interessanten Kunstwerken, die der Auseinandersetzung wert sind.[29] Einige davon seien für die weitere Arbeit explizit benannt:

29 Vgl. dazu vor allem das Buch Rombold/Schwebel, Christus in der Kunst des 20. Jahrhunderts. Eine Dokumentation mit 32 Farbbildern und 70 Schwarzweiß-Abbildungen. Freiburg 1983.

- Pablo Picassos *Kreuzigung* aus dem Jahre 1930, eine der seltenen Beschäftigungen des Künstlers mit christlichen Themen, denen er sehr distanziert gegenüber stand.[30]
- Marc Chagall hat sich mehrfach in seinem Werk mit dem Thema *Kreuzigung* auseinander gesetzt. Wichtig für die Auseinandersetzung erscheint dabei vor allem die so genannte *weiße Kreuzigung* aus dem Jahr 1938, auf der das Golgatha-Geschehen in den Kontext eines Judenpogroms gestellt wird. Jesus wird so zum »Symbol des leidenden jüdischen Volkes«.
- Von Josef Beuys gibt nicht nur eine beeindruckende Kreuzigung aus den Jahren 1962/65, die aus Holz, Zeitungspapier, Nägeln, Draht, Nähgarn und Flaschen montiert wurde. Darüber hinaus gibt es Performances, die erkennbar eine Christusidentifikation des Künstlers vollziehen, etwa die Aktion *Celtic* in der Karwoche 1971.
- Eine ganz andere Tradition beerbt der Künstler Barnett Newman mit seinen Kreuzwegstationen. Sie gehören zum einen in die Tradition der malerischen Auseinandersetzung mit dem »Erhabenen«, zum anderen mit dem Erbe des Bilderverbots. In ganz abstrakter Malweise hat er in seinem Zyklus der Kreuzwegstationen (1958–1966) vierzehn große Tafeln geschaffen, bei denen nur jeweils ein oder mehrere vertikale Streifen die Farbfläche durchschneiden. Der ganze Zyklus erscheint als Ringen zwischen Schwarz und Weiß, wobei bis zur vorletzten Tafel das Schwarz zu siegen scheint, während die letzte Tafel in reinem Weiß erstrahlt.

Kunst und Kirchenraum: Ein-Bruch im Leib Christi

Es gibt in der Kunstgeschichte eine kaum zu überschauende Fülle künstlerischer Körper-Raum-Bezugnahmen.[31] Immer wieder haben Künstler den menschlichen Körper mit dem kirchlichen Raum in Beziehung gesetzt. Schaut man genauer hin, könnte man sagen, dass Künstler häufig ein essenzielles Verhältnis zum religiösen Raum haben. Für sie ist der Raum des Religiösen respektive der kirchliche Raum noch präsent und virulent, er ist ebenso bestreitbar wie verletzbar. Wo manche sich im Kirchenraum schon in die Idylle des Wohnraumes geflüchtet haben, ist für viele Künstler der Raum der Kirche noch ein deutlich wahrgenommener besonderer Ort, etwas, wo im elementaren Sinne die Welt noch repräsentiert, bestritten und gewendet wird. Vielleicht brauchen Künstler dies, um sich umso entschiedener daran reiben und ihre Wahrheit zeigen zu können. Natürlich lebt dieses Gefühl von einer Überhöhung des religiösen Raumes, der in der Postmoderne so nicht mehr gegeben ist. Ebenso wie die künstlerische Tradition entmythologisiert wurde, wurde auch der religiöse Raum entmythologisiert. Dennoch lebt von

---

30 Abbildung und Erörterung in Horst Schwebel, Die Kunst und das Christentum. Eine Konfliktgeschichte. München 2002, S. 158–160.

31 Dieser Unterrichtsimpuls erschien zunächst in etwas anderer Form in: Leonhard/Klie (Hg.), Schauplatz Religion. Grundzüge einer Performativen Religionspädagogik. Leipzig 2003.

beidem etwas bis in die Gegenwart fort. Im Folgenden beschreiben wir Werke von Künstlerinnen und Künstlern, die sich in je spezifischer Weise mit dem »Kirchenraum« bzw. mit dem Raum des Religiösen auseinander gesetzt haben, und hoffen, dass sie die Möglichkeit eröffnen, im Religionsunterricht der Frage nach der Leiblichkeit des Kirchenraums auf eine vielleicht überraschende, auf jeden Fall aber nachdenkenswerte Weise nachzugehen. Fast immer handelt es sich um Einbrüche in den Leib Christi, die dann offenkundig werden, wenn man bedenkt, dass in der kirchlichen Bautradition der Grundriss einer Kirche als Symbol/Zeichen des Leibes Christi angesehen wurde und wird. Das macht die Brisanz der künstlerischen Arbeiten aus. Ausgewählt haben wir dazu:

1. Masaccios Fresko in der Kirche Santa Maria Novella in Florenz:
   Jenseits des Raumes oder die Ortlosigkeit Gottes

2. Jürgen Brodwolfs Transparentblätter:
   Die Leiblichkeit des (Kirchen-)Raums

3. Alba D'Urbanos *Hautnah: quem quaeritis non est hic:*
   Auf der Suche nach dem Geschlecht

4. Thom Barths RED LOOM: *8. Himmel – 7. Stellung:*
   Ein-Bruch im Leib Christi

Masaccio: Jenseits des Raumes oder
die Ortlosigkeit Gottes

Eines der faszinierendsten frühen Beispiele des künstlerischen wie theologischen Raumbezugs ist das Trinitätsfresko in der Kirche Santa Maria Novella in Florenz von Masaccio (1401–1429). Das Fresko ist 667 x 317 cm groß und wurde zwischen 1427 und 1428 gemalt. Es ist der erste zentralperspektivisch gemalte Bildraum, so dass die Figuren und der sie umgebende Raum unmittelbar auf den Betrachter bezogen sind. Der »göttliche Raum« ist als Kapellenraum dargestellt. Betrachtet man ihn genauer, gibt es einige Raumirritationen:

Da die Konstruktion der Perspektive den Bildraum rational durchmisst und den Figuren ihren jeweiligen Platz zuweist, müsste es möglich sein, deren Standorte im Raum festzulegen. Bei dem noch vor dem Kapellenraum knienden Stifterpaar ist das mühelos zu machen. Aber wo stehen Maria und Johannes? Es sieht so aus, als befänden sie sich auf gleicher Höhe mit dem Standpunkt des Kreuzes, also noch sehr weit vorne im Raum, etwas hinter den eingestellten Säulen. Gottvater hält den Querbalken des Kreuzes. Allerdings steht er deutlich sichtbar auf dem rötlichen Sarkophag, der in die Wand der Apsis eingelassen scheint. Demzufolge müsste Gottvater sich sehr weit vorbeugen, um an das Kreuz zu reichen. Gottvater ist aber aufrecht dargestellt. Was ist hier passiert? Warum diese Unklarheit der Position der Figur Gottes im oberen Bildraum? Hat Masaccio einen Fehler gemacht, weil er seine Perspektive noch nicht so recht beherrschte?[32]

---

32 Florenz. Ein Reisebuch durch die Stadtgeschichte. Frankfurt/M. 1989, S. 102ff.

Keinesfalls, so meint Edgar Hertlein in seinem Buch *Masaccios Trinität*,[33] vielmehr habe er *absichtlich* die zentralperspektivische Darstellung an dieser Stelle gebrochen, »um das Überirdische der Erscheinung, die in dieser Welt keinen Platz hat und damit auch nicht den Gesetzen und Darstellungsregeln des Diesseits unterworfen ist, zum Ausdruck zu bringen«. Träfe das zu, dann hätten wir ein sehr frühes Beispiel für eine künstlerische Auseinandersetzung mit dem religiösen Raum am Beispiel des quasi ubiquitären göttlichen Leibes vor uns.

 Masaccio,
Trinitätsfresko,
1427/28,
St. Maria Novella
Florenz

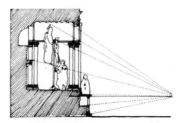

aus: Edgar Hertlein, Masaccios
Trinität

Zur Erschließung:

Im Religionsunterricht kann der Konstruktion Masaccios (vielleicht auch in Zusammenarbeit mit dem Kunstunterricht) in ihrer künstlerisch-theologischen Aussage nachgegangen werden. Vermutlich wird man den Schülerinnen und Schülern für die Rekonstruktion der Perspektive etwas Hilfestellung geben müssen. Wenn Masaccio tatsächlich die Perspektivdarstellung bewusst zugunsten einer theologischen Aussage unterbrochen hat, was könnte dann die Botschaft des Bildes sein?

Jürgen Brodwolf: Die Leiblichkeit des (Kirchen)Raums

Seit Jahrzehnten ist der menschliche Körper und der menschliche Leib das zentrale Thema im Schaffen des schweizerisch-deutschen Malers, Grafikers und Zeichners Jürgen Brodwolf (*1932). Es begann damit, dass er eine Farbtube so verformte, dass ein menschlicher Torso entstand. Brodwolf umkreist seitdem den menschlichen Körper auf ebenso faszinierende wie überzeugende Weise. Seit Anfang der 70er-Jahre des 20. Jahrhunderts hat er in verschiedenen seiner Arbeiten den menschlichen Leib mit Grundrissen von Räumen und dabei auch mit dem Raum der Kirche in Beziehung gebracht.

33 Edgar Hertlein, Masaccios Trinität, 1979.

165

Für die nachfolgende Betrachtung wurde auf ein Bild aus einer Serie von Transparentblätter zurückgegriffen, die Brodwolf zusammen mit Gedichten von Peter Härtling veröffentlicht hat.[34] Die Transparentblätter entstanden – wie Brodwolf im begleitenden Text notiert – in drei Arbeitsphasen:

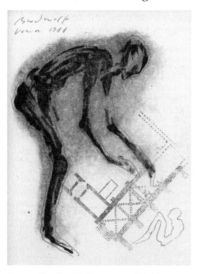

Jürgen Brodwolf, Transparentblatt, 1989

Zuerst sind die großen, bewegten Figuren entstanden. Ich habe mittels Pinsel und Asphalttinktur in raschem Duktus auf eine Glasplatte gezeichnet, auf der sich die Figurenform durch die ausdehnende Eigenschaft der Asphalttinktur (wie ein Ölfleck auf der Wasseroberfläche) ständig weiter verformt. Durch das Auflegen eines saugfähigen Transparentpapiers wird der von mir als richtig befundene Zustand gestoppt und die Figurenform auf Papier gebannt.

Diesen Figuren hat Brodwolf dann in einem zweiten Schritt Grundrisse gegenübergestellt. Diese entnahm er einem Mappenwerk mit Grundrissen von Zisterzienserkirchen. Die Grundrisspläne geben, wie Brodwolf schreibt, »den Figuren ihren Bestimmungs- und Handlungsort. Die Grundrisspläne stehen für Maß und Proportion, werden zum Grab, Tempel, Tor – verwandeln sich zu Stätten der Begegnung, Verschüttung, Einbettung, Ausgrabung.«

Im abschließenden Schritt hat Brodwolf dann umrisshaft die Form seiner Tubenfiguren in das bisher entstandene Bild eingetragen: »Erst durch die Einbindung dieser umrisshaften Figuren in die Grundrisspläne und die Gegenüberstellung zu den großen Figuren werden die Blätter les- und deutbar.«

Zur Erschließung:

Anhand der von Brodwolf geschilderten Genese der Bilder sollten die Schülerinnen und Schüler sich dem Blatt nähern, zunächst die große Figur betrachten und sie dann mit dem Grundriss und der kleinen Figur in Beziehung setzen. Inwiefern ist der menschliche Körper ein Maßstab für den Kirchenraum? Und inwiefern begrenzt und umfasst den Kirchenraum den menschlichen Körper?

---

34 Jürgen Brodwolf, Zwanzig Transparentblätter/Peter Härtling: Briefe von drinnen und draußen. Fünfzehn Gedichte. Stuttgart 1989.

Alba D'Urbano: Auf der Suche nach dem Geschlecht

Alba D'Urbano (*1955) hat 1997 in der Martinskirche Kassel eine Installation unter dem Titel *Hautnah. quem quaeritis non est hic* präsentiert, die sich auf subtile Weise mit der Leiblichkeit des Raums auseinander setzt.[35] Der Besucher, der die Kirche betrat, nahm als Erstes eine Klanginstallation, genauer: eine Art Klangteppich wahr. Er ging durch das Kirchenschiff und hörte zusammenhanglose Buchstaben, Wortfragmente, Alltagsgeräusche vermischt mit Glockengeläut. Auf seiner Wanderung durch diese Klangwelten stieß er dann auch auf eine Art Kleiderständer, an dem ein Bügel mit einem Anzug aus nackter Haut hing. Dazu wurden Fotos vom nackten Körper der Künstlerin digitalisiert und so verarbeitet, dass sie den Schnittmustern eines Anzugs entsprachen. Dann wurden die Computerbilder in Lebensgröße auf Stoff ausgedruckt, ausgeschnitten und zu einem eng anliegenden Overall zusammengenäht. Die Ver-

Alba d'Urbano: Hautnah. quem quaeritis non est hic. Installation Martinskirche Kassel 1997

bindungspunkte zwischen Innen und Außen, die primären Sinnesorgane Augen, Nase, Mund, Hände und Füße fehlten zunächst. Im Chor der Kirche fand der Betrachter dann jedoch jeweils separat Symbole für Hände, Füße, Kopf: ein paar Handschuhe, ein Paar Schuhe, manipulierte Porträtfotos. Alba d'Urbano thematisiert so das vielfach gebrochene Verhältnis von ästhetisch-sinnlich-körperlicher Erfahrung und medialer Vermittlung. Im religiösen Kontext gerät der aufgehängte Körperanzug zum abgelegten Kostüm des »Schauspiels« der Menschwerdung Gottes. In der räumlichen Metapher des Paulus vom Leib als dem »Tempel Gottes« (1. Korinther 3,16; 6,19) kommt es auf der anderen Seite zu einer unendlichen Entgrenzung des Körpers nach innen. Der Subtitel des Kunstwerks *quem quaeritis non est hic* entfaltet nun nach und nach seine subversiv-irritierende Sprengkraft: Wer, den man suchte, ist nicht hier – und wo ist er dann? Und wer ist hier »hautnah« präsent?

Zur Erschließung:

Für die Schülerinnen und Schüler muss die Situation der Präsentation des Kunstwerks in einem Kirchenraum imaginiert werden im Sinne von: »Stellt Euch vor, ihr träfet in einem Kirchenraum auf folgendes Kunstwerk ...«. Die Schülerinnen und Schüler sollten ihre Lektüren des Bildes möglichst ohne vorschnelle Eingrenzungen vortragen. Es ermöglicht viele Lesarten. Worauf bezieht sich der Titel des Kunstwerks?

35 Karin Wendt, Experimentum Loci. Ästhetische Konstellationen im Kirchenraum, in: Herrmann/Mertin/Valtink (Hg.), Die Gegenwart der Kunst. Ästhetische und religiöse Erfahrung heute. München 1998. S. 180–198. Mertin/Wendt, Inszenierung und Vergegenwärtigung. Bilder einer Ausstellung. forum religion, Heft 2, 1997. S. 8–11.

2002 hat sich der Künstler Thom Barth (*1951) auf eine ganz andere Art und Weise unter dem Titel *RED LOOM: 8. Himmel – 7. Stellung* am selben Ort dem Thema genähert. Wer sich während der documenta 11 der Martinskirche näherte, stieß auf ein merkwürdiges Gerüst mit roten Folien, das auf dem Vorplatz der Kirche stand und auf etwa vier bis sechs Meter Höhe direkt an eines der großen Kirchenfenster heranführte. Wer das Gerüst betrat, stellte fest, dass die roten Folien mit unterschiedlichen Alltagsmotiven bedruckt waren – von Werbefotos über Kunstdrucke bis zu Kalendermotiven. Der Blick von innen nach außen wurde rosarot eingefärbt, zugleich war er immer durch alltägliche Motive gebrochen bzw. fokussiert. Wer die Treppenstufen auf die zweite Ebene hinaufstieg, stellte fest, dass das Gerüst keinesfalls vor dem Kirchenfenster endete, sondern durch es hindurch in das Kircheninnere führte. Eingehüllt in die rote Farbigkeit der Folien schwebt er in etwa fünf Meter Höhe über dem Kirchenboden. In der Kirche selbst wurde das Objekt aus der ganz »normalen« Perspektive eines Besuchers als ein über den Köpfen schwebender roter Keil im Kirchenschiff wahrgenommen. Es war ein elementarer Einbruch in das Raumgefüge. Die reale Wunde aber, die Thom Barth der Kirchenmauer zufügte, und auf die nicht zugunsten einer bloß symbolischen Aktion verzichtet werden konnte, verweist auf mehr als nur eine zeichenhafte Durchbrechung des räumlichen Zentralitätsprinzips einer Kirche. Theologisch wird man daher mit guten Gründen auf Johannes 19,34 (»sondern einer der Soldaten stieß mit dem Speer in seine Seite, und sogleich kam Blut und Wasser heraus«) und Johannes 20,24ff. (»... reiche deine Hand her und lege sie in meine Seite, und sei nicht ungläubig, sondern gläubig!«) Bezug nehmen können, die ja vom menschlichen Wunsch nach der nachprüfbaren Leiblichkeit des Kreuzestodes und der Auferstehung Jesu zeugen. Der Ein-Bruch in den Leib Christi wiederholt einen Gestus, der tief in die Geschichte des Christentums eingeschrieben ist.

Thom Barth: RED LOOM. 7. Himmel – 8. Stellung.
Installation Martinskirche Kassel 2002

Zur Erschließung:

Zunächst sollte von den Schülerinnen und Schülern der Vorgang selbst nachvollzogen werden. Dazu kann man einen Grundriss[36] einer Kirche nehmen und in ihn die Installation einzeichnen. In der näheren Betrachtung müssen die Schülerinnen und Schüler dann die Farbigkeit des Kunstwerks, die verwendeten Motive und den Durchbruch durch die Kirchenmauer in einer Interpretation zusammenbringen.

Weiterführende Impulse

Bereits in der Diskussion um die Kirchenpädagogik sind zahlreiche Impulse zur Auseinandersetzung mit dem Kirchenraum erarbeitet worden.[37] Bildende Kunst spielt dabei nur in einem begrenzten Rahmen eine Rolle, und wenn, geht es eher um die kontextbezogene Erläuterung vorhandener kunsthistorischer Werke. Man könnte aber durchaus noch mehr in diesem Sinne arbeiten:

- Einen Künstler bzw. eine Künstlerin vor Ort einladen, mit der Klasse einen Kirchenraum zu besuchen, um festzustellen, wie sich seine/ihre Wahrnehmung des Raumes von der der Schülerinnen und Schüler unterscheidet. Was sieht ein Künstler/eine Künstlerin, was die Schülerinnen und Schüler nicht sehen?
- Die Schülerinnen und Schüler könnten selbst eine raumbezogene Ausstellung für eine Kirche oder einen Andachtsraum entwerfen. Dazu müssten sie sich ein passendes Thema suchen und dann mögliche Kunstwerke (oder Fotos von Kunstwerken) zusammenstellen, um sie dann architekturbezogen zu inszenieren. Wichtig wäre dabei, dass tatsächlich auch ein Inszenierungskonzept erarbeitet wird, weil erst dann Kunst und Raum aufeinander bezogen werden.
- Im Internet gibt es inzwischen einige 3D-Modelle von Kirchen und Synagogen. Im Rahmen eines Internet-im-Religionsunterricht-Projektes[38] könnten die Schülerinnen und Schüler verschiedene Kirchenmodelle virtuell erfahren und der Konstruktion der verschiedenen religiösen Räume nachgehen. Wie unterscheiden sich die Modelle, was ist unterschiedlich, was ist gleich?
- Wie viele Studien belegen, ist die Wahrnehmung und Beurteilung des Kirchenraums biographie- und kontextbestimmt. Die Schülerinnen und Schüler könnten sich Kirchenmodelle für verschiedene Anlässe (Traumhochzeit, Jugendgottesdienst, Predigt mit anschließendem Gespräch, Meditations- und Rückzugsraum ...) ausdenken. Wie müsste ein religiöser Raum für den jeweiligen Zweck aussehen?

---

36 http://www.amertin.de/ausstellung/kassel2/index.htm.
37 Vgl. dazu u.a. Glockzin-Bever/Schwebel (Hg.), Kirchen – Raum – Pädagogik. Münster 2002 (mit umfassendem Literaturverzeichnis). Degen/Hansen (Hg.), Lernort Kirchenraum. Erfahrungen – Einsichten – Anregungen. Münster u.a. 1998. Thomas Klie (Hg.), Der Religion Raum geben. Kirchenpädagogik und religiöses Lernen. Münster 1998.
38 Andreas Mertin, Internet im Religionsunterricht. Göttingen 2/2001.

Zachor: Erinnere Dich!

Dass dieses Buch mit Impulsen zur *Kultur der Erinnerung* abschließt, geschieht nicht zufällig, sondern hat vielfältige Gründe. Zum einen war der bildenden Kunst seit ihren Anfängen die Kultur der Erinnerung[39] implizit. Nicht umsonst haben diejenigen, die sich in die Geschichte der Kunst und ihrer Reflexionen eingeschrieben haben, immer auch auf den Beitrag der Künste zur Historie und zum Gedächtnis hingewiesen. Vieles von dem, an das wir uns erinnern, ist uns gerade durch Werke der bildenden Kunst überliefert und eindrücklich gemacht worden. Zum anderen kann gegen eine Kultur des Vergessens und der Verdrängung gerade die bildende Kunst mit ihrer nicht unmittelbar pädagogischen, sondern sinnlich-reflexiven und interpretationsoffenen Zugangsweise Möglichkeiten der Annäherung bieten, die andere Herangehensweisen eher verstellen. »Rück-Bindung, Erinnerung, bewahrendes Gedenken« klassifiziert Jan Assmann als »Ur-Akt der Religion«. Unter den großen monotheistischen Religionen ist es vor allem das Judentum, das eine Kultur des Eingedenkens intensiv gepflegt hat.[40]

Wir schlagen vor, anhand von vier bzw. fünf Kunstwerken und den sie begleitenden Reflexionen sich dem Thema *Erinnere Dich!* unter der Fokussierung auf die jüngere deutsche Geschichte zu nähern:

1. *Der Engel der Geschichte*
   Ein Bild von Paul Klee, eine Deutung und eine Biographie von Walter Benjamin

2. *Versunken, aber nicht verschwunden*
   Ein Mahnmal von Esther und Jochen Gerz

3. *Gestaltgewordene Erinnerung*
   Das jüdische Museum in Berlin von Daniel Libeskind

4. *Erinnert Euch!*
   Peter Eisenmans Entwurf für das Holocaust-Mahnmal in Berlin

---

39 Ein Standardwerk zum Thema ist: Aleida Assmann/Dietrich Harth (Hg.), Mnemosyne. Formen und Funktionen der kulturellen Erinnerung. Frankfurt 1991. In diesem Buch gibt es zahlreiche bereichernde Aufsätze zum Thema: Lina Bolzoni, Gedächtniskunst und allegorische Bilder, S. 147–176; Dietrich Harth, Memoria eschatologia. Versuch über Matthias Grünewalds Isenheimer Altar, S. 242–273. Horst Folkers schreibt über »Die gerettete Geschichte. Ein Hinweis auf Walter Benjamins Begriff der Erinnerung«, S. 363–377.
40 Vgl. dazu Yosef Hayim Yerushalmi, Zachor: Erinnere Dich! Jüdische Geschichte und jüdisches Gedächtnis. Berlin 1988.

Der Engel der Geschichte

Dass Bilder unmittelbar mit Texten assoziiert werden, ja dass sie erst über einen sie begleitenden Text bekannt werden, ist relativ selten. Paul Klees *Angelus Novus* ist ein solches Bild, weil es untrennbar mit einem Text verknüpft ist, der zu den zentralen Texten der Moderne gehört: Walter Benjamins *Engel der Geschichte*.[41] Das Bild *Angelus Novus* wurde von Paul Klee 1920 in München gemalt und ordnet sich in einen Zyklus weiterer Engel-Bilder im Werk von Klee ein. Walter Benjamin hat das Bild 1921 erworben und es hing lange Zeit in seinem Arbeitszimmer. Benjamin betrachtete das Bild nach Auskunft von Gershom Scholem »stets als seinen wichtigsten Besitz«.[42] In der IX. seiner Thesen über den Begriff der Geschichte geht Benjamin auf das Bild ein:

Es gibt ein Bild von Klee, das Angelus Novus heißt. Ein Engel ist darauf dargestellt, der aussieht, als wäre er im Begriff, sich von etwas zu entfernen, worauf er starrt. Seine Augen sind aufgerissen, sein Mund steht offen, und seine Flügel sind ausgespannt. Der Engel der Geschichte muß so aussehen. Er hat das Antlitz der Vergangenheit zugewendet. Wo eine Kette von Begebenheiten vor uns erscheint, da sieht er eine einzige Katastrophe, die unablässig Trümmer auf Trümmer häuft und sie ihm vor die Füße schleudert. Er möchte wohl verweilen, die Toten wecken und das Zerschlagene zusammenfügen. Aber ein Sturm weht vom Paradies her, der sich in seinen Flügeln verfangen hat und so stark ist, dass der Engel sie nicht mehr schließen kann. Dieser Sturm treibt ihn unaufhaltsam in die Zukunft, der er den Rücken kehrt, während der Trümmerhaufen vor ihm zum Himmel wächst. Das, was wir den Fortschritt nennen, ist dieser Sturm.

Paul Klee, Angelus Novus, 1920

Walter Benjamin, Über den Begriff der Geschichte, These IX, Gesammelte Werke Bd. I/2, Frankfurt 1980. S. 691–704.

Benjamins Deutung des Bildes ist für einen europäischen Betrachter zunächst befremdlich, denn die raumzeitlichen Verhältnisse scheinen verdreht zu sein: *die Vergangenheit vor Augen und die Zukunft im Rücken.* Während wir es als fortschrittsorientierte Menschen gewohnt sind, in die Zukunft zu schauen und die Vergangenheit im Rücken zu haben, verortet Benjamin den Angelus Novus anders. Er hat sein Antlitz der Vergangenheit zugewandt und kehrt dementsprechend der Zukunft den Rücken. Diese Vorstellung entspricht hebräischem Denken. Vor Angesicht ist dort die Vergangenheit, sie liegt vor Augen, während die Zukunft hinter dem Rücken liegt. Diese Vorstellung hat Benjamin aufgegriffen und in das Bild eingetragen.

41 Walter Benjamin, Über den Begriff der Geschichte, These IX, Gesammelte Werke Bd. I/2, Frankfurt/M. 1980. S. 691–704
42 Gershom Scholem: »Walter Benjamin und sein Engel«; in: S. Unseld (Hg.), Zur Aktualität Walter Benjamins. Frankfurt/M. 1972, S. 87–138.

Vom Paradies weht ein Sturm (der Fortschritt). Er setzt die Vertreibung aus dem Paradies endlos fort und treibt auch den Engel der Geschichte, der seine Flügel ausgespannt hat, rücklings in die Zukunft. Vor seinem Angesicht liegt die Geschichte als eine der fortgesetzten Katastrophen.

Zur Erschließung:

Die Schüler/innen sollen das Bild zunächst für sich betrachten und erschließen. Dass es sich um ein Engelbild handelt, dürfte schnell einsichtig sein. Dann sollte der erschließende Text von Walter Benjamin gelesen und auf das Bild bezogen werden. Wie deutet Benjamin das Bild? Inwiefern kehrt er die gewohnten Vorstellungen um? Und inwiefern erscheint die Geschichte als eine Abfolge fortgesetzter Katastrophen? Ergänzend kann auf das Mahnmal für Benjamin eingegangen werden, das Dani Karavan zur Erinnerung an sein Schicksal in Port Bou geschaffen hat: Walter Benjamin nahm sich dort auf der Flucht vor den Nationalsozialisten und aus Furcht vor der Auslieferung an die Gestapo durch die spanischen Behörden am 26.9.1940 das Leben. Das Mahnmal ist ein Schnitt durch den Berg, der vor einer Glasplatte mit Blick auf die Bucht endet.

Versunken, aber nicht verschwunden

Wir laden die Bürger von Harburg und die Besucher der Stadt ein, ihren Namen hier unseren eigenen anzufügen. Es soll uns verpflichten, wachsam zu sein und zu bleiben. Je mehr Unterschriften der zwölf Meter hohe Stab aus Blei trägt, um so mehr von ihm wird in den Boden eingelassen. Solange, bis er nach unbestimmter Zeit restlos versenkt und die Stelle des Harburger Mahnmals gegen den Faschismus leer sein wird. Denn nichts kann auf Dauer an unserer Stelle sich gegen das Unrecht erheben.[43]

Dies war die Idee der Künstler Esther und Jochen Gerz für ein *Mahnmal gegen Faschismus*: Sie stellten eine zwölf Meter hohe Bleisäule öffentlich auf und versenkten sie kaum merklich – im Laufe von acht Jahren – Stück für

Jochen Gerz & Esther Shalev-Gerz, Harburger Mahnmal gegen Faschismus, 1986

43 Achim Könneke (Hg.), Jochen Gerz & Esther Shalev-Gerz. Das Harburger Mahnmal gegen Faschismus. Ostfildern-Ruit bei Stuttgart 1994.

Stück im Boden. Heute ist dort nur noch die Bleiplatte mit dem oben formulierten Konzept zu sehen. Eine Beschreibung des Projekts mit Aufnahmen aus verschiedenen Zeitabschnitten findet sich unter http://www.hamburg.de/ Behoerden/Kulturbehoerde/Raum/artists/gerz.htm

Es sollte nur ein Denkanstoß auf Zeit sein und sich im Erinnern abstrahieren, statt als hoheitlich verordnetes Alibi zu dienen und durch Gewöhnung langsam unkenntlich zu werden. ... Versteckt wie die ungern erinnerte Geschichte, wie Deutschland in diesem Jahrhundert seine Völkermorde durchgeführt hat, verborgen wie der untergründige Hass freundlicher Rentner auf diese ihrer unbeirrbaren Überzeugung nach sinnlose und scheußliche und zu teure moderne Kunst und doch durch die erklärenden Tafeln weiterhin so klar sichtbar wie es bei Kommunalwahlen die zeitweilig über 20-prozentige Zustimmung zu neuen rechtsradikalen Gruppierungen in einigen Harburger Bezirken wurde. ... das Konzept funktionierte, die Bleioberfläche wurde ausgiebig benutzt – in positivem wie negativem Sinne. Zu den Unterzeichnernamen kamen Sprüche und Zitate, Ausländerfeindliches und Hakenkreuze wurden manifest und mit Nazis raus überschrieben, Filzstiftschmierereien und Sprüh-Tags, Ein- und Auskratzungen ... Durch die regelmäßigen Absenkungen, durch Veranstaltungen und Diskussionen konnte das Mahnmal sein Anliegen immer wieder ins Gespräch bringen und erlangte so für seine aktive Lebensdauer eine hohe Präsens. Die extremste Reaktion war, dass auf die Anlage sogar geschossen wurde.

Hajo Schiff

Zur Erschließung:

Die Schülerinnen und Schüler sollen nachvollziehen, worin das »Kunstwerk« besteht. Inwiefern richtet sich diese Form der Prozesskunst gegen den Stellvertretergedanken? Welche Bedeutung hat die von den Künstlern formulierte Begründung ihres Konzepts auf der Bleiplatte?

Gestaltgewordene Erinnerung

Zu den wichtigsten Beispielen einer »Erinnerungsarchitektur« gehören die Bauten des amerikanischen Architekten Daniel Libeskind (*1946). Als Vertreter des Dekonstruktivismus findet er eine Formensprache, die sich nicht an klassischen Harmoniegesetzen orientiert, sondern ein Gebäude als Organismus aufbaut, dessen innere Bewegungen für den Besucher körperlich nachvollziehbar sind. Im Internet findet sich ein anschaulicher Erfahrungsbericht[44] von einem Besuch im jüdischen Museum in Berlin (www.jmberlin.de):

Daniel Libeskind, Jüdisches Museum Berlin, 1999

44 http://www.meteme.de/projekte/wissen_jmb.shtml. Weitere Abbildungen unter http://www. jmberlin.de/tp11602.htm.

Keine Tür führt durch die silbrige Zinkhaut des Museumskolosses. Die Zeitreise in zwei Jahrtausende deutsch-jüdische Vergangenheit beginnt im benachbarten Barockgebäude mit einem [Sicherheits-]Check-In wie am Flughafen ... Was nun beginnt, ist kein normaler Museumsrundgang. Alles ist anders in diesem Haus. Der Eingang ist versteckt; die Gänge so schief und diagonal, das einem leicht schwindelt. Die Fenster sind schräge Mauerspalten, die aussehen, als hätte ein Erdbeben oder Blitz das Gebäude aufgerissen. Das Tageslicht fällt nur gebrochen herein, von der Außenwelt sind nur Fragmente zu sehen: Ein Wolkenfetzen, ein Stück Ast, ein Vogel. Drei Korridore durchschneiden den Keller, die für drei Wirklichkeiten in der Geschichte jüdischer Deutscher stehen. Der Besucher muss selbst wählen, ob er der »Achse der Kontinuität« zur eigentlichen Ausstellung folgt oder sich in die beiden anderen Gänge wagt. In die »Achse des Exils«, ... mit Bildern, Briefen und Fotos und dem »Garten der Erinnerung« [oder in die] »Achse der Vernichtung«, die zum Holocaust-Turm führt. Wer die Stahltür am Ende der Sackgasse öffnet, gelangt in einen hohen, kegelförmigen Betonraum. Ein Wärter schließt die Tür; der Besucher erschauert in der eisigen Kälte, fühlt sich abgeschottet von der Außenwelt. Die Leiter, die an die schwarze Decke führt, ist zu hoch, um sie zu erreichen. Statt dem Himmel sieht man nur einen schmalen Schlitz, durch den ein Lichtstrahl in den unheimlichen Kerker fällt. Irgendwo summt es elektrisch ... Kurz darauf die Leerstelle des Gedenkens ....«

Zur Erschließung:

Die Schülerinnen und Schüler sollen die Architektursprache verstehen und erläutern. Gelingt es ihr, das »Unaussprechliche« mitzuteilen? Welche Symbolik spiegelt die Gestalt des Außenbaus? Warum spielt für die Erinnerung körperliche Erfahrung eine besondere Rolle? Warum spricht der Direktor des Museums von der Erfahrung einer »unsichtbaren Mauer« als rotem Faden durch den Museumsbau?

Erinnert Euch!

Im Juni 1999 beschloss der Deutsche Bundestag den Bau eines Holocaust-Mahnmals in Berlin. 500 Meter vom Deutschen Reichstag entfernt soll auf einer Fläche von etwa 20.000 qm ein Feld aus 2700 bis zu vier Meter hohen Betonsäulen als zentraler Ort der Erinnerung und der Mahnung entstehen. Der Komplex soll um ein Ausstellungs- und Informationsgebäude ergänzt werden. Dem Beschluss zum Bau des Mahnmals war eine mehr als 10-jährige kontroverse Diskussion vorangegangen. Kritisiert wurde neben der Monumentalität des Mahnmals die Wahl des Standortes: Auf dem für das Mahnmal vorgesehenen Gelände hatte in der Zeit des Nationalsozialismus (1933–45) die Villa von Reichspropagandaminister Joseph Goebbels gestanden. Ein weiterer Kritikpunkt war, dass die anderen Opfergruppen aus den Konzentrationslagern des nationalsozialistischen Regimes, Sinti und Roma, Kommunisten, Homosexuelle und »rassisch Minderwertige« bei der Konzeption des Mahnmals nicht berücksichtigt wurden.[45]

45 http://www.nachkriegsdeutschland.de/holocaust_mahnmal.html.

Peter D. Eisenman: Holocaust-Mahnmal, Modell
»Stelenfeld«, 1999

Der Entwurf des amerikanischen Architekten Peter Eisenman, der schließlich realisiert wurde, zeigt ein Feld aus etwa 2.700 Betonpfeilern (Stelen), die in einem Raster angeordnet sind. Sie stehen auf unregelmäßig abgesenktem Gelände. So entsteht eine von allen Seiten begehbare »wellenförmige« Struktur.

Das Durchschreiten der Reihen kaum merklich geneigter Pfeiler, die auf schwankendem Boden zu stehen scheinen, kann ein Gefühl der Verunsicherung erzeugen; zugleich werden die überschaubaren Dimensionen der Pfeiler verhindern, dass die Besucher sich überwältigt oder ins Unbedeutende herabgesetzt fühlen.

Das Denkmal wird durch einen »Ort der Information« ergänzt, ein unterirdisch angelegtes Ausstellungsgebäude, das über zwei Treppen und einen Fahrstuhl erreichbar ist.[46]

Zur Erschließung:

Das Mahnmal soll »eine Erinnerung an die Tat« und eine »ehrende Erinnerung an die Opfer« sein. Wie hat Eisenman diese doppelte Perspektive gestalterisch gelöst? Wird sein »struktureller« Entwurf der Individualität der Opfer gerecht, gerade darin, wie er die Tötungsmaschinerie vergegenwärtigt? Eine Stele (griech.) ist eine frei stehende Säule oder Platte mit Inschrift oder Relief. Eisenman verwendet Betonstelen ohne Inschrift, in unterschiedlicher Höhe. Inwiefern verwendet und wendet er das architektonische Element modern?

46 www.holocaust-mahnmal-berlin.de.

Mit »gestalteter Erinnerung« haben es alle Denkmale in der Öffentlichkeit zu tun. Ausgehend von den vorstehenden Erinnerungsarbeiten könnte daher einmal nach der »Kultur der Erinnerung« im öffentlichen Raum gefragt werden.

– Im Internet gibt es Seiten, die sich auch der Erinnerung an die Ereignisse der jüngeren deutschen Geschichte zuwenden. Eine Möglichkeit wäre etwa das Jerusalemer Erinnerungs- und Dokumentationszentrum Yad Vashem (http://www. Yad-vashem.org.il)
– Im Internet gibt es einen virtuellen Rundgang durch das Modell des Holocaust-Mahnmals (www.holocaust-denkmal.de). Welche Erfahrungen kann man da machen?
– Die britische Künstlerin Rachel Whiteread (*London 1963) erhielt 1998 den Auftrag für die Gestaltung des Holocaust-Mahnmals auf dem Judenplatz in Wien. Man kann Whitereads Arbeit mit der von Eisenman vergleichen.
– In vielen Städten gibt es einen Atlas bzw. ein Verzeichnis der Kunstwerke im öffentlichen Raum. (Oft hat auch die städtische Verwaltung ein derartiges Verzeichnis.) Man könnte im Rahmen eines fächerübergreifenden Unterrichts diesen öffentlichen Arbeiten nachgehen, ihren Zielsetzungen und Auftraggebern und ihrem symbolischen Gehalt nachspüren.
– Gestaltete Erinnerung finden wir auch und vor allem auf Friedhöfen. Hier kann man insbesondere auf älteren Friedhöfen dem Wandel der Kultur der Erinnerung nachgehen.
– Diskutiert werden kann aber auch, woran sich die Menschen im Blick auf einen selbst erinnern sollen. Was gehört alles in das Buch des Lebens, das andere später lesen sollten? Memopolis, ein Projekt der Universität Regensburg, ermöglicht es, schon jetzt für die Nachwelt am eigenen Buch des Lebens zu schreiben. Zugleich gibt es Einblick in die virtuellen Friedhöfe im Internet. Das Projekt findet sich unter: http://memopolis.uni-regensburg.de. Wenn man sich an diesem Projekt im Rahmen des Unterrichts beteiligt, sollte das auch unter dem Aspekt der gestalteten Erinnerung geschehen. Was sind ästhetische Kriterien für die eigene Erinnerungsarbeit?